Alfredo und Grace Roces

Kultur-Knigge

PHILIPPINEN

Simon & Magiera

Die Autoren:

Alfredo Roces, Filipino, ist seit 1979 Herausgeber des australischen geographischen Magazins GEO. Er ist Herausgeber einer zehnbändigen Studie über die Kultur und Geschichte der Philippinen mit dem Titel „Filipino Heritage" (Das filipino Erbe). Mehr als zehn Jahre war er täglicher Kolumnist der führenden Tageszeitung „The Manila Times" und erhielt für diese Arbeit 1971 den Preis des „Kolumnisten des Jahres" vom Citizens Council for Mass Media. 1961 wurde er für seinen Beitrag zum Studium der filipina Kultur als einer der „Zehn herausragenden jungen Männer" ausgezeichnet. Er besitzt einen Abschluß der Universität von Notre Dame in den USA als Bachelor of Fine Arts und ist Verfasser mehrerer Bücher zu den Themen Kunst und Philippinen.

Grace Roces hat einen Abschluß als B.A. (Hrs.) der Universität Sydney im Fach Psychologie. Sie ist Projektleiterin der Ausbildungs- und Entwicklungsabteilung der Westpac Banking Corporation. Sie wuchs in Manila auf und zog 1978 mit ihrem Vater Alfredo und der Familie nach Australien.

*

Aus dem Englischen von Franz-Josef Krücker

Umschlagphotos: Roland Dusik

Zeichnungen: Sam Rawi

ISBN 3-88676-061-8

Inhalt

Kulturschock: Eine Vorbemerkung

Die meisten westlichen Ausländer, die die Philippinen besuchen, sind angenehm überrascht, wenn sie feststellen, daß überall Englisch gesprochen wird und die jungen Leute Jeans tragen, die reichen unter ihnen sogar die neuesten Modetrends aus dem Westen. Der gesamte Prunk eines verwestlichten Lebensstils ist sichtbar – Hollywoodfilme, Diskotheken, englischsprachige Medien mit einer Presse, die die amerikanische Journalistensprache liebt, Hamburgerketten, Supermärkte, Fünf-Sterne-Hotels, christliche Kirchen, Kreditkarten. Alles wie zu Hause.
Der verspätete Kulturschock folgt kurz darauf. Denn während westlicher Prunk ins Auge springt, gibt es doch einen schwer faßbaren Unterschied. Der Besucher aus dem Westen spricht zwar die gleiche Sprache, wird aber feststellen, daß er sich nicht mitteilen kann. Mit einem flauen Gefühl im Magen erkennt er, daß er nicht in Amerika oder Westeuropa ist, sondern in einer völlig anderen Welt. Als Reaktion mag er diese lächelnden braunen Menschen um ihn herum tadeln, sie seien nicht westlich genug, anstatt sich zu freuen, daß sie weit genug mit seinem Lebensstil vertraut sind, um ihm auf halbem Wege zu begegnen. Er macht sarkastische Bemerkungen über die „Filipino-Zeit" und die Eigenart der philippinischen Bürokratie, fühlt sich betrogen und zieht sich, wie eine Schnecke in ihr Gehäuse, zurück, seinen Groll mit anderen Ausländern in der Geborgenheit privater Klubs der jeweiligen Nationalität teilend.
In anderen Teilen Asiens wird die Andersartigkeit durch die Sprachbarriere, exotische Kleidung, Bräuche und Religionen klar herausgestellt. Solche Asiaten stellen in ihrer Fremdartigkeit kein großes Einschätzungsproblem dar; die Filipinos aber führen mit ihrem westlichen Äußeren in die Irre, erwecken einen falschen Eindruck und wiegen den Fremden in trügerischer Sicherheit. Dem verwirrten Besucher ist es kaum ein Trost, daß andere Asiaten die Filipinos ähnlich rätselhaft finden: manchmal merkwürdig westlich, mitunter vertraut asiatisch, jedoch nie ganz das eine oder das andere. In der Tat scheinen sich sogar die Filipinos selbst ihrer Identität nicht ganz sicher zu sein, etwa wenn sie jeweils verschiedene Zeitmuster bei ihren Landsleuten, bei Amerikanern („amerikanische Zeit") und bei anderen Fremden anwenden.
Die Unterschiede können bedrohlich erscheinen. Der Besucher nimmt eine Zeitung zur Hand und liest beängstigende Berichte über Gewalttaten: Ein Mann tötet einen anderen in einem Jeepney aus Ärger über die Art, in der dieser ihn angestarrt hat; in einer mondänen Hoteldisko erschießen die Leibwächter des Sohnes eines hohen Beamten einen Mann, weil dieser dem Beamtensohn versehentlich auf die Zehen trat. Freunde empfehlen, nachts sämtliche Türen zu verriegeln. Privathäuser sind von hohen Mauern umgeben. Bewaffnete, uniformierte Privatwächter scheinen allgegenwärtig, vor Banken, Geschäftsgebäuden und Restaurants; sie steigern die Ängste.
Einige Aspekte des Lebens der Filipinos werden Nicht-Filipinos wahrscheinlich immer fremd bleiben. Sie haben ihre Wurzeln in der uralten Vorgeschichte oder sind Auswirkungen der spanischen und amerikanischen Kolonisierung. Es ist nicht erforderlich, daß der Besucher die kulturellen Verhaltensweisen und Werte der Filipinos oder anderer

Fremder vollständig versteht oder akzeptiert; es genügt, daß er sie als von seinen eigenen verschieden wahrnimmt. Aber es ist auf jeden Fall vorteilhaft, in Alltagsangelegenheiten, wo er zwangsläufig mit Filipinos in Kontakt kommt, Erlaubtes und Verbotenes, das Tun und Lassen, die allgemeinen sozialen Umgangformen unter Filipinos zu kennen. Denn diese Kenntnis mindert Mißverständnisse darüber, was zwei verschiedene Kulturen – in unterschiedlicher Weise – als Verstoß gegen die guten Manieren ansehen. Die Umgebung stellt sich als weniger feindlich dar, wenn man Gefahrenzeichen deuten sowie freundliche Annäherungen erkennen und in weiser Voraussicht angemessene Gesten im passenden Augenblick anbringen kann.

Anders als in den offenen westlichen Gesellschaften ist auf den Philippinen das Gespür für richtiges Verhalten in der Öffentlichkeit nicht so leicht und eindeutig. Denn wie die meisten Asiaten betonen die Filipinos in der Öffentlichkeit Harmonie und offenkundige Fröhlichkeit. Sie wachsen auf mit extrem empfindsamen Fühlern für Hinweise auf drohende Unwetter zwischen Personen, Fühlern, die der westliche Ausländer nicht besitzt. Bei der leisesten Andeutung eines Konflikts wird sich stets einer aus der Gruppe bereithalten, um jegliche Anzeichen einer Auseinandersetzung unter der Oberfläche zu verbergen. Direkte Konfrontationen werden mißbilligt und in schlechtestem Licht gesehen. Vielmehr muß einer zurückstecken oder eine neutrale Person die Streitenden ablenken. Öffentliche Konflikte sind tabu, denn dabei wird unweigerlich jemand sein Gesicht verlieren, und dies würde weiteren Ärger heraufbeschwören. Der Streitsüchtige und Aggressive mag zwar gefürchtet sein, nie jedoch geachtet. Der Ausländer kann leicht die langfristigen Auswirkungen eines Vorfalls übersehen, weil er den Konflikt überhaupt nicht wahrnimmt. In solchen überaus heiklen Situationen kann er mit einer falschen Äußerung oder Geste eine öffentliche Explosion auslösen, die, da nun einmal öffentlich, die Wahrung der Ehre oder des Gesichts unter allen Bedingungen verlangt.

Die Erfahrung des Kolonialismus, der die Filipinos fremden Werten aussetzte, auf die sie auf ihre ganz spezielle Weise reagierten, trug zum Facettenreichtum ihres Charakters bei. Mehr als dreihundert Jahre spanisch-katholische Sitten und fünfzig Jahre amerikanischer Unternehmergeist haben die Gesellschaft auf den Philippinen umgestaltet, nicht unbedingt zum Besseren. Die Widersprüche, die sich in den meisten Gesellschaften finden, treten deshalb in der filipina Kultur um so ausgeprägter zutage.

Weil die Filipinos gesellig sind, lebenslustig und großzügig, ist es nicht so schwierig, wie es oft scheint, ihre Freundschaft und ihr Wohlwollen zu gewinnen, nachdem der Schock dem Fremden bewußt gemacht hat, daß das, was ihm zunächst vertraut erschien, in der Tat doch anders ist. Es ist alles eine Frage des bedachten Verfolgens des gesellschaftlich Erreichbaren, weniger der Erwartung westlicher Effektivität. Der Europäer legt vielleicht die Stirn in Falten, schlägt einen feierlichen oder ärgerlichen Ton an, wenn er einen sehr wichtigen Punkt herausstreichen will; der Filipino hingegen lächelt entspannt oder bricht gar in das hellste Lachen aus, um die entscheidende Botschaft zu vermitteln. Filipino Ärzte sind hierfür ein lebendiges Beispiel: Der Fremde wird entsetzt sein, wenn ihm die Nachricht, er sei ernsthaft krank, von einem Arzt überbracht wird, der, übers ganze Gesicht lächelnd, aussieht, als genösse er das Über-

bringen dieser Schreckensbotschaft. Dies ist nicht Gefühlslosigkeit, sondern anerkanntes Verhalten Kranken gegenüber, um sie zu beruhigen und den harten Schlag zu mildern. Der Filipino lacht, im Sinne des Wortes, über seine Sorgen; aber das bedeutet nicht, daß er sich darüber freut.

In den sechziger Jahren erkannten die Filipinos die Notwendigkeit, mehr über ihr eigenes Wesen zu erfahren. Denn sie hielten sich selbst für vollkommen verwestlicht – die einzige christliche, Englisch sprechende Demokratie in Asien. Hinter der westlichen Fassade findet sich jedoch eine einzigartige Gesellschaft. Die Filipinos haben sich viele Aspekte der westlichen Kultur selektiv angeeignet und so ihrer eigenen Kultur neue, besondere Merkmale hinzugefügt.

Dieser ambivalente Charakter kam Auswanderern von den Philippinen sehr zugute. Filipinos leben und arbeiten fern von der Heimat in Lachskonservenfabriken in Alaska, Zuckerplantagen auf Hawaii, Cocktailbars in Chicago, Baustellen in Saudi-Arabien, Banken in Papua-Neuguinea, Geschäftshäusern in Guam, Hotels in Kanada, Nachtklubs in Bangkok und Krankenhäusern in Deutschland. Anders als die meisten anderen Auswanderer, die sich in der Fremde zu kleinen Nationalitätengruppen zusammenschließen, verschmilzt der Filipino bereitwillig mit der fremden Umgebung. Er wurde daher gelegentlich „Joker" genannt, nach dem bekannten freien Blatt im Kartenspiel, das jede beliebige Karte ersetzen kann. Auf der anderen Seite befremden die widersprüchlichen moralischen Werte, nach denen die Filipinos beteuern zu leben, manche Soziologen und christliche Theologen; ein jesuitischer Psychologe erforschte diese Fragen in einer Studie mit dem unzweideutigen Titel „Gespaltenes Christentum".

Es sind extrem feine und winzig kleine Elemente, die den Kulturschock des ausländischen Besuchers verursachen. Erst durch ihre Zusammenballung trifft ihn der volle Schlag. Filipinos sind überaus tolerante Menschen, und so werden auch grobe Schnitzer gnädig übersehen und hinweggelacht, vor allem wenn der Missetäter Ausländer ist. Die Gastfreundschaft der Filipinos ist nahezu grenzenlos, und Fremden, besonders aus dem westlichen Ausland, begegnen sie mit großem Wohlwollen. Der Besucher kann sich fernhalten, ein Außenseiter bleiben und dennoch zurechtkommen; er wird sich dann aber unbehaglich fühlen. Etwas Verständnis und Einsicht kann Türen und Arme öffnen. Die Filipinos haben über Jahrhunderte mit der westlichen Kultur gerungen, mit ihrer Technologie, Moral, Etikette, ihrem Organisationssystem. Sie sind deshalb in der Lage und auch gewillt, dem Fremden auf halbem Wege entgegenzukommen, vielleicht weiter als auf halbem Wege. Der Tourist, Geschäftsmann sowie der Auswanderer, der dieses Archipel mit seinen mehr als 50 Millionen Menschen zu seiner Heimat wählt, sollten die westlichen Züge der Filipinos nicht für ihren gesamten Charakter halten. Will man die Filipinos wirklich kennenlernen und sich in ihrem Land heimisch fühlen, so ist es notwendig, hinter die westliche Fassade zu dringen, denn dann offenbart sich eine vollkommen andere Welt.

1
Filipinos verstehen

Einige Situationen

Geschenke

Sie laden einige Filipinos zu Ihrer Geburtstagsparty ein. Die Gäste bringen Geschenke mit, die Sie erfreut vor ihren Augen öffnen, wie es in Europa Sitte ist – und schon haben Sie die Schenkenden in Verlegenheit gebracht. Filipinos sehen es als schlechten Stil an, Geschenke vor aller Augen zu öffnen. Denn so befänden sich die Überreichenden in einer Lage, bei der der Wert ihres Geschenkes öffentlich zur Schau gestellt wird, so daß andere ihn ermessen und mit dem Wert anderer Geschenke vergleichen können. Handelt es sich um ein Geschenk von geringem materiellen Wert, mag es auch das Teuerste sein, was der Geber sich leisten kann, so würde das Öffnen des Päckchens in seiner Gegenwart bedeuten, daß der Sinn des Schenkens gegenüber dem materiellen Wert zurückgestellt würde.
Das Öffnen von Geschenken vor den Gebern würde außerdem enthüllen, daß der Empfänger gierig und materialistisch ist, mehr an dem Gegenstand selbst als an der Geste des Schenkens interessiert. Ebensowenig sollten Sie umgekehrt erwarten, daß der Empfänger ein von Ihnen überreichtes Geschenk in Ihrer Anwesenheit öffnet. Er

Besuche

• Andere besuchen •

1. Es ist nicht unbedingt notwendig, zuvor einen Besuchstermin auszumachen, doch ist es zweckmäßig für beide Seiten. Machen Sie kein großes Aufheben um Ihren Besuch, sonst wird man meinen, außergewöhnliche Vorbereitungen treffen und das ganze Haus auf den Kopf stellen zu müssen.
2. Es ist unhöflich, andere Räume des Hauses, auch das Badezimmer, zu betreten, ohne vorher um Erlaubnis gebeten zu haben.
3. In ländlichen Gegenden ist es üblich, beim Betreten des Hauses die Schuhe, auch Sandalen, auszuziehen.

• Gäste empfangen •

1. Gäste werden im Wohnzimmer empfangen.
2. Man serviert Gästen stets eine Kleinigkeit zum Essen und Trinken. Lädt man Besuch ein, so wird dies zugleich als eine Einladung zum Essen verstanden.
3. Es ist nicht üblich, alkoholische Getränke anzubieten.
4. Kinder sollen gesehen, aber nicht gehört werden. Die Kinder der Gäste werden meistens in ein anderes Zimmer gebracht, wo sie miteinander spielen können.
5. Sind die Kinder des Gastgebers zu Hause,, so begrüßen sie die Erwachsenen und verschwinden dann, um die Gäste nicht zu stören.

wird es zur Seite legen. Während Sie dies für Gleichgültigkeit halten mögen, wird er sich jedoch einprägen, wer was geschenkt hat. Wenn Sie ihn das nächste Mal treffen, wird er sich nochmals bei Ihnen bedanken, und zwar für den Inhalt Ihres Geschenkes.

Höfliche Verspätung

Sie werden zu einer Party in einem privaten Haus eingeladen, und da das Fest um sieben Uhr beginnen soll, kommen Sie auf die Minute genau an – nur um die Gastgeberin mit Lockenwicklern und im Bademantel anzutreffen, peinlich berührt von Ihrer buchstäblichen Pünktlichkeit. Sie haben die Gastgeber im wörtlichen Sinne „im Hemd stehend" überrascht.

Äußerste Pünktlichkeit gilt nicht als höflich. Auf die Minute pünktlich vor der Tür zu stehen, läßt den Gast gierig und gefräßig erscheinen, lechzend nach dem verlockenden Essen. Es ist üblich, später zu kommen; Pünktlichkeit heißt etwa fünfzehn Minuten nach der vorgegebenen Zeit. Je wichtiger der Gast, desto später wird er seinen Auftritt planen, manchmal gar bis zu zwei Stunden nach der Zeit. Viele Filipinos haben im Ausland studiert oder gearbeitet, und bei ihren Einladungen kann man sich an die ge-

Besuche im Krankenhaus

Wenn Bekannte oder Verwandte im Krankenhaus liegen, ist es Pflicht, sie zu besuchen, eine Geste, die man sehr schätzt und in Erinnerung behalten wird, nicht nur der Kranke selbst, sondern auch seine Verwandten. Selbst wenn der Kranke bewußtlos auf der Intensivstation liegt, wird man es Ihnen hoch anrechnen, wenn Sie zur Aufmunterung die Verwandten und Freunde besuchen, die an seinem Bett Wache halten.
Es gehört zum guten Ton, beim Besuch im Krankenhaus Blumen oder etwas zum Essen mitzubringen. Ein naher Verwandter, der dem Kranken Gesellschaft leistet, wird Ihnen Speisen und Getränke anbieten. Wie auch bei Besuchen zu Hause der Fall, wird man darauf bestehen, daß Sie eine Kleinigkeit zu sich nehmen, ehe Sie gehen.

wohnte Pünktlichkeit halten; doch ist dies die Ausnahme. Andererseits ist pünktliches Erscheinen angebracht bei geschäftlichen oder offiziellen Terminen, wenn auch in etwas lockererem Zeitrahmen als in Europa.

Rituelle Einladung

Sie besuchen wegen einer alltäglichen geschäftlichen Angelegenheit einen Filipino zu Hause und treffen ihn beim Mittagessen an. Er wird Sie sofort einladen, mit ihm zu essen. Wenn Sie diese Einladung annehmen und tatsächlich Reis und Fisch von seinem Teller teilen, so werden Sie ihn damit in Verlegenheit und Verwirrung bringen. Die guten Manieren verlangen, einen Gast, der zufällig gerade zur Essenszeit erscheint, zum Essen einzuladen, doch lautet die erwartete und angemessene Antwort: „Nein danke, ich habe schon gegessen." Genauso wird im umgekehrten Fall ein Besucher eine solche höfliche Einladung von Ihnen erwarten, ohne davon auszugehen, daß Sie tatsächlich Ihr Essen mit dem ungeladenen Gast teilen.

Dies sind nur einige wenige, jedoch in vielerlei Situationen anwendbare Beispiele des komplizierten Strickmusters der filipina Etikette. Aber natürlich sind Filipinos an Fremde aus dem Westen gewöhnt; immerhin sind diese seit mehr als vierhundert Jahren im Lande. Eine ansehnliche Zahl von Filipinos ist weitgereist, und sie sind sich bewußt, daß die westlichen Sitten sich von den ihren unterscheiden. Die einnehmende Gastfreundschaft der Filipinos und ihre Bereitschaft, sich ausländischen Gästen anzupassen, machen es dem Besucher manchmal nur zu leicht, sich so zu verhalten, wie er es gewöhnt ist. Jedoch vergrößert dies letztendlich die kulturelle Kluft, und der Besucher wird auf den Philippinen ein Zuschauer und Außenseiter bleiben.
Auf der anderen Seite wird man jenen Ausländer, der sich bemüht, in die fremde Kultur „einzusteigen", würdigen, denn Filipinos unterscheiden immer zwischen Außenstehenden und den Angehörigen ihrer eigenen Sippe und einer Gruppe ihres Vertrauens. Wenn Ihnen ein gekochtes Entenei mit einem halb ausgebrüteten Küken angeboten wird, werden Sie niemanden beleidigen, wenn Sie freundlich und höflich ablehnen. Doch haben Sie damit die Gelegenheit einer sofortigen Aufnahme verpaßt.
Eine Möglichkeit, oder besser Mutprobe, um sich als Filipino zu erweisen, besteht darin, eine salzige Paste aus mikroskopisch kleinen Krabben zu sich zu nehmen. Weil ihr „überwältigendes" Aroma die meisten westlichen Gaumen abschreckt, sind die Filipinos unendlich erfreut, wenn ein Ausländer bagoong tatsächlich ißt und daran Geschmack findet. Ein halb ausgebrütetes Entenei, balut genannt, und die Krabbenpaste bagoong zu essen ist also ein zwar oberflächlicher, jedoch weitverbreiteter Maßstab für das Eintauchen des Ausländers in die fremde Kultur. Es ist nicht notwendig, daß Sie vorgeben, diese exotischen Delikatessen zu mögen. Es reicht, wenn sie Ihnen bekannt sind und Sie, in typischer Filipinoart, lächeln, während Sie freundlich ablehnen.

Körpersprache & äußere Erscheinung

Das traditionelle Bestreben, jeglichen sozialen Umgang unbedingt in eine harmonische, angenehme und höfliche Atmosphäre einzunebeln, erschwert den Einstieg in die filipina Kultur. Je eher der Fremde dieses Labyrinth betritt, desto besser. Also beginnen wir mit dem sichtbarsten Teil der Gewohnheiten der Filipinos – der Körpersprache.

Die Augenbrauen

Filipinos begrüßen einander mit den Augenbrauen. Blickkontakt wird hergestellt, und sogleich werden beide Augenbrauen hochgezogen und wieder gesenkt. Dies ist ein Wahrnehmungssignal. Verbunden mit einem Lächeln bedeutet es ein freundliches „Hallo" ohne Worte. Ein jähes Zurückwerfen des Kopfes mit einem durchdringenden Augenkontakt ist eine Herausforderung, hinter der meist die Frage steht: Was willst du eigentlich?

Der „böse Blick"

Jemanden anzustarren gilt als rüde und aggressiv. Stiert Ihr Gegenüber Sie in offensichtlich übler Absicht an, so zeigen Sie die größte Tapferkeit, wenn Sie die Person kurz ansehen und dann den Blick abwenden. Zwar hat ein ausdauernder, durchbohrender Blick überall die Bedeutung der Verwünschung, aber unter Filipinos kommt ein fixierender Blick einer Provokation gleich. Ein angetrunkener Raufbold oder ein bewaffneter Soldat, der mit einem Mädchen flirtet, wird Ihre beobachtenden Blicke als Einschüchterungsversuch oder offene Mißbilligung auffassen. Eltern kontrollieren das Benehmen ihrer Kinder in der Öffentlichkeit oft mit stummen Blicken, statt sie lauthals zurechtzuweisen. Ein allzu intensiver Augenkontakt ist also ein Warnzeichen.
Nach altem, überlieferten Glauben können Menschen, die sich mit schwarzer Magie beschäftigen, durch den „bösen Blick" Krankheiten über andere bringen. Diese Personen, die in Kontakt zum Jenseits stehen und die man mangkukulam nennt, werden für alle möglichen Leiden und Unglücke verantwortlich gemacht. Lassen Sie sich nicht von katholischen Äußerlichkeiten der Filipinos täuschen. Mehr als achtzig Prozent der Bevölkerung ist katholisch, aber der alte Glauben aus vorspanischer Zeit stirbt nur äußerst langsam aus, und viele, vor allem auf dem Lande, glauben tatsächlich an jene mit übernatürlichen Kräften ausgestatteten Menschen, die in der Lage sind, unschuldige Passanten mit dem „bösen Blick" zu treffen und zu verwünschen.

Das obszöne Handzeichen

Die obszönste Geste ist der ausgestreckte Mittelfinger bei gekrümmtem Zeige- und Ringfinger. Zwar sollten Sie dieses Zeichen niemals benutzen (schließlich wird im allgemeinen eine Kriegserklärung mit einer Kriegserklärung beantwortet), doch zumindest wissen, was jemand meint, wenn er auf diese Weise mit dem Mittelfinger auf Sie zeigt.

Arme und Hände

In die Seiten gestemmte Arme gelten als Ausdruck von Arroganz, Herausforderung und Wut. Diese Haltung wird Ihnen weder Freunde einbringen noch Einfluß verschaffen, es sei denn, Sie wären Polizist und wollten gerade einen Strafzettel austeilen. Wenn ein Filipino einen „Fauxpas" begangen hat, senkt er das Haupt und kratzt sich am Hinterkopf. Geht man durch einen Raum, in dem sich Leute unterhalten, oder zwischen zwei Menschen hindurch, die miteinander sprechen, so faltet man die Hände und geht mit gesenktem Kopf und leicht vorgestreckten Händen. Eine andere Möglichkeit, vor jemandem vorbeizugehen, ist, eine Hand bei gewinkeltem Ellbogen vorzustrecken, die Finger dabei wie bei einem Karatehieb aneinandergelegt und den Kopf gesenkt.
Bei einem respektvollen Gruß (insbesondere an Ältere gerichtet oder von einem Patenkind an seinen Paten) werden die Hand oder die Fingerknöchel des Älteren an die eigene Stirn geführt. Obwohl dies, außer in Kleinstädten oder Dörfern, kaum noch zu beobachten ist, gilt es immer noch als traditioneller Ausdruck von Anerkennung und Respekt Älteren gegenüber. Gelegentlich wird man Ihre Aufmerksamkeit durch eine kurze Berührung Ihres Ellbogens mit den Fingern auf sich richten. Es ist beleidigend, jemanden durch Ausstrecken und Beugen des erhobenen Zeigefingers heranzuwinken;

Eine leichte Berührung des Ellbogens dient dazu, die Aufmerksamkeit eines anderen zu erregen.

man winkt stattdessen mit der ausgestreckten Hand, Handfläche nach unten. Eine nach oben zeigende Handfläche gilt als ungehobelt und taktlos. Fingerschnippen oder Händeklatschen, um die Aufmerksamkeit der Bedienung zu erregen, ist ebenso unhöflich. Sie sollten vielmehr Blickkontakt herstellen und eine sachte Bewegung mit leicht erhobener Hand machen. Im Notfall können Sie sich ein sanftes „pssst" erlauben, aber eine vornehme Gesellschaft wird jedes laute Geräusch zur Erregung der Aufmerksamkeit anderer mißbilligen.

Filipinos zeigen eine Richtung an, indem sie mit gespitztem Mund dorthin weisen oder ihre Augen in die betreffende Richtung wenden.

Mano po Eine traditionelle, auch heute noch angewandte Form der Begrüßung Älterer. Der Jüngere führt die Hand des Älteren zum Zeichen des Respekts an seine Stirn.

Heute begrüßt man mit einem Wangenkuß ältere Verwandte, die den Kuß in der Regel nicht erwidern.

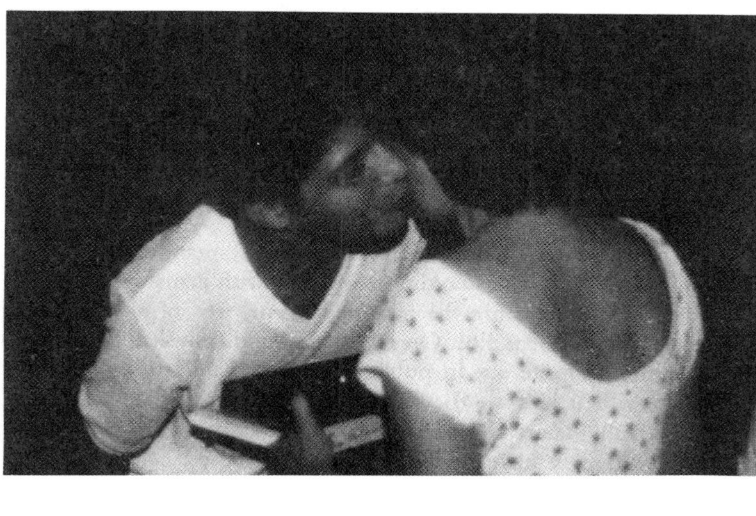

Abstand halten

Körperkontakt zwischen Personen des gleichen Geschlechts ist häufig. Es hat nichts mit Homosexualität zu tun, wenn zwei Männer Händchen halten oder den Arm über die Schulter des anderen legen. Hingegen ist es tabu, Personen des anderen Geschlechts in der Öffentlichkeit zu berühren. Frauen grüßen sich mit einem flüchtigen Kuß auf die Wangen, aber Männer und Frauen halten respektvollen Abstand voneinander. Manche Frauen werden Männern die Hand schütteln, doch muß dann die Initiative von der Frau ausgehen.

Lächeln

Filipinos sind Meister im Lächeln. Sie lächeln, wenn sie loben, und sie lächeln, wenn sie kritisieren. Sie lächeln, wenn sie erregt sind oder ein kleines Ärgernis verursacht haben; sie lächeln, wenn sie Sie um etwas bitten; sie lächeln, wenn sie glücklich sind; und ebenso lächeln sie bei fast allen anderen Gelegenheiten. Wenn ein Kellner Suppe über Ihr Hemd verschüttet, verbindet er seine Entschuldigung mit einem aufgeregten Lächeln. Wenn sich ein Jeepney-Fahrer in die Lücke vor Ihrem Auto zwängt, wird er Sie um Verzeihung bittend anlächeln – oder triumphierend, weil er Ihnen zuvorgekommen ist? Wie auch immer, in Manilas hoffnungslosem Verkehrsgewirr ist die beste Antwort, einfach zurückzulächeln.
Eine unangenehme Situation verlangt ein Lächeln, denn ein möglicher Konflikt liegt in der Luft, und man erwartet von Ihnen, daß Sie das Lächeln erwidern, um die Lage zu entschärfen und die Luft zu reinigen. Lächeln Sie, wenn Sie eine unangenehme Antwort vermeiden wollen. Und man wird Sie nicht mit Worten kritisieren, sondern eher still anlächeln. Fragen Sie jemanden in einer bestimmten Angelegenheit um seine Meinung und er lächelt schweigend, so benimmt er sich nicht wie ein Idiot, sondern teilt Ihnen wortlos und auf zartfühlende Weise mit, daß er nicht viel von der Sache hält. Das Lächeln ist die perfekte Beschönigung.
Ein Lächeln ist der beste Ausweg, Worte zu umgehen, die Unfrieden hervorrufen könnten. Wo man im Westen knapp „kein Kommentar" sagen würde, läßt ein Filipino nicht von seinem Lächeln ab. Selbstverständlich kann man in ein Lächeln sehr viel hineinlesen. Es kann feine Mechanismen sozialer Interaktion auslösen. Jede Situation hat ihr eigenes Lächeln. Sie müssen lediglich die Bedeutung erlernen, indem Sie Anlässe und Wirkungen beobachten. Wenn Sie in aller Öffentlichkeit auf den Hintern fallen, so wird dies Ihnen keine aufmunternden und besorgten Worte einbringen, sondern ein allseitiges Lächeln, während die Zuschauer stehenbleiben und warten, daß Sie sich allein wieder aufrappeln. Das Ausdrücken von Anteilnahme würde nur die Aufmerksamkeit der Öffentlichkeit auf Ihre mißliche Lage lenken und Sie Gesicht verlieren lassen. Indem man Ihre peinliche Lage in der Öffentlichkeit absichtlich übersieht und zugleich

Rendezvous – Knigge

• Wer bezahlt? •

Es wird immer erwartet, daß der Mann bezahlt, selbst wenn die Einladung von der Frau ausging. Geht eine Gruppe von Männern und Frauen aus, teilen die Männer sich die Rechnung.

• Die Anstandsdame •

Einige Mädchen oder jüngere Frauen werden eine Begleiterin mitbringen. Sie ist eine Schwester, Verwandte oder Freundin, die das Vertrauen der Familie genießt. Die Begleitung ist fast immer weiblich; sollte es ausnahmsweise einmal eine männliche Person sein, so handelt es sich um einen nahen Verwandten oder engen Freund der Familie.
Die Anstandsdame begleitet das Paar überallhin, so daß das Rendezvous eher einem Gruppenausflug ähnelt. Die Anstandsdame männlichen Geschlechts mag einen Freund mitbringen (das wäre dann ein Doppel-Rendezvous oder auch gerade recht für eine Runde Doppelkopf).

• Zapfenstreich •

Die Eltern von jüngeren Mädchen schreiben häufig vor, bis wann die Tochter Ausgang hat. In weiser Voraussicht sollte Mann danach fragen und gegebenenfalls sicherstellen, daß seine Angebetete pünktlich zurück ist.

• Ausgeherlaubnis •

Jüngere Mädchen können oft nur mit ausdrücklicher Erlaubnis der Eltern eine Einladung annehmen. Meist wollen die Eltern auch wissen, wohin sie geht, mit wem und wann sie heimkehrt. Ist der Begleiter der Familie nicht bekannt, wollen sie auch Einzelheiten über seine Person und Familie erfahren.

• Küssen •

Ist beim ersten Treffen tabu ...

• Vermittler •

Rendezvous werden normalerweise von Freunden oder Verwandten arrangiert. Die Filipinos lieben es, solche Arrangements in die Wege zu leiten. Immer wieder versuchen sie, ihre Freunde und Verwandten mit jemandem zu „verkuppeln". Freunde und Verwandte bitten einander um die Anbahnung von Rendezvous. Freunde stehen mir nichts dir nichts vor der Tür und sagen: „Ich habe ein Treffen für dich ausgemacht!" Hat ein junger Mann sein Auge auf ein bestimmtes Mädchen geworfen, so kann er einen gemeinsamen Freund bitten, den Kontakt herzustellen. Rendezvous von Männern und Frauen, die sich nicht kennen, sind häufig.

mit einem Lächeln Mitleid ausdrückt, will man Ihr Unbehagen erleichtern. Die persönliche Würde oder das Wahren des Gesichts ist in jeglicher Lage wichtiger als der körperliche Schaden.

Unzählige Arten des Lächelns und angedeuteten Lächelns decken, in Verbindung mit Blickkontakten, nahezu alle Situationen ab. Leider hat bisher noch niemand ein Lexikon des filipino Lächelns verfaßt – Sie müssen sich der Situation aussetzen, um zu verstehen, worum es geht. George Guthrie, Psychologieprofessor an der Pennsylvania State University, der die Praktiken der Kindererziehung und Persönlichkeitsformung auf den Philippinen studiert hat, meint dazu: „In der Vergangenheit hatten die Filipinos wenig Kontrolle über ihre Umwelt. Stets waren sie den Gefahren von Taifunen, Epidemien, Eroberern oder Mißernten ausgesetzt. Lächeln und Hoffen gelten als die angemessenen Reaktionen auf eine Situation, die jenseits der eigenen Kontrolle liegt. Deshalb zeigt man seine Wut oder seinen Ärger nicht, wenn etwas schiefgeht. Das erstrebenswerteste Verhalten, das aber nicht immer erreicht werden kann, ist, weiter zu lächeln ('keep smiling') und den Eindruck zu erwecken, es sei alles in Ordnung."

Körperpflege

Die schwülen Tropen verlangen häufiges Baden. Ein tägliches Bad ist die Regel, und über die Sitten amerikanischer Cowboys oder den wöchentlichen Familienbadetag in Europa machen sich die Filipinos bestenfalls lustig. James Le Roy, ein westlicher Philippinen-Besucher zur Zeit der Jahrhundertwende, stellte fest, die Filipinos seien „... gewissenhaft bei ihrer persönlichen Sauberkeit ... Das tägliche Bad ist kein Luxus, sondern eine gewohnheitsmäßige Notwendigkeit für Jung und Alt." Die Filipinos besitzen überaus feine Nasen. Dies mag den westlichen Besucher verwirren, der viele öffentliche Plätze vorfindet, besonders Marktplätze und die ärmlichen Slumviertel, die entschieden unangenehme Düfte ausströmen. Aber die Filipinos trennen streng zwischen öffentlicher Schlampigkeit und persönlicher Reinheit.

Mode: „Kleider machen Leute"

Das Aussehen ist wichtig in einer Gesellschaft, die das öffentliche Ansehen hochschätzt. Man muß Sinn für Stil zeigen. Bei gesellschaftlichen Anlässen erregt der allerletzte Modeschrei stets Bewunderung. Sogar am Strand oder bei einem Picknick zieht man sich eher zu fein an und nimmt Unbequemlichkeit und Hitze in Kauf, um ja nur tadellos gekleidet zu sein und wie aus dem Ei gepellt auszusehen. Leitende Büroangestellt haben dunkle Anzüge, das offizielle Filipino-Hemd (barong tagalog) oder zumindest modische, kurzärmelige Hemden zu tragen. Wer sich in der Kleidung nicht anpaßt, stempelt sich selbst zum Außenseiter. Schlappen Sie in Sandalen daher, so wundern Sie sich nicht, wenn man Sie in die Kategorie „Hippie" oder „Franziskanermönch" einstuft.

Viele Büroangestellte, vor allem bei staatlichen Behörden und Banken, tragen Uniformen. Dies macht kostspielige Modewettbewerbe innerhalb der Büros überflüssig und verleiht dem einzelnen individuelles Prestige durch Zurschaustellung seiner Gruppenzugehörigkeit. Alle Schulkinder tragen Uniformen, ebenso die Privatwächter. Man muß auch nach außen hin darstellen, was man ist, welchem Beruf und welcher sozialen Gruppe man angehört. Modeschöpfer, vornehm bezeichnet als „Couturiers", genießen ein hohes soziales Ansehen, und Modeschauen, veranstaltet in Hotels, Nachtclubs und bei Wohltätigkeitsbällen, sind in städtischen Gegenden sehr beliebt.

Filipinos feiern gern und ziehen sich bei solchen Anlässen gut an. Die ganze erweiterte Familie bildet den Kern von Festen. Hier begehen Herr und Frau Angelino Mendosa im Beisein aller Kinder und Enkel ihren 40. Hochzeitstag mit einer formellen Zeremonie, bei der sie auch ihr Ehegelübde erneuern.

„Schönsein ist schön"

Schönheitswettbewerbe sind höchst populäre Veranstaltungen. Jedes barrio (Dorf), municipio (Stadt), jede Großstadt und Provinz nimmt daran teil. Frau Marcos war in ihren Oberschultagen bekannt als die „Rose von Tacloban" und anschließend an einem heißumstrittenen Miß-Manila-Wettbewerb beteiligt, bei dem zuguterletzt der Bürgermeister von Manila einschritt und sie zur Siegerin erklärte. Stellt man eine Frau

vor, so erwähnt man auch ihren Schönheitsköniginnentitel, selbst wenn die Dame schon weit über sechzig Jahre alt ist.
Schon von Kindesbeinen an lernen die jungen Filipinas, welche soziale Ehre der Titel einer Schönheitskönigin darstellt. Die hübschesten jungen Mädchen (genauso häufig aber die Töchter der reichsten Familien der Gemeinde) werden ausgewählt, an der religiösen Prozession „Flores de Mayo" („Maiblumen") im Monat Mai zu Ehren der Jungfrau Maria als s a g a l a s und r e i n a s, Prinzessinnen und Königinnen, teilzunehmen. Jede Sportsmannschaft und andere gesellschaftliche Organisation ziert sich mit einer „Muse", einem weiblichen Mitglied, das als besonders attraktiv gilt. Wird ein Familienmitglied zur Schönheitskönigin gekürt, so überträgt sich diese Ehre natürlich auch auf die gesamte Familie.
Eine Erfolgskrone auf dem Haupt eines namhaften Junggesellen ist die Heirat, oder auch eine „romantische Affaire", mit einer Schönheitskönigin. Die Filipinos verweisen stolz darauf, daß zahlreiche Filipinas Titel bei internationalen Schönheitswettbewerben gewonnen haben und daß verschiedene Filipinos Siegerinnnen internationaler Wettbewerbe geheiratet haben.

Zwei Schönheitsköniginnen werden gekrönt. Schönheitswettbewerbe sind beliebte gesellschaftliche Ereignisse auf den Philippinen.

Armi Kuusela, ehemalige Miss Universum, heiratete einen filipino Millionär. Die Liebesgeschichte der beiden wurde verfilmt. Heute zählt sie zur High Society von Manila und berät Kandidatinnen für internationale Schönheitswettbewerbe.

Doch Schönsein allein ist nicht alles

Die Betonung von Schönheit als einer sozial erstrebenswerten Eigenschaft erhöht das Bewußtsein für die Pflege der Schönheit. Und Schönheit bedeutet dabei mehr als rein körperliche Schönheit. Ein Spürsinn für gute Kleidung, Frisur, Wahl von passendem Schmuck, Körperhaltung, öffentliches Auftreten, die Persönlichkeit – all dies zählt dazu. Besondere Talente, wie Singen, Tanzen, ein Instrument spielen (traditionell das Piano), Theaterspielen, Vortrags- und Rezitationskunst, Kochen, Sport (Tennis und Pelota) und die aktive Teilnahme an Wohltätigkeitsveranstaltungen, werden hoch angesehen.

Öffentliche Auftritte dienen in erster Linie der Zurschaustellung äußerer Eigenschaften: Kleidung, Geschmack in Stil und Farbe, Schmuck (Filipinas ziehen auf jeden Fall, wenn sie es sich leisten können, echten Schmuck dem Modeschmuck vor), gute Umgangsformen, Höflichkeit, das Vorzeigen von Reichtum und sozialer Stellung. Gesellschaftliche Zusammenkünfte gehen immer einher mit der Abschätzung von Kleidung und Schmuck der Prominenten. Noch vor nicht allzuvielen Jahren ähnelten manche große, von regionalen Clubs organisierte Bälle Arenen für die Konkurrenz des Überflusses, bis schließlich in den 1960er Jahren der Bürgermeister von Manila, Villegas, drohte, einen von der High Society des Stadtteils Visayas organisierten Ball wegen „übermäßiger Konsumwut" zu verbieten. Heute protzt man zwar weniger in der Öffentlichkeit, doch bleibt diese „übermäßige Konsumwut" bestehen als eine Form der Kunst, den anderen stets eine Nasenlänge voraus zu sein.

2
Sprache & Sprechen

Mehr als siebzig Sprachen und Dialekte sind auf den Philippinen verbreitet. 89 Prozent der Bevölkerung verteilen sich auf die neun Hauptsprachen. Obwohl es gemeinsame Wurzeln und gewisse Ähnlichkeiten in Aussprache und Grammatik gibt, fällt es einem Pampango-Sprecher z.B. schwer, sich mit einem Cebuano-Sprecher zu unterhalten. Fügt man zu all dem noch die aus dem Chinesischen, Spanischen und Englischen übernommenen Worte, so mischt sich das Ganze zu einem kunterbunten Kommunikationssalat. Die Nationalsprache, „Pilipino" genannt, beruht sehr stark auf dem Tagalog. Wollen Sie eine längere Zeit auf den Philippinen verbringen, so ist es angebracht, etwas Pilipino zu lernen oder die Regionalsprache der Gegend, in der Sie sich aufhalten.

Filipino Akzente

Englisch wurde zusammen mit dem öffentlichen Schulsystem Anfang dieses Jahrhunderts als Unterrichtssprache eingeführt und ist daher weit verbreitet. Wie überall, wo Kolonialsprachen einheimische Sprachen überfremdeten, übernehmen auch die Filipinos Laute ihrer Muttersprachen, wenn sie Englisch sprechen. Nur wenige unterscheiden zwischen einem kurzen und einem langen | i |; das Wort „big" (groß) wird sich wie „biiig" anhören. Der Doppellaut |ae| in „hat" (Hut) wird für westliche Ohren wie |ʌ| in „hut" (Hütte) klingen. Vereinfacht gesagt, benutzen die Filipinos Vokale (Selbstlaute) wie die einfachen fünf Vokale im Spanischen ohne die komplexe phonetische Ausdifferenzierung dieser Laute im Englischen.
Die Unfähigkeit vieler Filipinos, ein | f | auszusprechen, das sie durch ein | p | ersetzen (so wird die Nationalsprache „Pilipino" ausgesprochen und geschrieben), rührt von der Abwesenheit des | f | in den philippinischen Sprachen her. In ihrem Bemühen, diese Unzulänglichkeit auszumerzen , schießen viele jedoch über das Ziel hinaus und sprechen, was die Verwirrung noch vollständiger macht, ein | f | da aus, wo eigentlich ein | p | sein sollte. Das geschieht vor allem bei den Pampangos, trotz der Tatsache, daß der Name dieser linguistischen und kulturellen Gruppe zwei | p | - Laute hat und die Gruppenangehörigen eigentlich den eigenen Namen kennen sollten.
Die Ilocanos unterscheiden weiche Laute wie das | th | oder das | d | am Ende eines Wor-

tes nicht von den harten, während Visayans trällernde, musikalische Laute in Worte einfügen. Aber diese Akzente sind natürlich kein Hindernis für die Verständigung, und Sie werden sich rasch an sie gewöhnen. Ziehen Sie aus den ungewohnten Lauten nicht den vorschnellen Schluß, die Filipinos verstünden kein Englisch. Und verfallen Sie um Himmels willen nicht ins Pidgin-Englisch oder die Tarzan-Sprache („Ich Tarzan, du Filipino"). Zwar haben Filipinos den Eindruck, daß westliche Englisch sprechende Ausländer, vor allem Amerikaner und Australier, undeutlich und schnell wie Maschinengewehre näseln. Dem können Sie aber eher entgegenwirken, indem Sie langsamer, weniger indem Sie lauter sprechen.

Filipino Englisch

Einige englische Worte haben im Laufe der Zeit besondere Nuancen oder Bedeutungen erhalten. Einem Begriff wird häufig ein „D" vorangestellt, um ihm so den Anschein einer sich französisch gebenden „Noblesse" zu verleihen. Lassen Sie sich von Werbeschildern mit dem Aufdruck „D'Pinoy" oder „D'Angel Cocktail Bar" nicht zu sehr verwirren; solche Bezeichnungen sind schlicht und ergreifend gewollt geziert und angeberisch.

Die Bezeichnung „peacetime" (Friedenszeit) bezieht sich auf die Periode nach dem Philippinisch-Amerikanischen Krieg und vor dem Zweiten Weltkrieg (zwischen 1902 und 1941) oder einfach auf die Zeit vor dem Zweiten Weltkrieg. Die meisten Filipinos vergleichen gerne die heutige Zeit mit der „peacetime".

Ein Stromausfall in nur einem Teil der Stadt ist kein „Black-Out", sondern ein „Brown-Out"; und jemanden zu einem großen Essen oder Fest einzuladen wird „Blow-Out" genannt, wohl weil bei dieser Gelegenheit viel Geld „hinausgeblasen" wird.

Alle männlichen Weißen heißen „Joe" (ein Überbleibsel des G.I. Joe aus dem Zweiten Weltkrieg), bis sie vorgestellt werden und ihr richtiger Name bekannt ist. „Sir" und „Ma'm" („Madam") sind respektvolle Anreden, die die Filipinos von den amerikanischen Lehrern bei der Einführung des öffentlichen Schulsystems übernahmen.

Kameras werden „Kodak" genannt, Kühlschränke „Frigidaire", Zahnpasta „Colgate", nach den bekannten Firmen- oder Produktnamen. Eine rauhbeinige und zähe Person heißt „Cowboy". Modewörter wie „groovy" (für: toll, sehr gut) oder „chicks" („Hühnchen", für junge Mädchen) werden schnell aufgenommen und verwendet, um „In-sein" und Unbeschwertheit zur Schau zu stellen.

Der kulturelle Faktor: Sprachliche Besonderheiten

Sprachliche Mißverständnisse ergeben sich weniger aus den Besonderheiten des Filipino-Englisch als aus der tieferen oder breiteren Bedeutung, die Begriffen verliehen wird. Der Zeitbegriff des westlichen Ausländers ist bestimmt von seiner Digitaluhr, die ihm haargenau jede einzelne Sekunde anzeigt. Für Filipinos ist Zeit weniger präzis und nicht von Sekunden geprägt. In den barrios (Dörfern) messen die Menschen bei einer Wegbeschreibung die Zeit in Zigarettenlängen. Da auch die Entfernungen in diesen Gegenden in einem weiteren Maßstab gesehen werden, kann der Hinweis, etwas sei „ganz in der Nähe", und ebenso die Bemerkung, es dauere „nur einen Moment", eine weitaus längere Zeitspanne einschließen, als der genauere und direktere Stadtmensch spontan vermuten wird.

Das englische Wort „fix" für „etwas erledigen" umschließt verschiedene kulturelle Bedeutungen. Ein Filipino, der Ihre Papiere „erledigen" kann, ist ein „Vermittler" zur Bürokratie, einer, der die Bearbeitung von Anträgen beschleunigt und sogar illegale Transaktionen „wäscht", der Steuererklärungen bereinigt oder Ihre Strafzettel beseitigt. Er nimmt gegen ein Honorar den Papierkrieg mit den Behörden auf. Gelegentlich erfordert seine Tätigkeit kleinere Geldbeträge, um Ihren Dokumenten ein sauberes Gesundheitszeugnis zu besorgen. Dies sollten Sie im Hinterkopf behalten, wenn Sie jemanden fragen, ob er einige Papiere für Sie „erledigen" kann, oder jemandem anbieten, für ihn ein Problem zu „erledigen".

Die philippinischen Sprachen sind von Höflichkeitsformeln durchdrungen. Es ist wichtig für Filipinos (und jene, die mit ihnen verkehren wollen), niemanden durch Worte zu beleidigen. Man vermeidet sogar, irgend etwas als selbstverständlich vorauszusetzen. Auch wenn Sie sich also bei einem Fremden lediglich nach dem Weg erkundigen, so sollten Sie zuerst fragen, ob Sie ihm eine Frage stellen dürfen! Die angemessene Form lautet demnach: „Entschuldigen Sie, darf ich Ihnen eine Frage stellen?"

Die respektvolle Anrede der Filipinos ist „po" (frei übersetzt mit „Dame, Herr" ohne Unterscheidung des Geschlechts). Diese Anrede gilt Fremden, neuen Bekannten und Älteren. Im Tagalog wird das Anredewort in den Plural gesetzt, wenn Respekt gezeigt werden soll. Da dies im Englischen nicht möglich ist, fühlen sich Filipinos oft ein wenig unwohl, wenn sie eine fremde Person einfach mit „you" anreden sollen.

Sprache: Ein Spiegel der Kultur

Auch in der Sprache zeigt sich die Eigenheit der Filipinos, sich selbst stets herabzusetzen und den anderen im bestmöglichen Licht erscheinen zu lassen. So ist auch die Anwendung von Titeln weit verbreitet. Es ist üblich, eine Person, sagen wir Herrn Cruz, mit seinem Titel anzureden: Rechtsanwalt Cruz, Ingenieur Cruz, Assistenz-Sekretär Cruz, Architekt Cruz und so weiter.
Selbstverständlich werden Beamte mit ihrem Amtstitel angesprochen, also Herr Sekretär, Herr Direktor Cruz, Monsignor Cruz oder Herr Vizebürgermeister Cruz. Sogar die Ehefrauen werden mit dem Titel ihrer Männer angeredet, wie Frau Sekretär oder Frau Bürgermeister. Oft wird eine Ehefrau als „Frau Kommandant" bezeichnet, halb im Spaß und halb in Anerkennung ihrer Machtstellung.
Es ist durchaus nicht ungewöhnlich, einen einfachen Soldat oder Polizist als „Herr Hauptmann" und den Hauptmann als „Herr Major" anzusprechen, um so dem Betreffenden eine höhere Bedeutung zu verleihen. Diese Praxis der Höhereinstufung und des Gebrauchs von Berufsbezeichnungen findet sich gelegentlich sogar bei Kellnern oder Taxifahrern, die man mit der Anrede „Boss" oder „Manager" in offenkundiger Überstrapazierung der Höhereinstufung in ungeahnte, schwindelnde Höhen erhebt. Die angeführten Beispiele sind zwar verbreitet, sollten dem Ausländer aber nicht zum Verhaltensmaßstab werden; es ist angemessen und völlig ausreichend, Personen mit ihren tatsächlichen Titeln und Positionen anzusprechen. Doch sollten Sie den Hang der Filipinos kennen und verstehen, auch in der Sprache die Selbstachtung jeder einzelnen Person anzuerkennen. Um die Selbstachtung in der Öffentlichkeit zu wahren, wird die Sprache mit großer Sorgfalt eingesetzt.
Selbst dem ärmsten Bettler bringt man diese öffentliche, sich in der Sprache widerspiegelnde Rücksichtnahme entgegen. Der schmutzigste, abgerissenste und Sie ständig belästigende Bettler mag Ihnen folgen, Sie mit dreckigen Fingern anfassen und Ihnen endlos zusetzen – doch hüten Sie sich, nach westlicher Art etwa ausrufen: „Hau ab, du Faulpelz!" oder barsch zu sagen: „Verschwinde und geh mir aus dem Weg!" Die Standardantwort der Filipinos Bettlern gegenüber lautet: „P a t a w a r i n p o", was wörtlich übersetzt „Entschuldigung, mein Herr" heißt. Derjenige bittet also um Entschuldigung, der nicht in der Lage ist, dem Bettler etwas zu geben, nicht der ungehobelte Bettler. Vielmehr wird er als „po" (Herr) bezeichnet.
Grob oder roh gegenüber einem Bettler oder jemandem von niedriger sozialer Stellung zu sein wird Sie Punkte in den Augen derer verlieren lassen, die Sie dabei beobachten. Der andere mag zwar nur ein Bettler sein, von Ihnen aber erwartet man, daß Sie über ungeschliffenem Benehmen stehen. Eine Person von hohem Status, die sich zuvorkommend und freundlich gegenüber anderen von niedrigerem Rang verhält (Arbeitgeber zu Arbeitnehmer, Hausfrau zu Diestpersonal, Älterer zu Jüngerem), verdient Achtung und Anerkennung. Umgekehrt gilt Grobheit gegenüber Untergebenen als Arroganz und bringt Ihnen nur Verachtung ein. Höflichkeit in der Sprache sichert

die Aufrechterhaltung der öffentlichen Harmonie und zeigt die Sorge um die Bedeutung jedes einzelnen Individuums, so niedrig dessen Rang auch sein mag.

Von Zeit zu Zeit werden Bettler, oft Kinder wie dieses, Sie ansprechen. Sie sollten höflich, aber bestimmt bleiben.

Sanftes Sprechen

Sprechen Sie nie in aggressivem, hartem oder lautem Tonfall. Sie könnten damit die Harmonie zerstören, Uneinigkeit herbeiführen oder einen Streit entfachen. Also nicht allein, was Sie sagen, sondern auch Ihr Ton und Ihre Sprechweise übermitteln Ihre Botschaft und werden bewertet. Wenn Sie Filipinos bei einem Gespräch zuhören und nicht darauf achten, was sie sagen, sondern in welchem Tonfall sie reden, dann werden Sie meistens ruhige und sanfte Laute vernehmen. Laute Stimmen hören Sie fast

nur bei ausgelassener, guter Laune und Gelächter. Da aber die menschliche Natur so ist, wie sie nun einmal ist, verschafft sich auch die arrogante, rauhe und prahlerische Stimme Platz, die sich alsbald aber als Mißklang absetzt. Manchmal werden Sie nachäffende ärgerliche Laute, von Lachen begleitet, hören: dies ist eine komplizierte und subtile Art und Weise, Kritik oder ein negatives Urteil zum Ausdruck zu bringen.
Es gilt als ungehörig, Befehle herauszubellen und jemanden öffentlich zurechtzuweisen, um so mehr, je höher man beruflich oder sozial steht. Ein entschiedener und offener Ton ist nur erlaubt, wenn die kritisierte Person unter vier Augen, den Blicken und Ohren Dritter entzogen, angesprochen wird.
Einige weitere Besonderheiten der philippinischen Sprachen enthüllen Denkweisen der Filipinos. So zum Beispiel die zwei verschiedenen Formen des Wortes „wir": tayo schließt die angesprochene Person ein, kami schließt sie aus. Hier zeigt sich die Gruppenorientierung der Filipinos. Jemanden als walang - hiya zu bezeichnen, ist die übelste Verdammung, die ihm widerfahren kann. Es bedeutet „ohne Scham" und sagt aus, daß der so Genannte die Verhaltensregeln nicht kennt und sich demnach auch so benimmt, als besäße er keine Selbstachtung.

Das filipino „Ja"

Das filipino „Ja" stürzt die meisten westlichen Ausländer in Verwirrung. Ein „Ja" kann schlicht und einfach „Ja" bedeuten, aber genausogut auch „vielleicht" oder „ich weiß nicht" oder „wenn Sie meinen" oder „wenn Sie es so wünschen" oder „ich - hoffe - ich - habe - das - mit - so - wenig - Enthusiasmus - gesagt - daß - Sie - verstehen - daß - ich - eigentlich - nein - meine". In seinem Bestreben, es Ihnen recht zu machen, kann Ihr Gesprächspartner es nicht übers Herz bringen, kurz und bündig „nein" zu sagen. Deshalb muß man eine Einladung zum Essen mehrfach aussprechen und bestätigen, andernfalls gilt ein einfaches „Ja" nicht als verbindliche Zusage. Man könnte die Einladung ja schließlich lediglich aus purer Höflichkeit ausgesprochen haben; oder der Eingeladene konnte nun einmal nicht die angemessene Art finden, „nein" zu sagen; oder aber er sagt „ja", um Sie hinzuhalten und sich eine Ausrede zurechtzulegen, wenn Sie schließlich die Einladung wiederholen, am besten durch eine dritte Person, der gegenüber er ohne schlechtes Gewissen absagen kann.
Diese Nuancen der gesprochenen Sprache, Englisch nicht ausgenommen, beleuchten die Komplexität der philippinischen Gesellschaft, die weit anders ist, als der erste Blick auf ihre westlich geprägte Oberfläche vermuten läßt. Um mit Filipinos zu reden, zu leben und sie zu verstehen, muß man ihre Gesellschaft und das, was diese Gesellschaft am Leben erhält, eingehender und tiefer betrachten.

3
Filipino Werte & Verhaltensweisen

„Hiya": Ein Gefühl für Scham und Schande

Man hat das Wertesystem der Filipinos seit Kriegsende wissenschaftlich erforscht, und tatsächlich gelang es, einige Werte zu identifizieren und isolieren – ohne allerdings bislang einen wirksamen Impfstoff gegen sie gefunden zu haben. Nun, Sie müssen mit diesen Werten in der Gesellschaft leben, zumindest verstehen, warum es gelegentlich für Sie den Anschein hat, es liefe alles schief, wohingegen für Filipinos offensichtlich alles seinen ganz normalen Gang geht.
Hiya ist der wichtigste soziale Wert der philippinischen Gesellschaft, ist ihr Dreh- und Angelpunkt, der individuelles und soziales Verhalten kontrolliert und motiviert.
Hiya ist das Gefühl für Scham und Schande. Es ist ein allgemein verbreitetes soziales Zwangsmittel und erzeugt jenes zutiefst im Innern verankerte Gefühl des Versagens, wenn man sich bewußt wird, den Anforderungen und Erwartungen der Gesellschaft nicht entsprochen zu haben. Vor dem philippinischen Hintergrund beschrieb Lynch die allgemeine Bedeutung von hiya als „das unangenehme Gefühl, das die Erkenntnis begleitet, sich in einer sozial unakzeptablen Situation zu befinden oder sozial unakzeptabel zu handeln".

Filipino Arbeiter und Angestellte stellen Vorgesetzten normalerweise keine Fragen, selbst wenn sie nicht ganz sicher sind, was sie tun sollen – wegen hiya. Ein Gastgeber gibt mitunter für eine Feier mehr aus, als er sich leisten kann – wegen hiya. Ein gefeuerter Angestellter mag sich gewaltsam für den Rausschmiß rächen – wegen hiya. Ein Kollege wird nicht öffentlich mit Ihnen streiten, selbst wenn er völlig anderer Meinung ist – wegen hiya. Der Begriff ist schwer zu definieren. Es kommt einem schwerwiegenden sozialen Verstoß gleich, dieses Gefühl für hiya nicht zu besitzen, und es ist die gröbste Beleidigung, jemanden als „walang-hiya" („ohne jede Scham") zu bezeichnen.

Hiya ist ein gesellschaftliches Kontrollinstrument. Es begrenzt die Verhaltensmöglichkeiten einer Person, ihr Benehmen in der Öffentlichkeit wird daran gemessen, entweder gutgeheißen oder abgelehnt. Die eigene Selbstachtung steigt oder fällt, je nachdem, wie man sein eigenes hiya in der Öffentlichkeit einschätzt. In der Öffentlichkeit lächerlich gemacht oder kritisiert zu werden oder sich in einer Weise zu verhalten, die von der Öffentlichkeit verurteilt wird, bedeutet, an hiya zu leiden – dem Verlust der Selbstachtung. Wenn man aber hingegen nicht bemerkt, daß man sich unangemessen verhalten hat, oder fortfährt, sich in solch unangebrachter Art und Weise zu benehmen, dann bedeutet dies, gänzlich ohne hiya zu sein. Und dieses Brandmal allein reicht aus, einem die Anerkennung der sozialen Gruppe, wenn nicht gar der ganzen Gemeinschaft, zu entziehen. Ein Filipino, der die Unterstützung seiner Gruppenangehörigen verliert, ist ein sozial Ausgestoßener, eine zutiefst unglückliche Person. Darüber könnte nur jemand hinwegsehen, der Individualismus und Nonkonformismus als höchsten Wert betrachtet, da sein Verhalten mehr von individuellen Schuldgefühlen geprägt ist als von Gruppennormen.

In vielen barrios, in denen mehr als achtzig Prozent der Bevölkerung leben, spielt der Polizist – sofern es ihn gibt – eine nahezu bedeutungslose Rolle. Die gesamte Gemeinschaft kümmert sich, alle Formen der Verbrechenskontrolle eingeschlossen, um die Aufrechterhaltung der Harmonie und versucht Streitigkeiten möglichst durch Gruppenkonsens beizulegen, wobei der Wertmaßstab hiya angewandt wird. Ein jeder muß hiya besitzen und wird sich deshalb so verhalten, daß er von der Gemeinde anerkannt wird.

„Amor-propio": Die Selbstachtung

Der traditionelle, aus vorkolonialer Zeit stammende Wert hiya wird noch verstärkt durch den spanischen Begriff amor-propio, wörtlich übersetzt „Liebe des Selbst", womit Selbstachtung gemeint ist. Offene Kritik demütig zu akzeptieren oder Gästen nicht die angemessene Gastfreundschaft zukommen zu lassen sind Beispiele eines Fehlens von amor-propio. In der philippinischen Gesellschaft ist der Aufbau und Erhalt der Selbstachtung lebenswichtig, und zu diesem Zweck verstärkt amor-propio hiya. Und auch die traditionelle fernöstliche Vorstellung, „Gesicht" zu gewinnen und verlieren, spielt auf den Philippinen eine Rolle und betont wiederum die Bedeu-

tung von hiya und amor-propio.
Die verschiedensten filipino Ausdrücke spiegeln das „hiya – amor-propio – Syndrom". Hat jemand Prestige verloren, etwa ein Vater, dessen Sohn sein Hochzeitsversprechen zurückzieht, nachdem die Heirat bereits öffentlich angekündigt ist, so wird er wehklagen: „Welches Gesicht soll ich bloß der Gemeinde vorzeigen, wenn du das tust!?" („Anong mukha ang maihaharap ko kung gagawin mo ito.")
Eine Person, die die Verhaltensregeln gebrochen und damit amor-propio verloren hat, mag das Urteil zu hören bekommen: „Ihr öffentliches Bild ist bei uns zerbrochen."

Öffentliche Konfrontationen können leicht zu Gewaltanwendung führen. Aus diesem Grunde legen Filipinos großen Wert darauf, offene Konflikte zu vermeiden, denn Auseinandersetzungen in der Öffentlichkeit sind eine Sache von amor-propio und Ehre.

(„Basang basa ang papel niyan sa amin.") Wörtlich übersetzt heißt dies, daß das „Papier" der betreffenden Person, eine Anspielung auf ihr öffentliches Image, „naß" ist.
Die Sozialanthropologin Mary Hollnsteiner meint hierzu: „Hiya kann als 'Vorstellung von sozialem Anstand' übersetzt werden, als eine Schutzmaßnahme zur Verbesserung der Anpassung an die Normen der Gemeinschaft. Jemand, der eine solche Norm verletzt, wird normalerweise ein tiefes Gefühl der Scham empfinden und die Vorstellung hegen, er habe darin versagt, gemäß den Anforderungen der Gesellschaft zu leben. Einen Filipino walang-hiya oder 'schamlos' zu nennen, bedeutet, ihn ernsthaft zu verletzen."
Anders als bei westlichen, von einem festgefügten System von richtig und falsch abhängenden Verhaltensweisen - eine Person fühlt sich schuldig, wenn sie feststellt, falsch gehandelt zu haben - behauptet hiya auch dann noch seine Stellung, wenn der Betroffene vollkommen im Recht und der andere im Unrecht ist. Denn hiya und amor-propio stehen in Wechselwirkung zueinander. Wer das amor-propio eines anderen verletzt, lädt damit zum Konflikt oder gar zur Gewaltanwendung ein; hiya hingegen hält einen Filipino davon ab, die Selbstachtung eines anderen zu verletzen. Aus diesem Grunde mag er zum Beispiel zögern, eine längst fällige finanzielle Schuld oder einen entliehenen Gegenstand einzufordern. Denn man könnte das amor-propio des anderen gefährden, indem man eine solche Angelegenheit von Angesicht zu Angesicht diskutiert.
Wenn Sie sich wundern, daß ein Filipino es vermeidet, ein Problem auf den Tisch zu bringen oder Sie darauf hinzuweisen, daß Sie Ihren Hosenschlitz nicht geschlossen haben, oder Sie auf eine ungewöhnliche Situation aufmerksam zu machen, dann führen Sie sich vor Augen, daß hiya hier am Werke ist. Filipinos fühlen sich unwohl, wenn sie dazu beitragen, Wellen zu schlagen, ein Boot ins Wanken zu bringen oder jemandes launische amor-propio zu verletzen.

Der Vermittler

Konfliktsituationen, die Offenheit verlangen, sind möglichst zu vermeiden oder äußerst taktvoll zu handhaben, da andernfalls hiya und amor-propio ins Spiel kommen könnten. In solchen Fällen wird ein Vermittler eingeschaltet, um die Wogen zu glätten. Ein Vermittler ermöglicht es, Dinge auszusprechen und zu klären, die den anderen erregen könnten, und die vom Vermittler angesprochene Person kann sich so frei genug fühlen, ein Anliegen abzulehnen, Beschuldigungen zu widersprechen oder die eigene Einstellung zu erklären, ohne das amor-propio des anderen zu bedrohen, was bei einer Aussprache von Angesicht zu Angesicht der Fall wäre.
So ist zum Beispiel selbst die einfache Anfrage nach einer Arbeitsstelle mit den Unwägsamkeiten von hiya und amor-propio befrachtet. Denn das Urteil, der Bewerber sei nicht qualifiziert genug, könnte dessen amor-propio verletzen und hiya verursachen, weil er sich erlaubt hat, sich um diese Stelle zu bewerben. Die Ablehnung

versetzt sowohl den Bewerber als auch den Arbeitgeber in eine peinliche Lage. Also tritt eine dritte Person auf den Plan, um das Gesuch zu übermitteln und dem Arbeitgeber die Möglichkeit einzuräumen, feinfühlig nein zu sagen. Und auch die Ablehnung kann mit mehr Würde aufgenommen werden, wenn ein Mittelsmann sie überbringt.

Auch junge Männer, die erfahren wollen, ob die Angebetete ihrem Werben nicht abgeneigt ist, bedienen sich häufig eines Vermittlers. Der Weg zum Herz einer Filipina führt über ihre beste Freundin oder eine Cousine. Durch das stete Zusammenspiel von hiya und amor-propio, das direkte Konfrontationen verhindert, wird die Vermittlung unentbehrlich. Filipinos lernen dies schon von Kindesbeinen in der Familie. Sie wenden sich bei Auseinandersetzungen mit dem Vater an ihre Mutter. Großmutter, Tante, Schwester, Bruder - alle können bei Familienstreitigkeiten den Vermittler spielen.

Vermittler sind vonnöten bei Geschäftsangelegenheiten, Regierungsverhandlungen und beim Umgang mit der Bürokratie. Auch jemand, der etwas für Sie „erledigt", ist auf seine Weise ein Vermittler zu Bürokratie. Der Einsatz und die Tätigkeit eines Vermittlers drehen sich um hiya und amor-propio, Angelegenheiten der höchst empfindsamen Selbstachtung.

Westliche Geschäftsleute, die mit Filipino Kollegen oder Untergebenen zusammenarbeiten, sollten sich bewußt sein, daß hiya und amor-propio den Boden für vielerlei Zwistigkeiten bereiten können. In seinem an Manager gerichteten Buch über das Verständnis von filipino Werten schreibt Thomas D. Andres: „Filipinos verfügen über einen ausgeprägten Sinn für persönliche Würde. Würde und Ehre bedeuten ihnen alles, so daß eine Verletzung, gleichgültig ob tatsächlich oder nur als solche empfunden, einen Angriff auf die Persönlichkeit darstellt. Sie respektieren andere Menschen, die ihnen aber die gleiche Achtung entgegenbringen müssen. Mancher Konflikt zwischen einem ausländischen Vorgesetzten und einem Filipino Untergebenen hat seinen Grund darin, daß die persönliche Würde auf der einen Seite vernachlässigt, auf der anderen Seite geradezu geheiligt wird."

Beschönigung und indirekte Kritik

Auch Beschönigung und indirekte Kritik dienen der Aufrechterhaltung glatter, harmonischer zwischenmenschlicher Beziehungen. „Necken" ist eine Art der indirekten Kritik, ein Weg, heikle Punkte auf fröhlich-unbeschwerte Weise anzusprechen, ein Weg, der spätestens dann erfolgreich ist, wenn andere sich an dem Spiel beteiligen. Ihr Vertrauen auf solche Beschönigungen läßt die Filipinos so bereitwillig ja sagen; sie wollen nicht öffentlich widersprechen oder enttäuschen. Daher sieht man sie auch so häufig lächeln, selbst wenn sie keineswegs der Person, der sie zulächeln, zustimmen. Andres schreibt hierzu: „Ausländer haben oft darauf hingewiesen, daß Zweideutigkeiten, Notlügen und beschönigende Ausflüchte, um unangenehme Wahrheiten zu umgehen, charakteristisch für Filipinos sind. Sie versuchen, andere nicht zu erregen oder zu verärgern. Filipinos blicken voraus und geben eine erwartete Antwort, um negative

Stellungnahmen möglichst zu vermeiden. Wenn also jemand den Preis einer Dienstleistung in Erfahrung bringen will, so wird die Antwort wohl ausnahmslos lauten: 'Das liegt ganz bei Ihnen!' "

Filipinos lassen sich am Telefon lieber verleugnen, als dem Anrufer eine Bitte abschlagen zu müssen. Die Ablehnung eines Vorschlags nimmt überaus lange Zeit in Anspruch. Denn die einzelnen Schritte, um sie durchzusetzen und das abschlägige Urteil von einem unpersönlichen Komitee oder irgendwelchen höheren Mächten fällen zu lassen, bis der Vorschlag schließlich sehr sanft und würdevoll endgültig abgelehnt wird, gelten als Versuche, mögliche negative Reaktionen auszuschließen. Negative Bemerkungen, auch die konstruktivste Kritik, werden durch Beschwichtigungsformeln eingeleitet wie: „Das ist nur meine persönliche Meinung, aber es erscheint mir, daß. . . " oder „Ich halte es für sehr gut, aber. . . " Um sicherzustellen, daß negative Kommentare indirekt sind, werden sie an eine dritte Person oder eine Gruppe gerichtet, mit der Vorwarnung, daß, falls sich jemand angesprochen fühlen sollte, er nicht beleidigt sein dürfe. Ein bekanntes Sprichwort lautet: „Ein Stern fällt vom Himmel, aber auf wen er auch fällt, der soll nicht beleidigt sein." („Bato-bato sa langit, ang matamaan ay wag magalit.")

Ein Filipino wird sagen: „Darf ich es recht verstehen, daß Sie meinen. . . ", um seine Kritik auszudrücken, oder: „Ich denke, was er zu sagen versucht, ist, daß. . . ", um etwas zu betonen, abzuwandeln oder einen Aspekt zum Standpunkt des anderen hinzuzufügen. Er kann, um eine negative Ansicht zu verkleiden, vorgeben, etwas klären zu wollen: „Bitte verbessern Sie mich, wenn ich falsch liege, aber meinen Sie nicht auch, daß. . . "

Folgende und ähnliche Formeln, die der Beschönigung negativer Bemerkungen dienen, werden Sie häufig hören können: „Vielleicht" (siguro nga), „wenn Sie meinen" (kung sinabi mo ba e), „ich werde es versuchen" (sisikapin ko po), „ich werde mich darum bemühen" (pipilitin ko po), „ich weiß nicht genau" (ewan), „wir werden sehen" (titignan natin) oder „sehen wir, was passiert" (bahala na). Auch ein Anheben der Augenbrauen ohne Kommentar bedeutet eine negative Reaktion.

Wie die Katze um den heißen Brei

Ausländer, die gern unverzüglich auf den eigentlichen Punkt zu sprechen kommen, wundern sich oft über den Zweck eines Besuches daheim oder im Büro, wenn der Besucher sich lediglich in sanftem Small-Talk-Geplänkel ergeht – eine nette Unterhaltung, die den Besuch aber nicht zu rechtfertigen scheint. Dabei hat natürlich der Besucher während der ganzen Zeit darauf gewartet, daß Sie ihm einen angemessenen Anlaß bieten, über den Zweck seines Besuches zu sprechen, indem Sie etwa (nachdem ein angenehmes Gesprächsklima hergestellt ist) ganz einfach fragen: „Was kann ich für Sie tun?" Oft wird der Besucher den Anlaß seines Besuches überhaupt nicht erwähnen, sondern erst beim Abschied, als fiele es ihm gerade erst wieder ein, herausplatzen:

„Ach ja, was ich fast vergessen hätte, ich bin jetzt verantwortlich für die Spendenkampagne unserer Pfarrkirche. Wollen Sie nicht einige Eintrittskarten für unser Wohltätigkeitsfest kaufen?" Oder: „Ich habe gehört, Sie suchen einen Buchhalter. Ich habe da einen Cousin, der gerade eine Stelle sucht. . . "
Die Weitschweifigkeit und die zeitraubenden Höflichkeiten sind Teile einer Dynamik, die um die Wahrung der zerbrechlichen Selbstachtung kreist. Hiya und amor-propio sind auf Umgangsformen angewiesen, die die wertvolle Selbstachtung vor möglichem Schaden bewahren, und harmonische, glatte zwischenmenschliche Beziehungen vermögen diesen Zustand zu sichern.
Der Unterschied zwischen den zwischenmenschlichen Beziehungen in westlichen Ländern und auf den Philippinen rührt daher, daß bei uns Konflikte durch das bewußte Herbeiführen, bei den Filipinos hingegen durch das Vermeiden einer Konfrontation gelöst werden.

„Pakikisama": Die Kunst des Zusammenlebens

Der filipino Ausdruck für glatte zwischenmenschliche Beziehungen lautet pakikisama. Grob übersetzt bedeutet dies die Fähigkeit, miteinander auszukommen und das Gefühl von Kameradschaft und Zusammengehörigkeit zu entwickeln. Diese erstrebenswerte Fähigkeit erlernen die Filipinos schon von klein auf. Mit ihrer Hilfe gelingt es, aufsässige Individuen für den Erhalt der Gruppeneintracht zu gewinnen. Pakikisama verlangt vom einzelnen, der Gruppenmeinung nachzugeben und sich nach Kräften für das Weiterkommen seiner Gruppe einzusetzen, also sein individuelles dem allgemeinen Wohl zu opfern. In einer Studie über Ladearbeiter im Hafen von Manila hat Randolph David festgestellt, daß bei einer Wahl zwischen einem fähigen Arbeiter ohne pakikisama, der so mit den anderen nicht zurechtkam, und einem ungeschulten Arbeiter mit pakikisama der letztere bevorzugt wurde. Ein Arbeiter, der diese Fähigkeit nicht beherrscht, gilt als, mag er auch noch so qualifiziert sein, weniger geeignet.

„Utang na loob": Der Schuldenzyklus

Pakikisama vermittelt sich über persönliche Gefälligkeiten, genannt utang na loob, wörtlich „Schuld des inneren Selbst". Wenn etwa in einem Gangsterfilm aus Hollywood ein Polizist oder Informant unter Anspielung auf eine erwiesene Gefälligkeit sagt „Ich bin dir noch etwas schuldig", so ähnelt dies, natürlich in weniger subtiler Form, der grundlegenden Verpflichtung der Filipinos, auf Verlangen eine Schuld zurückzuzahlen. Utang na loob ist jedoch eine kompliziertere und weitreichendere Angelegenheit, denn man muß seine persönlichen Verpflichtungen mit Zinsen zurückzahlen. Und da diese Art von Schulden sich aber nicht genau in Zahlen berechnen läßt,

entsteht so eine sich endlos windende und ausweitende Spirale, die ein äußerst fein verflochtenes Netz gegenseitiger Abhängigkeiten aufgrund von utang na loob webt.
Hollnsteiner beobachtete in ihrem Artikel über Wechselbeziehungen im Flachland der Philippinen: „Von jedem Filipino wird erwartet, daß er utang na loob besitzt. Das bedeutet, er sollte sich seiner Verpflichtung denen gegenüber bewußt sein, die ihm gefällig sind, und sie in einer angemessenen Art und Weise vergelten. Da sich utang na loob hauptsächlich auf erwiesene Dienste bezieht, wenn auch gelegentlich ein materielles Geschenk eingeschlossen sein mag, ist eine Quantifizierung unmöglich. Man kann die Rückzahlung nicht tatsächlich messen, aber zumindest den Versuch unternehmen, indem man die ursprüngliche Leistung in der Qualität übertrifft oder anerkennt, daß die Gegenleistung nur eine Rate ist und weitere Gegenleistungen verlangt."
In seinen zwischenmenschlichen Beziehungen ist jeder Filipino einem anderen durch utang na loob verbunden und vice versa. Doch vermeidet er nach Kräften, sich gegenüber Außenstehenden, insbesondere Rivalen oder verfeindeten Gruppen, in eine solche Schuld zu begeben. Es wäre unloyal, von einem gegnerischen Gruppenangehörigen einen Gefallen anzunehmen, da utang na loob tiefe persönliche und gefühlsmäßige Verpflichtungen nach sich zieht. Der westliche Besucher sollte nur mit der äußersten Zurückhaltung in dieses Gespinst gegenseitiger Verpflichtungen eindringen, da selbst Filipinos sich nur mit großer Vorsicht in jemandes Schuld begeben. Es ist jedoch wichtig zu wissen, wie das System von utang na loob arbeitet, um möglichen Fehleinschätzungen vorzubeugen. So wird zum Beispiel ein Geschäftsmann feststellen können, daß ein Angestellter, der zwar weniger gut ausgebildet ist und nicht besonders gewissenhaft erscheint, dafür aber viele Freunde und Verwandte in Regierungsstellen und bei Geschäftspartnern besitzt, sich als durchaus nützlich erweisen kann, da er offensichtlich über ein reich bestücktes Utang-na-loob-Arsenal verfügt.

„Utang na loob" in der Geschichte

Historiker und Politikwissenschaftler behaupten, die politischen Führer der Philippinen hätten sich bei den Verhandlungen zwischen den USA und den Philippinen nach dem Zweiten Weltkrieg selbst in eine unvorteilhafte Ausgangslage versetzt, weil sie die amerikanische „Befreiung" der Philippinen von Japan unter dem Vorzeichen von utang na loob bewerteten. So stellten die erdrückenden amerikanischen Rechte, die Eingang in die philippinische Verfassung fanden, und die Wiedereinrichtung von US-Militärbasen unverhältnismäßige Konzessionen dar, die den USA aus einem Gefühl der Verpflichtung, utang na loob zurückzuzahlen, zugestanden wurden.
Ein westlicher Arbeitgeber, der einem Filipino eine Stelle verschaft oder Medizin für das kranke Kind einer Angestellten besorgt, wird zu besonderen Anlässen, etwa zu Weihnachten, bescheidene Geschenke erhalten als Zeichen der Anerkennung für den erwiesenen Dienst. Selbständige, insbesondere Ärzte und Rechtsanwälte, werden von Klienten, denen sie kostenlos oder zum reinen Freundschaftspreis geholfen haben, mit

Geschenken überschüttet. Utang na loob prägt die Beziehungen zwischen Eltern und Kindern, denen die Eltern unter Opfern eine teure Ausbildung ermöglichen, zwischen armen und wohlhabenden Verwandten, die für materielle Unterstützung oder eine Arbeitsstelle sorgen, zwischen Grundeigentümer und Pächter, dem ein Kredit zur Anschaffung von Saatgut oder persönlichen Gegenständen gewährt wird, zwischen Kollegen für kostenlos geleistete Dienste und so weiter und so fort.

Politiker auf den Philippinen gewähren politische Patronage im Austausch gegen Wählerstimmen und führen so das utang-na-loob-Element in das westliche politische System ein, das von den Amerikanern auf den Philippinen eingerichtet wurde. Utang na loob ölt das Getriebe des politischen Systems, und so greifen alle Rädchen, angefangen vom winzigsten Dorf bis hin zu den Spitzen des Staatsapparates, reibungslos ineinander, auch wenn dies in scharfem Widerspruch steht zu den theoretischen Prinzipien und Lehrsätzen des eingeführten westlichen politischen Modells. Dieses geht von einem durch „Sachfragen" gezeichneten politischen System aus, doch utang na loob beweist nichtsdestotrotz seine stärkere Anziehungskraft. Eine Zwiespältigkeit zwischen den grundlegenden filipina Vorstellungen von der Dynamik der Macht, die Aspekte wie utang na loob einschließen, und den Grundideen demokratischer Wahlen haben das oft wechselhafte und willkürliche politische System auf den Philippinen bestimmt. Man sollte sich daher bewußt sein, daß in einem verborgenen Winkel eine ausgewogene Mischung von utang na loob, hiya und amor-propio der unbedachten Person in abgeschwächter, gelegentlich aber auch noch vollkommen intakter Form auflauern kann. Harmonische zwischenmenschliche Beziehungen mit großzügigen Prisen Schönfärberei und pakikisama sind stets am Spiel beteiligt.

»Barangay«: die Verwandtschaftsgruppe

Die eigentliche soziale Einheit der philippinischen Gesellschaft ist das barangay, das wahrscheinlich zurückgeht auf die ursprüngliche Besiedlung des Archipels. Seit schätzungsweise 500.000 Jahren leben Menschen auf den Inseln, wenn man den Funden von Steinwerkzeugen, fossilen Elephas und anderen Tieren, die im Cagayan-Tal entdeckt wurden, glaubt. Während über die prähistorischen Menschen auf den Philippinen nur wenig bekannt ist, nimmt man allgemein an, daß Wanderungen und Siedlungen nie zur Herausbildung eines großen Stadtstaates unter einem mächtigen König oder Herrscher geführt haben. Es gibt weder Parallelen zu Indonesiens Borobudur oder Kampucheas Angkor Wat, noch einen Beweis für einen großen Stadtstaat, der vor der spanischen Kolonisation 1565 bestanden haben könnte.

Das Land wurde besiedelt durch einzelne „Bootsladungen", die als barangay bezeichnet wurden und aus Verwandtschaftsgruppen bestanden, deren jeweiliges Oberhaupt dato hieß. Diese Bootsladungen voll Menschen siedelten an der Küste und an den Flüssen und blieben als Gemeinschaften weitgehend unter sich. Die spanischen

Kolonisatoren, abzuzählen an wenigen Händen, waren in der Lage, einen großen Teil des Landes zu unterwerfen, weil es keinen wirklichen, vereinigten Widerstand gegen sie gab. Die Spanier fanden sogar Verbündete, die andere Gruppen bekämpften. Rivalitäten und Wettbewerbe zwischen verschiedenen barangay Verwandtschaftsgruppen waren ein wichtiger Gesichtspunkt in der vorspanischen Geschichte. In einigen Fällen, so unter den Ifugao in den Bergprovinzen, entwickelte sich die Rivalität zwischen den Dörfern zu Kopfjagden, bei denen der Tod eines Gruppenmitglieds nur durch die Erbeutung des Kopfes eines Mitglieds des gegnerischen Dorfes gerächt werden konnte.

1589 schrieb der spanische Missionar Pater Juan de Plasencia über die Filipinos: „Dieses Volk hat immer Häuptlinge gehabt, datos genannt, die es regierten und im Krieg anführten und denen gehorcht und Respekt entgegengebracht wurde... Diese Häuptlinge besaßen keine große Gefolgschaft, höchstens einhundert Haushalte, zuweilen weniger als dreißig. Eine solche Gruppe heißt auf Tagalog barangay. Meine Auffassung, weshalb sie so genannt wird, ist folgende. Aus ihrer Sprache wird deutlich, daß diese Leute Malaien sind, demzufolge Einwanderer, und als sie auf diesen Inseln landeten, muß der Bootsmann eines barangay (denn das ist eigentlich der Name für ein Schiff) seine Herrschaft als dato behalten haben. Bis heute versteht man unter dem Begriff barangay eine Familie bestehend aus Eltern, Kindern, Verwandten und Sklaven.

Eine größere Anzahl dieser barangays bildeten eine einzelne Stadt oder siedelten nicht weit voneinander entfernt, um sich im Falle eines Krieges gemeinsam verteidigen zu können. Es gab jedoch keine, die anderen untertan waren, sondern sie waren verbunden durch Freundschaft oder Stammesgemeinschaft; und die Häuptlinge, jeder mit seinem barangay, kämpften Seite an Seite in den Kriegen, die sie führten."

Bis heute sind viele dieser Clans aus vorspanischer Zeit erhalten geblieben, die als kulturelle Minderheiten in abgelegenen Gegenden des Archipels leben. Die grundlegende Gemeinschaftsgruppe, barrio genannt, ist in ihrem Kern in vielerlei Hinsicht eine barangay-Verwandtschaftsgruppe. Doch selbst in den kleineren und größeren Städten lebt die Verwandtschaftsgruppe weiter, wenn auch in veränderter und weniger deutlicher Form. In ihr finden die Werte von hiya, amor-propio, utang na loob und pakikisama Anwendung. Filipinos denken in Kategorien des alten barangay und ordnen eine Person nach der Clangruppe ein, der sie angehört.

Die Verwandtschaftsgruppe in Aktion

Situation: Ein ausländischer Historiker entdeckt während eines Forschungsaufenthalts in Iloilo einige interessante alte Bücher und Dokumente im Besitz von zwei älteren Damen. Er bringt sein großes Interesse zum Ausdruck und bittet um Erlaubnis, die verstaubten Wälzer studieren zu dürfen. Vergeblich, er trifft auf nichts als Ablehnung und Argwohn. Erst nach sechs Monaten hartnäckiger Verhandlungen erlauben ihm die beiden, die Bücher anzusehen. Der Grund: Er bringt eine Filipina mit, die angeregt mit den Damen plaudert und nach einer langen Unterhaltung, die rein gar nichts mit den

Büchern zu tun hat, diese sofort untersuchen und lesen darf. Erstaunt ruft der Ausländer aus: „Wie haben Sie das gemacht? Ich habe sechs Monate gebraucht, um das Vertrauen der beiden zu gewinnen!" Die Filipina erklärt ihm: „Ich habe kein sonderliches Interessen an den Büchern gezeigt, habe sie nicht einmal angesehen. Zuerst habe ich etwas von mir erzählt, indem ich ihnen erklärte, ich sei die Nicht von jemandem, den sie kennen, und eine Freundin von einer anderen Person, die sie ebenfalls kennen, und habe mich so in ein Netz gegenseitiger Bekanntschaften eingebracht."
Die Beutung von solch oberflächlichen, persönlichen Unterhaltungen entgeht sehr oft dem Ausländer, der gern schnell zur Sache kommt (und damit häufig mit der Türe ins Haus fällt). Doch wer der andere ist, versteht der Filipino erst, wenn er ihn in seine Verwandtschaftsgruppe einordnen und in Gegensatz zu anderen Gruppen setzen kann.
Der Anthropologe Robert Fox beschrieb 1946 wohl am besten die Verwandtschaftsgruppe der Filipinos: „Die grundlegende Einheit ist die Kernfamilie aus Vater, Mutter und Kindern, hinzu kommt die erweiterte Familie, die die Blutsverwandten beider Seiten, also von Vater und Mutter, einschließt. Der Einfluß der Familie durchdringt alle Facetten der philippinischen Gesellschaft. Sie ist die ursprüngliche Einheit gemeinsamen Handelns, um die sich soziale, ökonomische und religiöse Aktivitäten drehen. Religion ist zu einem beträchtlichen Teil auf die Familie und das Heim bezogen. Ökonomische Aktivitäten wie Landwirtschaft, Fischen und Handwerk beziehen im allgemeinen alle erwachsenen Familienmitglieder in gemeinschaftlicher Arbeit mit ein, oft helfen auch die älteren Kinder. Die sogenannten 'Korporationen' (Unternehmen) auf den Philippinen sind charakteristischerweise in Familienbesitz. Vetternwirtschaft in Regierung und Geschäftsleben ist weit verbreitet: eine Widerspiegelung des Zusammenhalts der Familie.
Die filipina Familie zeigt große Solidarität, betont Loyalität und Unterstützung für Blutsverwandte, oft unter Mißachtung sozialer Organisationen oder größerer Zusammenhänge wie die der Stadt oder der Nation. . .
Im typischen barrio oder Dorf sind politische Organisationen nur schwach entwickelt. Gruppenaktivitäten werden auf der Basis der Familienverbindung und gemeinsamer ökonomischer oder offizieller Interessen organisiert. Führungspersönlichkeiten werden von den wichtigen Familien gestellt und sind hauptsächlich von Reichtum und Familiengröße bestimmt.
Der Zusammenhalt der Familie beeinflußt auch stark die zwischenmenschlichen Beziehungen, besonders unter den Gruppen. Eine Beleidigung eines Mitglieds gilt als Angriff gegen die ganze Familie. Andererseits bietet die Familie ein sicheres Auffangnetz für ihre Angehörigen, im Gegensatz zu den oft unsicheren und zerbrechlichen Beziehungen zu Nicht-Verwandten. . . "

Die Verwandtschaftsgruppe und der Ausländer

Situation: Eine Ausländerin, Mitarbeiterin eines Forschungsprojektes in einer ländlichen Gegend, badet gern mit einem knappen Bikini bekleidet im Fluß und läuft in engen Shorts durch das Dorf. Eines Tages geht sie ohne Begleitung im Wald spazieren

und wird von zwei Männern sexuell belästigt. Als sie zurück ins Dorf läuft und um Hilfe ruft, bringt man ihr statt Mitleid nur den Vorwurf entgegen, sie habe durch ihr Verhalten als „sexy Ausländerin" die Situation ja selbst provoziert.
Eine andere Situation: Ein Wissenschaftler hat ein Programm erarbeitet, die Geflügelzucht auf den Philippinen zu verbessern, indem eine besondere amerikanische Rasse eingekreuzt wird. Unter Aufwand hoher Kosten werden die exotischen Hähne an ausgewählte Bauern in ausgewählten barrios verteilt. Dann begibt sich besagter Wissenschaftler ins Feld, um den Fortschritt seines Projekts zu begutachten. Nachdem einer der Bauern vom bevorstehenden Besuch einer solch wichtigen Persönlichkeit erfahren hat, beginnt er, in Übereinstimmung mit der traditionellen filipina Gastfreundschaft, mit den Vorbereitungen, dem „VIP" das beste anzubieten, das er besitzt. Bei seiner Ankunft im Haus des Bauern wird der Wissenschaftler zu einem kleinen Festschmaus eingeladen und findet auf seinem Teller den preisgekrönten Hahn wieder - gebraten. Sein Filipino Gastgeber fand, nur das Allerbeste könne für den hohen Gast gut genug sein - und das war nun einmal der exotische Vogel.
Die Verwandtschaftsstrukturen bestimmen das Verhalten der Filipinos, wobei ihre besonderen Wertvorstellungen häufig aber nur innerhalb der Gruppe Anwendung finden. Ein Außenseiter gilt als Freiwild, bei solchen Gruppen oder Personen wird ein anderer Wertmaßstab angelegt. So müssen Sie zum Beispiel damit rechnen, daß Sie als Tourist mehr bezahlen müssen als andere, doch sobald Sie als Gast oder Freund eines Gruppenmitglieds erkannt worden sind und nicht mehr als durchreisender Ausländer gelten, wird man auch Ihnen einen fairen Preis machen.
Und noch eine Situation: Als Sie über eine Überlandstraße fahren, springt plötzlich ein Junge auf die Straße, und Sie fahren ihn an. Heben Sie den Jungen sofort auf und bringen Sie ihn ins nächste Krankenhaus. Es kann gefährlich werden, länger am Unfallort zu verweilen, wenn sich dort eine größere Gruppe von Dorfbewohnern versammelt. Denn in einer solchen emotional aufgeladenen Atmosphäre könnte eine Gruppe aus der Sippschaft des verwundeten Jungen Sie angreifen. Sollten Sie in einen Verkehrsunfall verwickelt sein und die Passanten zu schimpfen beginnen, handeln Sie klüger, wenn Sie schleunig den Ort verlassen und die nächste Polizeistation aufsuchen. Die Dorfbewohner gehören einer, höchstens zwei Verwandtschaftsgruppen an, und sie werden in jedem Fall auf der Seite des Opfers stehen, das mit ihnen verwandt ist, und den Außenseiter ablehnen.

Zweigleisige Familie: Beide Familienlinien zählen

Anders als in matrilinearen oder patrilinearen Gesellschaften gehören auf den Philippinen sowohl die Verwandten des Mannes als auch der Frau zur Kernfamilie. In der filipina Verwandtschaftsgruppe stellt eigentlich das Kind die Verwandtschaftsbande her, da seine Verwandtschaft, von Großeltern, Onkeln und Tanten angefangen, die Verbindung zwischen den beiden Familien knüpft. Kinder sind deshalb in den Verwandtschaftsgruppen sehr wichtig. Bei den Ifugao wird eine formale Hochzeit nur durchgeführt, wenn feststeht, daß die Frau schwanger ist. In Manila sprechen Ehefrauen ihre

Männer meist mit „Daddy" (Vati) an, während sie selbst „Mommy" (Mutti) genannt werden, was ihren elterlichen Stolz betont und ihre Identität aus Sicht des Kindes festlegt.

„Compadrazco": Die Patenschaft

Als Verwandte zählen natürlich auch die entferntesten Vettern und Cousinen. Darüber hinaus vergrößert sich die Verwandtschaftsgruppe und wächst, außer durch Heirat auch durch andere Rituale, über die Blutsverwandten hinaus. Die Spanier haben christliche Riten eingeführt, die den Filipinos zur Ausweitung der Verwandtschaftsgruppen dienen. Die christliche Sitte der Taufpatenschaft schafft eine feste Beziehung zwischen Patenkind und Patenonkel bzw. -tante.
Nach der strengen Tradition gelten Patenonkel und -tante als die zweiten Eltern des Kindes. Man erwartet von ihnen, daß sie sich um das Kind kümmern, wenn den Eltern etwas zustößt. Zu Weihnachten und am Geburtstag des Patenkindes ist es üblich, ihm ein Geschenk zu übergeben. Ist das Kind dann erwachsen, so haben es die Paten bei der Arbeitsplatzsuche zu unterstützen und andere Hilfestellungen für sein Weiterkommen zu leisten. Allerdings bleiben die Erwartungen oft reine Idealvorstellungen, auch wenn die Patenschaft die Bereitschaft materieller Unterstützung allgemein voraussetzt. Das Patenkind nennt seinen Patenonkel *ninong*, seine Patentante *ninang*. Es selbst heißt *inaanak*, was wörtlich übersetzt „geschaffener Bruder / Schwester" bedeutet, also ein durch ein Ritual erworbener Bruder oder eine Schwester zu den eigenen Kindern.

„Compadres": Alle werden Brüder

Die Taufzeremonie knüpft nicht nur ein Band zwischen Paten und Patenkind, sondern auch zwischen den Paten und den Eltern des Kindes, die sich gegenseitig als *compadres* anerkennen. Patenonkel und Patentante, die sich vor der Taufe vielleicht noch nie gesehen haben, werden damit gleichfalls zu *compadres*. Dieses System wird *compadrazco* genannt und ist spanisch-katholischen Ursprungs; das Wort *compadre* bedeutet im Spanischen „Patenonkel". Die filipina Verwandtschaftsgruppen haben das religiöse Ritual eher als eine Möglichkeit zur Ausdehnung ihrer jeweiligen Gruppe durch „zeremonielle" Verwandtschaft angenommen als allein aus religiösen Gründen. Die Zahl der Paten bei religiösen Zeremonien hat sich mittlerweile auf den Philippinen vergrößert, so daß heute sechs oder acht Paten keine Seltenheit sind. Angesehene Mitglieder der Gemeinschaft, wie etwa Beamte, werden gern als Paten ausgewählt. Das *compadre*-System hat sich auch auf Firmungen und Hochzeiten ausgedehnt. Bei diesen Anlässen werden Spender dann zu Paten, und das *compadre*-Band verbindet sie auch mit den Eltern und anderen Spendern. Es ist inzwischen eine nahezu offizielle Funktion, Taufpate zu sein: Die meisten höherstehenden Beamten

haben hunderte, wenn nicht tausende von Patenkindern. Ein Maßstab für die Bedeutung einer Hochzeit oder Taufe ist der Bekanntheitsgrad der Paten.
Das Wort compadre ist eng mit zeremoniellen Verwandtschaftsbeziehungen verbunden. Ohne Zweifel hat auch in vorspanischen Zeiten die Verwandtschaftsgruppe sich durch Rituale ausgedehnt, so zum Beispiel durch die von verschiedenen spanischen Zeitzeugen beschriebenen Blutsverträge. Ein Blutsvertrag verlangte das zeremonielle Vergießen einiger Tropfen Blut, das die Beteiligten mit Wein vermischt tranken und wodurch sie zu Blutsbrüdern wurden. Das christliche compadre-Ritual wird auf den noch von der Tradition durchdrungenen Dörfern ernster genommen als in den größeren Städten, wo man die compadre-Bande eher oberflächlich einhält. Die verbreitete Anrede pare ist eine Vereinfachung von compadre und wird heute sehr frei, sogar Fremden gegenüber, verwendet.

Die Taufzeremonie: Ein Führer für Fremde

Ausländer genießen auf den Philippinen ein hohes Ansehen, da die meisten dort wohnenden Ausländer wichtige Positionen bekleiden und deshalb häufig gefragt werden, als Pate oder Spender für eine Taufe oder Hochzeit aufzutreten. Da dies als Auszeichnung gilt, ist es nicht leicht, eine derartige Bitte abzulehnen, ohne hiya zu verursachen; man sagt am besten zu. Außerdem erwartet man von einem Ausländer nicht, daß er die Verpflichtungen des Paten vollständig versteht. Wenn Sie sich nicht in die

Eine Taufzeremonie: Da das Kind ein Mädchen ist, wird es von der Patentante gehalten, während die Eltern, der Patenonkel, andere Paten und Verwandte zusehen.

Bei der Taufe

1. Die Beteiligten treffen sich an der Kirche und füllen die Formulare aus.
2. Der ninong (Patenonkel) bezahlt die Kosten des Gottesdienstes. Die Kosten und die Ausführung des Gottesdienstes variieren, je nachdem wie aufwendig die Zeremonie gewünscht wird. Die Bezahlung erfolgt während der Abwicklung der Formalitäten.
3. Die Versammlung begibt sich in die Kirche, wo der Priester nun die Zeremonie durchführt. Ist es ein Mädchen, so hält die Patentante das Kind, ist es ein Junge, der Patenonkel.
4. Nach der Zeremonie begeben sich die Gäste zu einem Festessen, das die Eltern des Kindes ausstatten. Manchmal werfen die Paten einen Regen von Münzen in die Menge der versammelten Gäste. Die Kinder dürfen sich um das Geld raufen, während die Erwachsenen nur einige wenige Münzen auffangen, die ihnen Glück bringen sollen und die sie dann oft an die Kinder weiterreichen.
5. Kleidung: Zwar nicht hochoffiziell, aber doch dem Anlaß entsprechend gepflegt.

komplizierten Verwandtschaftsbeziehungen einbringen wollen, so wird bereits Ihre Teilnahme an der Zeremonie als ausreichende Ehre verstanden.

Einer der Taufpaten trägt das Kind während der kurzen Zeremonie. Sowohl dem Patenonkel als auch der Patentante kommt Bedeutung zu. Nach dem Brauch steht der Patenonkel etwas mehr im Vordergrund, wenn das Kind ein Junge ist, und die Tante bei Mädchen. Früher gab es im Gegensatz zu heute jeweils nur einen Paten.

Unnötig zu sagen, daß Sie dem Anlaß entsprechend gekleidet sein sollten. Denn diese Zeremonie ist den Eltern des Kindes sehr wichtig. Meist ist es üblich, daß die Patin das Taufkleid bezahlt.

Die Paten kommen außerdem für die Kosten der kirchlichen Zeremonie auf. Sie sind zwar nicht hoch, schwanken aber je nach Ausstattung der Feier (ob sie am Hochaltar stattfindet, Glocken geläutet werden usw.). Ein Geschenk, sein Wert hängt von der eigenen Großzügigkeit ab, für das Patenkind ist üblich. In der Ober- und oberen Mittelschicht mag dies ein silberner Becher oder ein Besteck sein, ein Paar goldene Ohrringe für ein Mädchen oder bestickte Baykleidung. Es ist ein sicherer Tip, etwas Praktisches, jedoch ausgesucht Schönes zu schenken. Die Eltern statten ein Fest aus, das recht verschwenderisch sein kann, mit einer großen Zahl von Gästen, oder eher bescheiden und auf einen kleinen Kreis beschränkt. Auf jeden Fall sind die Paten stets Ehrengäste.

Der Tradition folgend veranstalten einige Paten am Ende der Feier eine „Gelddusche" aus kleinen Münzen, um dem Patenkind künftigen Wohlstand zu wünschen. Man sollte also ein kleines Säckchen Münzen mitbringen, etwa 20 Pesos in 10-Centavo-Münzen, die Sie bei der „Gelddusche" in die Luft werfen. Ein großzügiges sabog, wie dieser Geldregen genannt wird, bestünde aus einigen hundert Pesos in 50-Centavo-Münzen (in Ausnahmen sogar auch Banknoten). Meist beteiligen sich nur

Kinder und jugendliche Mädchen am Aufsammeln der Münzen. Wenn Ältere dies tun, dann in dem Glauben, es brächte ihnen Glück; eifriges Aufraffen ließe sie als habgierig und materialistisch erscheinen.
Laut Tradition gelten die Verpflichtungen der Paten lebenslang. Die einzige Pflicht des Patenkindes beläuft sich auf angemessenen Respekt seinen Paten gegenüber. Materielle Hilfe ist nicht das Wichtigste, doch man erwartet gewiß Unterstützung bei der Arbeitssuche, das Ausstellen von Empfehlungsschreiben und Fürsprachen. Dies erklärt auch, weshalb Beamte, die offenbar in der Lage sind, Protektion zuzusichern, als Paten so begehrt sind.

Die Hochzeit: Ein Führer für Fremde

Die Paten einer Hochzeit nehmen die Ehrenplätze ein. Deshalb erhöhen im Spiel des sozialen Aufstiegs prominente Paten das Prestige der beiden Familien, die durch die Heirat verbunden werden. Anders als der Taufpate legt sich der Hochzeitspate über Nacht zwei erwachsene Kinder zu, die dabei sind, verantwortungsvolle Aufgaben in der Gesellschaft zu übernehmen, so daß seine Verpflichtung, beim Aufbau einer Karriere zu helfen, viel unmittelbarer auf ihn zukommt. Für die Zeremonie selbst wird von den Paten allerdings nur ein ihrer Stellung angemessenes Hochzeitsgeschenk erwartet.
Die Trauung ist im allgemeinen eine kirchliche Zeremonie. Aufwendige Feiern können nicht nur eine Anzahl von Paten auf den Plan rufen, sondern auch einen Begleitzug von Blumenmädchen, einen Ringverwalter, Brautjungfern, eine Ehrenjungfer, Kerzenspender, Bandspender und Schleierspender. Hochzeiten laufen nach einem für philippinische Verhältnisse strikten Zeitplan ab, bei dem allein der Braut Spielraum für eine Verspätung bleibt. Sie darf nicht zu begierig erscheinen, indem sie zu früh zur Trauung eintrifft. Nur ein sehr wichtiger Pate kann es sich erlauben, sich erst nach der Braut einzufinden. Anders als bei Einladungen zum Essen, wo man sich absichtlich verspätet, um nicht den Eindruck zu erwecken, man lechze nach den Fleischtöpfen, verursacht es kein hiya, früh zu einer Hochzeit zu erscheinen.

Die Hochzeitspaten

Die Paten knien während der Messe mit dem Brautpaar vor dem Altar. Am Ende der Zeremonie unterzeichnen die Paten als Zeugen der Trauung die Urkunden. Auf den nächsten Schritt sollten Sie sich als Pate vorbereitet haben, denn der Küster oder ein Meßdiener wird sich mit einem Teller in der Hand nähern, da man von den Paten eine Spende erwartet. Ohne diese Vorbereitungen werden Sie mit leeren Händen und offenem Mund auf diesen Teller starren, und ohne die passenden Scheine wird das Klingeln von Münzen Sie blamieren – oder es kostet Sie womöglich den einzigen großen Schein in Ihrer Brieftasche.
Möglicherweise bittet man Sie, nicht als Pate, sondern als Kerzen-, Schleier- oder Bandspender zur Verfügung zu stehen, Rollen, die man Freunden der Braut oder des

Hochzeits-Knigge

• Parties vor der Hochzeit •

Für die Braut werden von Freunden oder Verwandten vor der Hochzeit eine oder mehrere Parties gegeben, entweder eine Küchen-, Badezimmer- oder Schlafzimmerfête. Sie sind allesamt informelle Damengesellschaften.

1. **Küchenfête:**
   Sie ist die üblichste Form solcher „vorehelichen" Parties. Die Gäste bringen Geschenke mit, die in der Küche Verwendung finden können.

2. **Badezimmerfête:**
   Angemessene Geschenke wären hier Handtücher, Seife, Seifenschalen und andere Toilettenartikel.

3. **Schlafzimmerfête:**
   Gern gesehene Geschenke zu diesem Anlaß sind Bettwäsche, Kissenbezüge, Nachthemden usw.

• Hochzeitsgeschenke •

Einige übliche Geschenke sind: Tafelsilber, Kristallgläser, Silberplatten, Vasen, Weingläser und andere Haushaltsgegenstände. Sie schicken Ihr Geschenk entweder in das Haus der Braut oder des Bräutigams, je nachdem, wer Sie eingeladen hat.

• Die Hochzeitsmesse •

Alle Gäste werden zur Messe und zum anschließenden Empfang eingeladen und nehmen normalerweise auch an beiden teil. Nach der Trauungszeremonie verlassen Braut und Bräutigam die Kirche und werden dann mit Reiskörnern beworfen – dies soll ihnen Wohlstand bringen. Danach begibt sich das Brautpaar zum Empfang, und die Gäste folgen nach.

Bräutigams anvertraut. Der Kerzenspender entzündet die Kerzen am Altar und löscht sie wieder vor Ende der Zeremonie. Wenn Sie den Kerzenspender spielen, so sollten Sie ein Feuerzeug mitbringen – am besten eines, das auch funktioniert. Der Schleierspender legt einen Schleier über Braut und Bräutigam, der Bandspender ein Band. Schleier und Band werden von der Familie zur Verfügung gestellt, und meist gibt jemand den Spendern ein Zeichen, wenn ihr Auftritt naht. Alle Spender treten als Paare an, also ein Mann und eine Frau für jedes Ritual.

Das Hochzeitsessen

Der kirchlichen Trauungszeremonie folgt ein Festschmaus, heutzutage meistens in einem Restaurant oder Club. Die Ehrengäste sitzen mit den Brautleuten, deren Eltern und dem Hochzeitszug am Kopf des Tisches. Manchmal hängt ein glockenförmiger weißer Papierkäfig deutlich sichtbar in der Nähe des Tisches, und Braut und Bräutigam

• Der Empfang •

1. Der Empfang findet statt in einem großen Restaurant, dem Haus eines Elternpaares oder auch in einem der großen privaten Clubs.
2. Beim Empfang stehen Braut und Bräutigam am Eingang und begrüßen die eintretenden Gäste. Seitlich befindet sich ein Tisch für Geschenke, die Gäste beim Empfang überreichen.
3. Zum Empfang gibt es entweder eine Frühstücksmahlzeit oder ein großes Essen. Bei wohlhabenden Familien ist es immer ein aufwendiges Festessen.
4. Nach dem Essen schneiden die Brautleute den Kuchen an und reichen einander einen Happen davon. Danach ziehen alle unverheirateten weiblichen Gäste an Bändern befestigte Amulette aus dem Hochzeitskuchen, in denen eine auf Papier geschriebene Spruchweisheit steckt.
5. Das Brautpaar zieht an einer Kordel eines glockenähnlichen Gebildes, wodurch zwei Tauben freigelassen werden. Dies ist das letzte Ritual. Anschließend begibt sich das Paar mit dem Hochzeitzug zu einem Fotografen, um Erinnerungsbilder machen zu lassen.

• Hochzeitstage •

Man feiert gewöhnlich die Silberhochzeit (25 Jahre), die Rubinhochzeit (40 Jahre) und die Goldene Hochzeit (50 Jahre). Diese Jahrestage werden mit großen Festen begangen. In einigen Fällen – ob nötig oder nicht, sei dahingestellt – erneuert das Paar sein Ehegelübde und wiederholt die Trauung mit den Kindern und Enkeln als Brautjungfern und Blumenmädchen. Es ist gebräuchlich, ein Geschenk zu überreichen, das zur Leitfarbe des Jubiläums paßt, also Silber zum 25., etwas Rotes zum 40. und Goldenes oder Vergoldetes zum 50. Hochzeitstag.

ziehen an den daran angebrachten langen weißen Seidenbändern, um weiße Tauben loszulassen, die unter den Gästen für einige Aufregung sorgen, bis sie wieder eingefangen sind.

Die Brautleute schneiden gemeinsam den Hochzeitskuchen an, der zuweilen von einer für ihre Koch- und Backkünste bekannten Verwandten beigesteuert, heute aber ebenso häufig von einer Konditorei angeliefert wird. Unverheiratete weibliche Gäste ziehen an Bändern befestigte Gegenstände aus dem Kuchen, die Prophezeiungen über ihr eheliches Glück (oder Unglück?) enthalten. Als Erinnerung an die Feier erhalten alle Gäste ein Stück des Hochzeitskuchens, verpackt in einem kleinen, mit den Initialen von Braut und Bräutigam versehenen Kästchen. Auf den Philippinen ist es Brauch, Gästen etwas Essen vom Festschmaus mit auf dem Heimweg zu geben. Trinksprüche oder Reden, wie in Europa bei Hochzeiten üblich, finden nicht statt. Die Braut schreibt ein oder zwei Monate später, wenn das junge Paar sich eingerichtet hat, Danksagungskarten.

Viele Aspekte der Hochzeit, einschließlich der katholischen kirchlichen Zeremonie, sind vom Westen übernommen. Sie folgen der spanischen Tradition, doch die Einführung von Brautführer und Brautjungfern, mitunter auch Zeremonienmeistern, geht auf

Ein filipino Hochzeitsbrauch: Braut und Bräutigam lassen ein Paar Tauben frei.

angelsächsische Bräuche zurück. Offenbar nimmt die Verwandtschaftsgruppe, sofern es eine Hinzufügung bedeutet, bereitwillig neue Zutaten in die Zeremonie auf. So hat eine bekannte politische Persönlichkeit den vielzitierten Spruch geprägt: „Politik ist Hinzufügung."

Als Gast einer filipina Hochzeit können Sie nach Belieben sowohl an der kirchlichen Zeremonie als auch am Bankett teilnehmen; manche Gäste verzichten auf die religiöse Feier und begeben sich geradenwegs zum Essen. Wie bei allen gesellschaftlichen Anlässen, ist auch hier gute Kleidung die Regel.

Das Hochzeitspaar begibt sich nach der Kirche zum Ort des Festessens, wo es die Gäste an der Tür empfängt. Man gratuliert dem Bräutigam, nicht aber der Braut – diese empfängt Ihre guten Wünsche. Filipinas sind zurückhaltend, und so gratuliert man dem Mann zu seinem erfolgreichen Werben um die Schöne.

In der Nähe des Eingangs befindet sich gewöhnlich ein Tisch, auf den die Hochzeitsgeschenke gelegt werden. Nach dem Essen verabschieden sich die Gäste und wiederholen ihre guten Wünsche für das frischvermählte Paar.

Die Hochzeitsbräuche in den ländlichen Gegenden unterscheiden sich je nach der Region. Bei einigen traditionellen barrio-Hochzeiten werden Peso-Scheine an die Gewänder von Braut und Bräutigam geheftet – nützliche Geschenke, die ihnen den Start ins Eheleben erleichtern sollen.

Eine traditionelle barrio-Hochzeit. Man heftet als Geschenk Peso-Scheine an die Kleider von Braut und Bräutigam. Sie sollen ihnen den Start ins gemeinsame Leben erleichtern.

Verwandte sind wichtig, aber ...

Das mit Anleihen von christlichen Ritualen versehene compadre-System sichert das Anwachsen der erweiterten Familie und erlaubt zugleich eine flexible Entwicklung der Verwandtschaftsgruppe außerhalb des sozial und ökonomisch inzestuösen Gefängnisses der Blutsverwandten. Ein Umsiedler aus einer Kleinstadt kann durch das compadre-System Teil einer Verwandtschaftsgruppe in Manila werden. Studien haben nachgewiesen, daß der einzelne sich, wenn er Hilfe braucht, zunächst auf die engsten Verwandten verläßt, aber auch nicht zögert, soziale Beziehungen zu Nicht-Verwandten aufzunehmen, die aus räumlichen Gründen eher zur Verfügung stehen oder bessere Leistungen oder höheren wirtschaftlichen Nutzen versprechen. Die soziale Gruppe, die ein Individuum um sich versammelt, verbindet also Familienangehörige mit frei gewählten Freunden und Bekannten.

Als Mitglied einer Verwandtschaftsgruppe ist der einzelne Mensch nicht einfach eine passive Einheit der Familie, in die er hineingeboren wurde; er definiert und gestaltet seine soziale Umgebung durch Heirat und persönliche Auswahl, geht compadre-

Beziehungen nach eigener Wahl mit anderen innerhalb und außerhalb seiner Verwandtschaft ein. Frank Lynch beschreibt diese Situation mit einem englischen Wortspiel: „Relatives are important, but the importance is relative." (Verwandte sind wichtig, aber ihre Wichtigkeit ist relativ.)

Ein Führer durch das Verwandtschaftssystem

Sie brauchen das komplizierte, verwobene Geflecht der Verwandtschaftsgruppen auf den Philippinen nicht vollständig zu durchschauen: auch viele Filipinos haben nicht bewußt darüber nachgedacht. Es ist aber wichtig, von diesem Netz der Beziehungen zu wissen, um so das Zusammenspiel seiner einzelnen Fäden in der Gesellschaft in der richtigen Perspektive zu sehen. Was westliche Augen als offene Vetternwirtschaft in Familienbetrieben, ja bis hin zu Regierungsinstitutionen, erkennen würden, mag durchaus als Anpassung an das Verwandtschaftssystem gedeutet werden. Nur wenn dies ein wirkliches Unheil auslöst, Inkompetenz und Korruption Vorschub leistet, wird diese Günstlingswirtschaft auch für Filipinos zu einem ernsthaften Verstoß und zu einer Gefahr. Ein Beamter auf den Philippinen ist zerrissen zwischen seiner öffentlichen Aufgabe und seinen verwandtschaftlichen Verpflichtungen. Dies mag man als Widerspruch oder Dualität sehen, auf jeden Fall kennzeichnet es die gegenwärtige philippinische Gesellschaft. Ein Polizist vernachlässigt ganz offensichtlich seine Pflichten, wenn er den Schuldigen, der zufällig sein Sohn ist, nicht festnimmt. Seine Verwandten hingegen wären der Ansicht, er vernachlässige seine väterlichen Pflichten, wenn er seine Macht nicht dazu verwendet, seinen Sohn zu schützen, der zufällig gegen das Gesetz verstoßen hat.

Ein Polizist würde niemals seinem Patenonkel einen Strafzettel ausstellen, um so weniger, wenn dieser auch Beamter wäre. Denn wie könnte ein Patenkind, das seinem ninong seine Stelle verdankt, sich so undankbar zeigen?! Arce und Poblador beschreiben das Problem in einer Studie über öffentliche Organisationen auf den Philippinen: „Es scheint Überstimmung darin zu bestehen, daß die Unternehmensregel, niemanden einzustellen, der schon einen Verwandten im Betrieb hat, eine gute Sache ist. Theoretisch unterliegt sogar die fiktive Verwandtschaft (kumpare) dem Verbot. Unter den Arbeitern hingegen werden sehr gerne fiktive Verwandtschaften eingegangen. Die Manager mißbilligen diese Praxis, geben aber zu, daß sie nicht viel tun können, es zu verhindern."

Die Verwandtschaftsstruktur übt jedoch nicht nur Druck auf Individuen aus, sondern auch auf jene, die die Gruppe bedrohen, indem sie einem Mitglied Schaden zufügen. Andres betont in seiner Studie über filipino Werte: „Jede Person ist eine Außenstelle ihrer Familie und Verwandtschaftsgruppe. Wenn ein Arbeiter beim Stehlen ertappt wird, sagt man: 'Ang pamilya niya'y mahihiya sa lipunan' ('Auf seine Familie wird in der Öffentlichkeit Schande geladen.') Die 'Schande' des Arbeiters ist auch die 'Schande' der Familie. Sogar wenn ein einzelner eine 'beschämende' Bemerkung oder Situation ignoriert, kann die Familie sich der Sache annehmen, denn das Ansehen der Familie ist betroffen. Kritik an einer Person wird nicht gegenüber ihr als Individuum angebracht, sondern ihr als Vertreter einer Familie. Es gibt Fälle, bei denen unfähige Lehrer nicht entlassen wurden, weil das den einzelnen und seine Verwandten in eine Position von kahiya-hiya gebracht hätte. Die Inspektoren fürchteten, daß Familienangehörige des Entlassenen sie sogar körperlich angreifen könnten, von den unvermeidlichen Drohungen und Vorwürfen wegen des harten und schrecklichen Verhaltens der Inspektoren ganz zu schweigen."

Die philippinische Gesellschaft ist ein Universum von Verwandtschaftsgruppen, die allesamt gleichermaßen Druck ausüben. Was für den Rest der Gesellschaft als unangemessen gilt, wird übersehen, wenn es einen Verwandten betrifft. Ein anderes Verhalten brächte die Gruppe in Verlegenheit, und sie könnte ihre Selbstbeherrschung verlieren, wenn ihr amor-propio verletzt ist. Rivalität zwischen Verwandtschaftsgruppen kennzeichnet die philippinische Gesellschaft und Politik. Sogar im Ausland hat man bei filipina Gemeinschaften beobachtet, daß zwei oder mehr rivalisierende Organisationen bestehen. Der westliche Besucher wird sich freuen, nach einiger Zeit als Teil einer Gruppe angesehen zu werden, dafür aber plötzlich feststellen, daß er damit zugleich die Ablehnung einer rivalisierenden Gruppe auf sich gezogen hat.

Es ist wichtig, nicht zu eingebunden und engagiert für eine Gruppe einzustehen, wenn man in einem größeren sozialen Zusammenhang arbeitet. Derjenige meistert die Situation am besten, der das Wohlwollen von möglichst vielen Gruppen genießt. Die einzige Alternative wäre, der größten und mächtigsten Gruppe anzugehören, die über Beziehungen zur nationalen Machtstruktur verfügt. John F. Doherty stellt in seiner Studie fest, daß im ganzen Land 453 große Unternehmen, die alle miteinander verbunden sind, von 81 Personen kontrolliert werden, und das mit Unterstützung der Regierung – zumindest zur Marcos-Zeit. Dies wirft einiges Licht auf die Dynamik der Macht, wenn das System der Verwandtschaftsgruppe auf die Spitze getrieben wird.

4. Die Fiesta

Was wäre ein Besuch auf den Philippinen, ohne an einer Fiesta teilgenommen zu haben! Nahezu das ganze Jahr über findet irgendwo auf dem Archipel eine Fiesta statt. Die Fiesta einiger Städte sind im ganzen Land bekannt: das Ati-Atihan in Kalibo (Aklan); Pahiyas in Lucban (Quezon); das Flußfest von Bocaue (Bulacan); das Laternenfest am Heiligen Abend in San Fernando (Pampanga); das Wasserbüffelfest in Gapan und das Fest des Schwarzen Nazareners in Quiapo (Manila), um nur einige zu nennen. Die Stadtfiestas werden normalerweise zur Zeit des Festes des Schutzheiligen der Stadt begangen. In der grauen Vergangenheit waren vermutlich einige dieser Riten mit Gebeten für Regen und eine gute Ernte oder reichen Fischfang verbunden. Die Tagbanwa, eine kulturelle Minderheit auf der Insel Palawan, halten ihre drei-Tages-Festivitäten während der Rodung eines Waldstückes für den Ackerbau ab.

Frühe katholische Missionare haben sich einige der Volksbräuche für die christliche Religion zunutze gemacht, indem sie dem Vorhandenen katholische Begründungen und Riten überstülpten. Auf der anderen Seite erinnern Tauchzeremonien von heute an buddhistische Riten aus der Vergangenheit und ähneln dem Songkran (Wasserfest zu Neujahr), das in Chiang Mai in Thailand gefeiert wird.

Jeder ist bei einer Fiesta willkommen. Die Pfarrkirche ist ihr Zentrum, und die Grenze mag ein Stadtbezirk (wie bei der Fiesta in Quiapo) oder ein barrio sein, oder das Fest schließt die ganze Stadt ein. Normalerweise dauert eine Fiesta drei Tage. Die gesamte Gemeinschaft nimmt teil. Bei Kalibos Ati-Atihan drängen sich alle Einwohner, vom Bürgermeister bis zum Bettler, in den Straßen, um zu Tausenden in einer Prozession zu Ehren des Jesuskindes zu tanzen. Die Eßtische der einzelnen Haushalte brechen unter den Speisen schier zusammen, und allerorten werden alle erdenklichen Arten der Unterhaltung geboten.

Gastfreundschaft ist oberstes Gebot bei allen Fiestas; als Nicht-Filipino können Sie sich also einmal weniger Sorgen über Ihr Verhalten machen, es gibt keine strikten Benimmregeln. Aber da die meisten Fiestas einem religiösen Ursprung entstammen und die Kirche und der Schutzheilige wichtige Symbole sind, sollte man innerhalb der Kirche den angemessenen Respekt zeigen, ebenso wenn das Bild oder die Statue des Schutzheiligen in einer Prozession durch die Straßen getragen wird.

Facetten einer Fiesta

Eine Stadtfiesta kündigt sich schon Tage zuvor an. Meist wird eine Novena neun Tage vor dem Festtag des Stadtheiligen abgehalten. Alle Einwohner versuchen ihre Häuser möglichst schmuck herauszuputzen, mit einem frischen Farbanstrich, neuen Vorhängen oder einfach mit Schrubber und Besen, polierten Fußböden und blitzblanken Fenstern. Die Straßen werden mit Bambusbögen und bunten Papierstreifen geschmückt, die Plaza, an der üblicherweise am Abend der Fiesta ein Tanz stattfindet, pieksauber gefegt. Vergnügungsbuden und kunterbunte Straßenstände, die allerlei Tand, Spielwaren und Snacks feilbieten, sorgen für Trubel und Lärm. In einem Teil der Plaza, nahe der Kirche, tummeln sich alle möglichen Karussells und Schausteller.
Zur Fiesta kehren alle, die auswärts studieren oder arbeiten, in ihre Heimatstadt zurück, und natürlich bringen sie alle ihre Freunde mit. Jedermann hat sich in der Stadt eifrig an den Vorbereitungen für den Festschmaus beteiligt. Das fette Schwein, ein Jahr lang gemästet, landet jetzt geröstet auf dem Eßtisch. Geröstetes Schweinefleisch, lechon genannt, ist als Fiestaessen so unersetzlich wie in Europa die Weihnachtsgans. Manche Speisen blieben früher ausschließlich der Fiestazeit vorbehalten, wie etwa „Carabao Milk Fudge" (pastillas), ein weiches Milchbonbon, eingewickelt in ein speziell gefärbtes japanisches Seidenpapier und von Hand in komplizierte Formen geschnitten, die die Motive oder Botschaften der Fiesta darstellen, und das man den Gästen der Fiesta von San Miguel (Bulacan) anbot. Zu Fiestazeiten tritt die große soziale Bedeutung, die Filipinos dem gemeinsamen Essen beimessen, besonders deutlich ans Licht.
Der amerikanische Historiker John L. Phelan behauptet, die Spanier hätten die Fiestas in philippinischen Städten eingeführt, um die Menschen, die damals noch in kleinen Gruppen über das Land verstreut lebten, in einer zentralen Gegend zusammenzuführen und so ein Forum für die Christianisierung der Bevölkerung zu schaffen.
In Städten, die am Meer oder an Flüssen liegen, besteht die religiöse Prozession, der Höhepunkt jeder Fiesta, in den allermeisten Fällen in einer Bootsprozession, bei der die Heiligenstatue in einem mit einem Bambusgerüst versehenen Boot mitgeführt wird. In Angono (Rizal) folgt der Bootsprozession eine weitere Prozession durch die Hauptstraßen der Stadt, wobei viele Teilnehmer und Zuschauer einander mit Wasser begießen. In nicht am Wasser gelegenen Städten beginnt die Prozession meistens an der Kirche, windet sich durch die breiteren Straßen und kehrt in einem weiten Bogen zum Ausgangspunkt zurück. Gläubige mit brennenden Kerzen in den Händen beglei-

ten die Heiligenstatue, die auf einem mit Rädern ausgerüsteten Sockel, carroza genannt, thront.
In Sariaya (Quezon) schnappen die Kinder, sobald die Statue vorbeigezogen ist, nach Keksen und anderen Süßigkeiten, die an Bambusstangen entlang der Straße hängen.
In Pakil (Laguna) bewegen sich Frauen und Männer in einem eigenartigen Tanz (turumba), während sie in der Prozession mitgehen. In Städten, wo man den Hl. Isidro Labrador, den Schutzpatron der Bauern, verehrt, bestehen die Prozessionen aus fröhlich geschmückten Ochsenkarren oder, wie in Pulilan (Bulacan), aus hunderten, von Blumen übersäten Wasserbüffeln.
Eine andere traditionelle Form der Fiesta-Unterhaltung waren Volkstheaterstücke, moro-moro oder comedia genannt, die in Reimform und mit musikalischer Begleitung mythische Legenden von Königen und Prinzessinnen und den Konflikten zwischen Christen und Mauren, einem uralten Thema der spanischen Geschichte, erzählten. In heutigen Tagen ist diese Theaterform außer in Kleinstädten, wo sich die Tradition behauptet hat, kaum noch anzutreffen. Statt dessen unterhalten Amateursänger oder Varietevorstellungen mit bekannten Film- und Fernsehstars in den Hauptrollen die Besucher.
Es gilt als außerordentliche Ehre, zur Fiestazeit in das Haus eines namhaften Bürgers eingeladen zu werden. Die bedeutendsten Familien der Gemeinde veranstalten einen Ball, eine willkommene Gelegenheit für die Festgäste, sich in Schale zu werfen und ihren Reichtum zur Schau zu stellen. Es ist Sitte, daß sich am rigodon-Tanz, der den Ball eröffnet, nur die allerwichtigsten Mitglieder der Gesellschaft beteiligen und die weniger Privilegierten sich mit der Zuschauerrolle begnügen – der Kontrast zwischen den verschiedenen sozio-ökonomischen Gruppen der philippinischen Gesellschaft tritt hier kraß zutage. Mit dem Verkauf von Eintrittskarten für den Ball wird entweder der Ball selbst oder eine andere Aktivität der Fiesta finanziert oder auch ein Vorhaben der Gemeinde unterstützt.
Am besten erleben Sie bei Ihrem Besuch auf den Philippinen selbst eine Fiesta. Sie werden auf den Geschmack kommen. In allen Landesteilen finden, mehr oder weniger aufsehenerregend und bedeutsam, Fiestas statt. Manche begehen Fastenriten, sind also im Grunde genommen keine Freudenfeiern, sondern Festzüge zum Gedächtnis an die Kreuzigung Jesu, für Christen ein Anlaß zur Trauer. Da die Filipinos jedoch ein lustiges Völkchen sind, enden sogar solche Anlässe mit Gelagen und Geselligkeit und verwandeln sich in Fiestas.

Ein kurzer Führer durch filipina Fiestas

Wir wollen Ihnen für den Fall, daß Sie eine Fiesta besuchen wollen, einige besonders interessante empfehlen:
Natürlich sind die Fiestas in Manila etwas anderes als die Fiestas auf dem Lande, weil

in der unpersönlichen Großstadt viel von dem festgefügten Gemeinschaftssinn verlorenging. Die comedia findet in Paranaque an der Stadtgrenze zu Manila statt. Informationen erhalten Sie von der Stadtverwaltung in Paranaque, vom Kulturzentrum der Philippinen oder dem Tourismusministerium.

Ein Flußfest ist die Attraktion vieler am Wasser gelegener Städte. Auf dem Hauptboot, pagoda genannt, wird die Statue des Schutzpatrons der Stadt mitgeführt. Die allgemeine festliche Fröhlichkeit findet in Booten auf dem Wasser statt.

Das außerhalb von Manila liegende Angono veranstaltet im späten Januar ein Flußfest zu Ehren des Hl. Clemens. Die Prozession auf dem Lagunasee ist besonders lebhaft, Fischerboote umkreisen das Hauptboot, das die Heiligenstatue mit sich führt. Den Heiligen stört es nicht, daß auf dem Boot Weinflaschen die Runde machen. Bei dieser Prozession werden Sie zwangsläufig naß werden, falls nicht bereits bei der Bootsfahrt, so doch spätestens, wenn die feiernden und zechenden Landratten Sie mit Seewasser „taufen". Angono ist die Heimatstadt des landesweit geschätzten verstorbenen Malers Carlos V. Francisco, dessen berühmte Bilder oft die Fiesta von Angono zum Thema haben.
Ganz in der Nähe, in Pateros, ist die Hauptattraktion der Fiesta der Hl. Martha (29. Juli) ein Tanz, den einige Leute auf dem Rücken eines mit einem Blechpanzer versehenen Krokodils vollführen, das während der Prozession von Booten durch den mit Wasserhyazinthen übersäten Fluß gezogen wird. Pateros ist auch bekannt für seine balut Enteneier.

Die Fiestas von Lucban und Sariaya, zwei Städten in der Provinz Quezon, ehren den Schutzheiligen der Bauern, den Hl. Isidro Labrador. Die ganze Stadt ist mit Früchten und anderen landwirtschaftlichen Erzeugnissen geschmückt.

In Lucban und Sariaya (Quezon) begeht man das Fest des Hl. Isidro Labrador am 28. Mai mit pahiyas. Dem Schutzheiligen der Bauern werden besondere Opfer (pahiyas) dargebracht, in Form von phantasievollen Dekorationen aus landwirtschaftlichen Erzeugnissen. Die Häuser werden zur Straßenseite hin mit Reishalmen (palay) verziert, sowie mit Gemüse, Obst und anderen Naturprodukten, einschließlich Wasserbüffelschädeln, getrockneten Fischen, geflochtenen Strohhüten und -fächern als auch eigens angefertigten blätterförmigen Reismehloblaten, kiping genannt, die zu großen Blütenblättern in den unterschiedlichsten Farbabstufungen von rot, gelb und grün angeordnet werden. Viele altehrwürdige Häuser zieren das Stadtbild von Lucban und Sariaya, die so einen malerischen Hintergrund für ihre Fiestas abgeben.

Ati-Atihan

Das Ati-Atihan in Kalibo hat inzwischen leider einen sehr kommerziellen Anstrich. Die Menschenmassen in den Straßen ersticken nachgerade die spontane Freude. Noch vor etwa zwanzig Jahren tanzten verschiedene Gruppen unermüdlich, während die Prozession mehrfach die Plaza umrundete. Heute kann man sich im dichten Gedränge der

Das Ati-Ati: Ein Festival in Kalibo (Aklan) zu Ehren des Jesuskindes. Gläubige bestreichen ihre Körper mit Asche und tanzen in wilder Hingabe durch die Straßen, eine kuriose Verschmelzung christlicher und vor-christlicher Rituale.

Festbesucher kaum mehr bewegen und muß ständig vor Taschendieben und angetrunkenen Raufbolden auf der Hut sein.
Jedoch, nach weniger als einer Stunde Fahrt, erreichen Sie von Kalibo aus die kleine Stadt Ibajay, wo Sie Zeuge eines zwar kleineren, aber unverfälschteren Ati-Ati-Festivals werden können. Teilnehmer und Gläubige schwärzen ihre Gesichter und Arme mit Ruß, bedecken ihre Haare mit Blättern und schwingen Stangen, an denen sich allerlei merkwürdige Gegenstände befinden: Opfergaben aus Nahrungsmitteln, lebende Vögel und Eidechsen und anderes mehr. Das Abbild des Jesuskindes wird aus der Kirche geholt und um die kleine Plaza getragen, während die Gläubigen zu Trommelschlägen tanzen und „Viva Santo Nino" („Es lebe das Heilige Kind") rufen. Männer, die die traditionellen Theaterkostüme von Christen und Mauren aus dem moro-moro tragen, begleiten, mit stilisierten Gesten einhermarschierend, das Jesuskind. Haben Sie keine Gelegenheit, Ibajay zu besuchen, so genießen Sie statt dessen das Fest von Kalibo wie den Karneval (mit all seinen kommerziellen Auswüchsen).
Man nimmt allgemein an, daß das Ati-Atihan auf vorspanische Ursprünge zurückgeht: die Feier eines Friedensvertrages zwischen frühen Negritos (ati) und malaiischen Einwanderern. Die wilde Ausgelassenheit in den Straßen, die zügellose Fröhlichkeit entsprechen sicher nicht den gewohnten Erwartungen von einem stillen, ernsten religiösen Fest zu Ehren des Heiligen Kindes. Doch der Bürgermeister bemerkte einmal dazu: „Hier in Kalibo gibt es keine Irrenhäuser, denn einmal im Jahr können wir alle auf die Straße gehen und uns austoben."

Fastenrituale

Die Fastenzeit ist eine heilige Zeit für Katholiken. Spanische Missionare haben verschiedene Riten eingeführt, wie etwa die Geißelung und das Nacherleben des Leidens Jesu durch die Fußwaschung der Apostel, den Kreuzweg, die sieben letzten Worte und die Palmprozession. Die Bedeutsamkeit der vielen Prozessionen in der Karwoche steigt mit der Anzahl der mitgeführten religiösen Bilder und Figuren. Die Beobachtung der Fastenrituale verschafft einen guten Einblick in die philippinische Gesellschaft.
Kurze sinakulo-Theaterstücke führen biblische Geschichten und Passagen aus dem Leben Jesu vor, wobei die Episode von Judas und den dreißig Silberlingen am beliebtesten ist. In diesem Volkstheater spielen aus der Gemeinde ausgewählte Schauspieler, und ganz offensichtlich wird bei der Auswahl der Darsteller von Jesus und Maria nicht allein vom Gesichtspunkt der schauspielerischen Fähigkeiten ausgegangen. Gelegentlich werden auch bekannte Filmschauspieler eingeladen, die Hauptrollen zu übernehmen.
Fastenrituale fanden ebenfalls Eingang in den nicht-christlichen Volksglauben, um durch Anleihen bei den exotischsten Ausprägungen der umfangreichen spanisch-katholischen Zeremonien den okkulten Glauben zu verfestigen. So erwirbt jemand, nach weitverbreitetem Glauben, übernatürliche Kräfte, wenn er in der Karfreitagsnacht bestimmte Rituale durchführt. Wer dann zum Beispiel unter dem Blütenbüschel

eines Bananenbaumes steht, dem mag um Mitternacht auf magische Weise ein Talisman in den Mund fallen; oder man sollte zu dieser Zeit Amulette in den tiefen Wäldern des geheimnisvollen Berges Banahaw testen.
Wie die Fastenriten zeigen, verbindet der Volkskatholizismus der Filipinos orthodoxe christliche Ideen mit „heidnischen" okkulten Praktiken. Darin offenbart sich der tiefverwurzelte Volksglauben, das beharrliche Fortbestehen nicht-christlicher Werte, die Fähigkeit des Volkes, aus der exotischen christlichen Religion ausgewählte äußerliche Motive zu entleihen und sie den ureigenen Werten und dem privaten Glauben anzupassen. Der Volkskatholizismus ist charakteristisch für die philippinische Gesellschaft und sein Verständnis notwendig für das Verständnis des Charakters der Filipinos. Seit Jahrhunderten klagen führende Mitglieder der Amtskirche, daß viele Filipinos, besonders in ländlichen Gebieten, wo die Mehrheit wohnt, nur dreimal in ihrem Leben eine Kirche von innen sehen: bei der Taufe, der Hochzeit und der eigenen Beerdigung. Doch ist dies eine leichte Untertreibung, weil Filipinos natürlich auch die Taufen, Hochzeiten und Beerdigungen ihrer Verwandten besuchen und an Weihnachten und zur Fiesta zur Messe gehen. Aber es ist nicht von der Hand zu weisen, daß abgesehen von diesen gesellschaftlichen Anlässen sich nur wenige um den Kirchgang scheren.

Das „Moriones"-Fest: Maskierte Gläubige

Die Insel Marinduque in der Tyabas-Bucht, südlich der Provinz Quezon auf der Hauptinsel, begeht die Fastenzeit in einer Weise, die stark vom Volkskatholizismus geprägt ist und Einblicke in folkloristische Bräuche der Filipinos erlaubt. In der Karwoche verwandeln sich die drei Städte Mogpog, Gasan und Boac in eine einzige Freilichtbühne. Die Stadtbewohner tragen hölzerne Masken und Papierhüte mit Blumen. Die Gläubigen kostümieren sich als römische Soldaten zu Lebzeiten Christi. Diese moriones ziehen durch die Stadt und begleiten die nächtlichen Prozessionen, wobei einige als Musikinstrument zwei Holzstäbe gegeneinander schlagen. Am Ostersonntag läuft eine dieser maskierten Figuren, die den Soldaten Longino, der Christus mit der Lanze tötete, darstellen soll, durch die Stadt und verkündet die Auferstehung. Einer bekannten Legende zufolge ist Longino ein römischer Zenturio mit einem blinden Auge. Als er den Gekreuzigten ersticht, spritzt das Blut auf ihn und macht ihn auf wundersame Weise sehend. Er erhält die Aufgabe, das Grab Jesu zu bewachen, wird so Zeuge der Auferstehung und schließlich von anderen römischen Soldaten getötet, als er die Auferstehung Christi verkündet. Nach der Legende gilt er als erster christlicher Märtyrer.
Der Longino auf Marinduque wird von anderen moriones durch die Stadt gejagt und dreimal gefangengenommen. Zweimal kann er entkommen, aber bei seiner dritten Gefangennahme wird er, als er den Zuschauern von seinem Erlebnis berichtet, von einem morion-Soldaten mit dem Schwert enthauptet. Die moriones tragen seinen „toten" Körper durch die Stadt zur Kirche, wo die Zeremonie endet. Heutzutage werden Jagd und Enthauptung in einer Arena vorgeführt, mit Tribünen für die Zuschauer, da die Veranstaltung so berühmt und beliebt wurde, daß von weit her die Besucher strömen.

Die morion-Masken sind aus Holz geschnitzt. Die Gesichter, mit greller roter Farbe bemalt, besitzen riesige Nasen und große, starrende Augen. So geben sie auf kuriose Weise den optischen Eindruck wieder, den die Römer – oder eigentlich alle westlichen Ausländer – auf einfache Filipinos machen: rotgesichtig, langnasig, mit offenem Mund und verbissenem oder dummem Gesichtsausdruck. Dabei schießt die Phantasie über die Grenzen der rein komischen Symbolik hinaus. An Science Fiction erinnernde einäugige oder dreigesichtige Masken scheinen von Hollywood-Filmen inspiriert, und ohne Zweifel haben der „Krieg der Sterne" und „ET" Nachahmer unter den Maskenschnitzern gefunden. Nicht allein Holz, auch andere Materialien werden für die Masken verwendet: Kokosnüsse, Federn, Pflanzenfasern, Körbe und Muscheln.

Andere Fastenriten

Nicht nur in Marinduque, auch in vielen anderen Städten findet am Ostersonntag eine Fastenzeremonie, salubong genannt, statt. Statuen der Heiligen Jungfrau mit einem schwarzen Trauerschleier und des auferstandenen Christus werden in Prozessionen in entgegengesetzte Richtungen getragen und treffen sich später unter einem aus diesem Anlaß errichteten Bambusbogen. Ein junges Paar, der Mann weiß und die Frau lila gekleidet, führt einen Tanz mit zwei Fahnen auf. Dieser Tanz soll den Kampf zwischen Leben und Tod symbolisieren und den Triumph Christi über den Tod. Dann wird ein kleines, als Engel verkleidetes Mädchen in einer Kiste mit einem Flaschenzug von der Spitze des Bambusbogens herabgelassen. Es singt ein Lied über die Auferstehung Christi und lüftet dann den Trauerschleier der Heiligen Jungfrau.

Gelübde

In der Fastenzeit kann man barfüßige Frauen beobachten, violett oder schwarz gekleidet, den Kopf mit Blättern bedeckt; Männer, die sich bis zur Taille entblößen und sich mit einem Strick, an dem kleine Bambussplitter befestigt sind, geißeln. Kleine, blutende Einschnitte werden in die Haut geritzt und rhythmisch mit dem bambusgespickten Strick gepeitscht. Dies ist sicher alles andere als eine angenehme Form der körperlichen Reinigung und wird auch von der Amtskirche, insbesondere aber von modernen Priestern, abgelehnt. Doch derartige Geißelungen sind die Einlösung eines panata, eines Gelübdes oder Eides, Gegenleistung für ein glückliches Ereignis oder die Erfüllung eines Wunsches durch einen verehrten Heiligen oder Gott. Panata ist im Grunde eine Übertragung von utang na loob, auch wenn es diese rituelle Erfüllung von Verträgen mit Göttern ebenso bei Hindus (etwa den kavadi-Trägern in Thaipusam oder den Feuerläufern in Theemithi) und bei Christen gibt (Besuch und Bezahlung von Messen oder novenas mit speziellen Fürbitten).

So mag ein Kranker ein Gelübde ablegen, das er nach seiner Genesung erfüllen muß; andere beten, um ein Examen zu bestehen oder Kinder zu bekommen. Die Teilnahme am religiösen Teil einer Fiesta wie auch das Spenden von Geld gehen häufig auf ein

Eine religiöse Prozession am frühen Abend ist stets der Höhepunkt einer Fiesta oder eines wichtigen religiösen Feiertages. Die Frauen tragen einen Schleier, und die Gläubigen halten brennende Kerzen in den Händen. Man holt die Heiligenstatue aus der Kirche, trägt sie durch die Hauptstraßen und zurück zur Kirche.

Fastenrituale schließen auch Bußprozessionen ein, bei denen die Büßer sich oft mit einer kurzen Peitsche geißeln. Hier trägt ein Büßer ein Kreuz.

solches Gelübde zurück. Bei reichen Landbesitzern war es weitverbreiteter Brauch, die Ernte oder das Einkommen von einem Teil ihres Bodens dem Schutzheiligen zu opfern. Die gesamte Verwandtschaft des Grundbesitzers respektierte dieses de-facto-Eigentum des Schutzpatrons; ein solches Feld zu verkaufen, wäre einem Frevel gleichgekommen. Viele wohlhabende Grundbesitzer nannten auch eine überlebensgroße Statue des Familienheiligen, mit einer carroza versehen, ihr Eigen, und diese spielte natürlich bei den religiösen Prozessionen zur Fiestazeit eine Rolle.

Weihnachtliche Festspiele

Auch Weihnachten ist eine Zeit der Feiern und Festspiele. In Valenzuela (Bulacan) wird die Herbergssuche von Maria und Joseph bei ihrem Besuch in Bethlehem von einem Paar gespielt, das bestimmte Häuser aufsucht und mit einem Lied um Aufnahme bittet. Jedesmal weisen die Hausbesitzer die beiden mit in Gedichtform abgefaßten Worten ab, bis sie schließlich die Plaza erreichen, wo sich ein Abbild der Geburtsstätte Christi befindet. Während sie von der Geburt des Jesuskindes singen, nehmen Maria und Joseph seine Figur aus der Krippe und tragen sie genau um Mitternacht zur Christmette in die Kirche.

In San Fernando (Pampanga) findet am Heiligen Abend ein eindrucksvolles Laternenfest statt. Auf den Philippinen ist die Laterne das Symbol für Weihnachten, ähnlich dem Christbaum in Deutschland oder dem Mistelzweig in England. Sie versinnbildlicht den Stern von Bethlehem, der nicht nur für die Geburt Christi, sondern auch als Wegweiser für die Heiligen Drei Könige steht und so den Geist der Gastfreundschaft zum Ausdruck bringt. Die meisten filipino Kinder haben irgendwann einmal eine Weihnachtslaterne gebastelt, meist aus Bambusstreifen und farbigem Seidenpapier. Von der reichsten Villa bis zur ärmsten Hütte wird jedes Haus mit einer Weihnachtslaterne am Fenster geschmückt.

Die Laternen von San Fernando sind wohl die allermodernste Entwicklung dieser Tradition. Sie werden, mit einem Durchmesser von mehr als drei Metern, vor Lastwagen angebracht. Kunstfertige Muster entstehen durch das Aufeinanderkleben verschiedener Lagen von farbigem Seidenpapier, wodurch sich die unterschiedlichsten Farbschattierungen ergeben. Hunderte elektrischer Birnen, die in kurzen Intervallen oder nach einem festgelegten Ablauf aufblinken, beleuchten die Laternen. Ein Generator auf der Ladefläche des Lastwagens sorgt für den Strom, während die Lichterspiele durch zahllose Schalter von Hand oder durch eine Schalttrommel inszeniert werden. Eine Musikkapelle, die im Takt der blinkenden Lichter spielt, begleitet jede Laterne.

Die verschiedenen barrios von San Fernando stellen jeweils ihre eigene Riesenlaterne her. Die Bewohner des barrio tragen kleine Kopien der Laterne, an denen die aufwendige Lichtorgel natürlich fehlt, und versammeln sich am Heiligen Abend auf der Plaza der Stadt, wo eine Jury die schönste Laterne auszeichnet. Tausende von Menschen bevölkern die Plaza, um Zeuge der Preisverleihung zu sein. Sämtliche Laternen werden mit dem höchsten Aufwand hergestellt – schließlich steht die Ehre

Weihnachts-Knigge

1. Zur Weihnachtszeit gilt es, Dankbarkeit und Anerkennung zu zeigen gegenüber Dienstmädchen, Müllmännern, Fahrern, Gärtnern, Waschfrauen und privaten Sicherheitsposten.
2. In dieser Zeit hat utang na loob Hochkonjunktur. Jetzt besteht die Gelegenheit, seiner Dankesschuld mit einem Geschenk Ausdruck zu geben. Vor allem Ärzte werden zur Weihnachtszeit reich beschert.
3. Eßwaren gelten stets als ein gegeignetes Geschenk und werden sehr geschätzt, insbesondere wenn es sich um Spezialitäten handelt.
4. Beliebte Sitte bei den jungen Leuten in Manila (bis hin zu Universitätsstudenten und auch unter Arbeitskollegen) ist ein Spiel mit dem Namen „Chris Kindle" oder „Mama Kindle", bei dem Geschenke ausgetauscht werden.
5. Von ninongs wird erwartet, daß sie ihre Patenkinder beschenken. Diese wiederum sollten ihren Patenonkeln und -tanten einen Höflichkeitsbesuch abstatten, was heute aber nicht mehr so strikt gehandhabt wird.
6. Kinder besuchen ihre Eltern und Großeltern am 1. Weihnachtstag, an dem sich meistens die ganze Familie zusammenfindet.

von barrio und Verwandtschaftsgruppe auf dem Spiel.
Weil die Monate Dezember und Januar in der Erntezeit liegen, entfalten sich die Fiestas zu dieser Zeit besonders großzügig. Andere Fiestas, die in diese Jahreszeit fallen, sind das Dreikönigsfest am 6. Januar, das Angono-Fest in San Clemente, das Ati-Atihan in Kalibo und Ibajay und das Dinagyang in Iloilo.

Maifeiern

Die meisten Fiestas finden jedoch im Mai statt. Es ist der letzte Monat der trockenen Jahreszeit, nach der die Regen- und damit die Pflanzzeit einsetzt. Der Mai ist der Ruhemonat der Bauern und so die beste Gelegenheit für Fiestas. Feste von Schutzheiligen, die in eine ungünstige Jahreszeit fallen, werden oft bis in den Mai verschoben. Allein in der Tagalog-Sprachregion wurden 52 Stadtfeste im Monat Mai gezählt. Da die Fiestas auch mit Gebeten für Regen und Götteranrufungen für gute Ernten und reiche Fischfänge verbunden sind, bietet der Mai sich als günstigster Monat an. Und diesen Fiestas folgt dann unvermeidlich die Regenzeit.
Santakruzan (Prozession zu Ehren der Hl. Helena) und Flores de Mayo (Fest der Maiblumen) stellen die herausragenden Feiern des Festmonats Mai dar. Hierbei werden junge Frauen oder Mädchen, die zu reinas (Königinnen) erwählt worden sind, in prächtige weiße Gewänder gekleidet und mit einer Blumenkrone geschmückt. Die

Eine s a g a l a *und ihre Eskorte bei einer Flores de Mayo-Prozession. Religiöse Zeremonien erhalten auch eine weltlich-soziale Bedeutung.*

Schönheiten ziehen in einer religiös anmutenden Zeremonie durch die Straßen. Santakruzan gedenkt Helena bei der Suche nach dem Heiligen Kreuz. Doch sowohl bei Santakruzan als auch Flores des Mayo steht der soziale Zweck im Vordergrund, weiblicher Schönheit und Anmut, vom kleinen Mädchen bis zur heiratsfähigen Frau, öffentlich Anerkennung zu zollen.

Fiesta-Spiele

Die jährlichen Stadtfeste besitzen neben ihrer religiösen eine hohe soziale Bedeutung. Es wird neben dem Festschmaus für die unterschiedlichsten, eigens der Fiesta vorbe-

P a l o - s e b o ist ein Fiesta-Spiel. Die Kinder müssen einen langen, oft eingefetteten Bambusstamm erklettern, um an den an der Spitze befestigten Preis zu gelangen.

P a b i t i n ist eine beliebte Attraktion vieler Fiestas, insbesondere von Flores de Mayo. Kindheitserinnerungen bringen stets die Aufregung ins Gedächtnis zurück, mit der man sich nach den mit kleinen Geschenken gefüllten Körben reckte.

haltenen Arten öffentlicher Unterhaltung gesorgt. Einige traditionelle Spiele sind das palo sebo und das juego de anillo. Beim palo sebo befestigt man an der Spitze eines eingefetteten Bambusstammes in einem kleinen Beutel einen Geldpreis. Der Gewinn gehört dem mutigsten und flinksten Jungen, dem es gelingt, den rutschigen Stamm bis zur Spitze hochzuklettern. Das Ringspiel juego de anillo haben die Spanier auf den Philippinen und in Mexiko eingeführt. Es geht darum, herabhängende Ringe oder Reifen mit einer langen Stange aufzuspießen. Herkömmlicherweise versuchten dies ein Junge und ein Mädchen von einer Kutsche aus, bei der modernen Spielart Jungen auf Fahrrädern.

Basketball- und Volleyballspiele gehören heute zu jeder Fiesta, außerdem Sing-, Tanz- und Vortragswettbewerbe. Wichtige Ereignisse wie Taufen, Firmungen und Hochzeiten werden häufig in die Fiestazeit gelegt, was auf die Zeit zurückgeht, als Priester, die diese Zeremonien abhielten, nur unregelmäßig ländliche Gemeinden aufsuchen konnten. Daher war es günstig, Feiern auf die Fiestazeit zu verlegen, zu der mehrere Priester oder gar ein Bischof anwesend waren.

Hahnenkämpfe

Weitere Hauptattraktion von Fiestas sind die Hahnenkämpfe. Wallace Stegner schrieb dazu: „Sie kennen die Filipinos nicht, bevor Sie nicht einen jungen Kerl gesehen haben, der monatelang einen jungen Hahn trainiert hat, um ihn im Ring gegen den Hahn eines anderen antreten zu lassen. Er setzt bei der Wette alles, was er besitzt, auf sein Tier, stiehlt die Ersparnisse seiner Frau und verkauft die Hemden seiner Kinder, um noch einige Pesos zusammenzukratzen. Wenn er gewinnt – welcher Jubel! Doch wenn seinem Hahn in einem Schlag die Kehle zerrissen wird, dann werden Sie Zeuge, wie ein Philosoph eine Katastrophe verarbeitet."

Es heißt, daß das Haushuhn vom Bankivahuhn in Südostasien abstammt. Hahnenkämpfe waren bereits verbreitet, als die ersten Spanier die Insel Palawan besuchten, doch der Aufbau von Städten durch die Spanier und die Einführung der Fiesta machten Hahnenkämpfe zur Institution. Überall auf dem Lande kann man auch heute im Schatten hockende Männer sehen, die ihren Kampfhahn massieren oder herausputzen und auf den Kampf vorbereiten. Einige Spaßvögel behaupten, daß Filipinos, wenn ihr Haus brennt, zunächst ihre Kampfhähne und danach erst ihre Familie und ihre „weltlichen" Besitztümer retten würden. Und tatsächlich hat der bekannte Dichter und Hahnenkämpfer Manuel Bernabe bei einem Feuer sein Haus mitsamt allen Preisen und Ehrenurkunden, die dem Barden von Paranaque verliehen wurden, verloren – aber all seine Kampfhähne gerettet.

Die meisten Städte verfügen über einen Kampfplatz, ein rundes Gebäude mit einer Grube oder Arena in der Mitte und colosseumartig aufsteigenden, hölzernen Zuschauerbänken. Ein Dach hält Sonne und Regen ab. Der Raum hat keine Wände, nur die Skelettstruktur der Tribüne dient als Umgrenzung und läßt zugleich genügend Licht und Luft ein. Ein Hahn in der Hand sichert den Einlaß, ansonsten wird ein Eintrittsgeld

Ein Mann und sein Kampfhahn: Enge Kumpane in den meisten Kleinstädten der Philippinen. Hahnenkämpfe sind ein landesweit verbreiteter Zeitvertreib, der auf frühe Zeiten zurückgeht und zur spanischen Kolonialzeit institutionalisiert wurde.

verlangt.

Nachdem die Hähne monatelang trainiert worden sind, einigen sich die Besitzer auf ein passendes Kampfpaar. Spezialisten befestigen rasiermesserscharfe Sporen an den Tieren, die Hähne werden in die Arena gesetzt, und nun beginnt das Wetten. Haben zwei Gegner die gleiche Farbe, erhält ein Hahn einen Hut, und man setzt auf den „mit Hut" oder den „ohne Hut". Prominente Hahnenkämpfer sitzen am Ring. Der Buchmacher, casador genannt, nimmt die Wetten an. Wenn er bemerkt, daß weit mehr Geld auf einen Hahn gesetzt wurde, dann verteilt er, damit der Kampf beginnen kann, einige Wetten unter den Prominenten. Er ruft sie mit ihrem Namen und den gewünschten Beträgen, für die sie bürgen sollen, an. Und meistens nicken sie zum Zeichen ihrer Zustimmung. Der casador zeigt ein bemerkenswertes Gedächtnis für Gesichter und Wetten, die von den Zuschauern gehalten werden, sowie für die verschiedenen Erhöhungen während des Kampfes. Wetten werden in Bruchteilen von Sekunden durch Handzeichen oder Ausrufe abgeschlossen, und es ist nicht empfehlenswert, zu versuchen, wieder aus ihnen auszusteigen. Der Kampf ist innerhalb weniger Minuten entschieden. Es gibt „Doktoren", die mit chirurgisch geschickter Hand Wunden behandeln. Der Verlierer trägt seinen toten Hahn nach Hause und bereitet aus ihm eine spezielle Mahlzeit namens talu'nan, was soviel bedeutet wie „Leichenschmaus des Verlierers".

Trotz aller Bemühungen, Hahnenkämpfe als unproduktives und grausames Glücksspiellaster zu brandmarken und auszurotten, sind sie beliebt wie eh und je. Der Verhaltenskodex in der Kampfstätte geht von einer Gemeinschaftsehre aus, die in dieser Radikalität in der Gesellschaft nicht aufzufinden ist. Arrangierte Kämpfe gibt es trotz hoher Wettsummen in der Regel nicht. Hahnenkämpfe sind insofern demokratisch, als auch der ärmste Kämpfer seinen Hahn gegen den des höchsten Stadtbeamten antreten lassen und gewinnen kann, wenn sich auch heute durch teure importierte amerikanische Züchtungen beim Hahnenkampf manches verändert hat. Die Bereitwilligkeit, mit der namhafte Kampfhahnbesitzer auf Wettvorschläge des casadors eingehen, die allein dazu dienen, daß der Kampf weitergehen kann, zeigt den starken Gemeinschaftssinn und das Vertrauen der Beteiligten. Hahnenkämpfe auf den Philippinen sind eine soziale Institution mit durchaus positiven und sinnvollen Verhaltensweisen.

Fiestarummel

Eine Fiesta ist Sammelbecken verschiedener typischer filipina Eigenarten. Für kurze Zeit sprießen kleine kommerzielle Unternehmen. Allerlei Wandergruppen ziehen von Fiesta zu Fiesta: Händler, Alleinunterhalter, Friseure, Medizinmänner, Taschendiebe und Bettler. In der vordiktatorischen Marcos-Zeit (vor 1972, als politische Wahlen noch regelmäßig stattfanden) gab die Fiesta Gelegenheit zum Stimmenfang. Viele Familienmitglieder kehren von entfernten Arbeitsorten für einen Besuch nach Hause zurück. Verdiente Bürger werden geehrt. Es ist die Zeit der Erneuerung: Häuser werden repariert und gereinigt, Straßen und öffentliche Plätze geschmückt, Heiligenbilder restauriert und Statuen in neue Gewänder gekleidet. Die Fiesta zeigt die gesamte Bandbreite von Volkskunst und Volkskreativität.

Man geht zur Fiesta, genießt das bunte Treiben und saugt die allgemeine Freude in sich auf. Alle tragen ihre feinsten Kleider. Die Stadt lebt auf. Gigantes, Riesen aus Pappmaché und Stoff, wandern umher. Unter diesen leichten Bambuskonstruktionen, die an Gulliver erinnern, verbergen sich Kinder, die sich für einige Tage einmal nicht als Dreikäsehoch, sondern drei Meter groß fühlen. Das Festessen ist gerichtet, die lokalen süßen Spezialitäten und viele andere Schleckereien locken überall. Sämtliche Freunde und Verwandte treffen ein. Die Schönheitsköniginnen und die hübschen jungen Mädchen mit ihrem schüchternen, nahezu verschreckt dreinblickenden Hofstaat ziehen, noch ein wenig unsicher in ihren neuen Kleidern und Schuhen, durch die Straßen der Stadt.

Die umlagerten Buden, die umherstreifenden Musikkapellen, die religiösen Prozessionen und die überfüllten Kirchen, die Hahnenkämpfe, die Spiele und Wettkämpfe, der großartige Ball und die Schulausstellung, all dies scheint sich wie von selbst und natürlich ineinanderzufügen. Und doch ist alles Ergebnis eines hohen Organisationsaufwandes und kostspieliger Ausgaben. Am Beispiel einer Fiesta enthüllt sich die Dynamik, die die philippinische Gesellschaft in Schwung hält. Fiestas sind keineswegs spontane Ereignisse, sondern werden sorgfältig diskutiert, finanziert, organisiert, geprobt und

Zwei g i g a n t e s *mit Feiernden am Strand. Diese Riesen aus Pappmaché sind bei verschiedenen Stadtfesten zu sehen, so wie hier in Marinduque.*

zuguterletzt durchgeführt. Die Schlüsselpersonen der Stadt erarbeiten Pläne, vergeben Verantwortung und verteilen die Aufgaben. Einzelpersonen und Organisationen bemühen sich, Geld oder Dienstleistungen zur Verfügung zu stellen. Die Namen von Spendern werden öffentlich bekanntgegeben, und deren Anerkennung spielt eine wichtige Rolle bei der Fiesta. Der Verkauf von Stimmkarten für Schönheitswettbewerbe und von Eintrittskarten für Bälle und Modeschauen bringt Geld in die Kasse der Fiesta.

Die außerordentliche Ehre, zum h e r m a n o   m a y o r ernannt zu werden, kann kaum einer zurückweisen. Für diese Ehre kommen nur einige wenige Bürger der Stadt in Frage. Als Gegenleistung für diese Auszeichnung steht der h e r m a n o   m a y o r für die Kosten verschiedener Fiestaaktivitäten ein, wie etwa die Verpflegung des Kirchenchores, das Schmücken der Kirche und das Selbstbedienungsbuffet, das mehrere Tage bereitsteht. Ohne die Unterstützung wohlhabender Einwohner gäbe es wohl keine Fiesta.

Zur Fiestazeit stellen die Filipinos ihr Organisationstalent und ihre unerschöpfliche Energie unter Beweis, und doch scheinen die Aktivitäten sich wie von selbst, ohne sichtbare Organisationsmaschinerie, zu entwickeln. Wo der filipino Gemeinschaftsgeist am ausgeprägtesten ist, dort ist die Fiestastimmung am ausgelassensten.

Erneuern der Verwandtschaftsbande

Die Zusammenkunft der ganzen Familie zur Fiestazeit bietet Gelegenheit, Verwandtschaftsbande zu erneuern. Hochzeiten, Firmungen und Taufen erweitern durch Zeremonien die Verwandtschaftsgruppe. Freundschaft und Zusammengehörigkeit können nun bestätigt werden. Ärmere Verwandte und compadres aus kleineren barrios strömen in die Stadt, um Besuche abzustatten und sich anzubieten, die Gäste zu bedienen oder in der Küche bessergestellter Verwandter oder Grundbesitzer zu helfen, als Anerkennung ihrer utang na loob für erwiesene Gefälligkeiten oder versprochene Hilfe. Die reicheren und bekannteren Mitglieder der Gemeinde wiederum unterstützen die Fiesta mit Sachleistungen und organisatorischen Fähigkeiten. Bisweilen stürzen sich einzelne Familien gar in Schulden, um ein üppiges Festmahl anbieten zu können, denn es würde hiya verursachen, nur einen kleinen Imbiß bereitzustellen. Der Brauch, Besuchern etwas Essen vom Festtagstisch mit auf den Weg zu geben, zeugt ebenfalls vom Geist des Teilens.
Die Fiesta ist der Tag der Verwandtschaftsgruppe, die Zeit der Festigung und des Ausbaus des barangay. Die religiösen Riten bestätigen den geistigen Zusammenhalt und die gemeinsamen Erwartungen der Stadtbewohner. Lynch beobachtete: „Die Stadt hat einen unausgesprochenen Pakt mit dem Schutzheiligen. Sie erwartet, daß der Heilige die Gemeinde behütet, wenn die Bewohner ihre Pflicht erfüllen und den Ehrentag des Heiligen in angemessener Weise feiern. Gelegentlich wird dies als eine Haltung gedeutet, mit der die Stadt 'Protektion kauft', aber diese Vorstellung von der Fiesta scheint eine natürliche Anwendung des Prinzips der Gegenseitigkeit zu sein, das im sozialen Leben der Filipinos eine solch große Rolle spielt." Die Fiesta macht dem Filipino bewußt, woher er kommt und wer er ist. Der filipino Organismus erwacht zu neuem Leben, genährt durch die Festlichkeiten und Zeremonien und die Zusammenkunft der Familie.

Fehlschlag: Ein Versuch, die Fiestas einzudämmen

In den frühen 60er Jahren beklagte ein bekanntes Mitglied des Senats der Philippinen die verschwenderischen, unproduktiven Kosten, die die Fiestas verursachen und die er damals auf zweihundert Millionen Pesos jährlich schätzte. Der wohlmeinende Senator wollte die Ausgaben und die gemeinschaftliche Energie für produktivere Zwecke einspannen, wie etwa für Landwirtschaftsausstellungen. Er schlug vor, durch die Begrenzung der Festausgaben Kapital für Gemeinschaftsprojekte anzusammeln.
Das erste Problem des Senators bestand darin, daß die Menschen und insbesondere die

Massenmedien ihn beschuldigten, die Fiestas ganz abschaffen zu wollen, was aber wohl nicht in seiner Absicht lag. Jedoch erst als er zur Tat schritt und versuchte, die Leute zu überzeugen, weniger verschwenderisch und dafür produktiver mit dem Fiesta-Geld umzugehen, sah er sich gezwungen, die Sinnlosigkeit seines Unterfangens einzusehen. Seine ehrgeizige, junge und idealistische Kreuzfahrertruppe bereiste die Städte, schwang große Reden vor den Mengen auf den Plazas und versuchte die Unterstützung einflußreicher Bürger zu gewinnen, um die Bewohner wachzurütteln. Jene namhaften Bürger aber begrüßten den Senator und seine Truppe mit der typischen filipina Gastfreundschaft: nämlich mit üppigen Eß- und Trinkgelagen auf die einzige ihnen bekannte Art – à la Fiesta. Die Bewegung zur Begrenzung der Fiestas hatte eine neue Welle von Fiestas ausgelöst oder genauer: Sie hatte die von verwandtschaftlichen Beziehungen getriebene Dynamik in Bewegung gesetzt, die neue Ausgaben im Stil der Fiestas zum Ziel der Unterstützung der Bewegung zur Eindämmung der Fiestas ins Rollen brachte. So endete die Kampagne des Senators weder mit einem Knall, noch mit einem Winseln, sondern, wie ein Schelm meinte, „mit einem Rülpser".

5
Überlebenshilfen

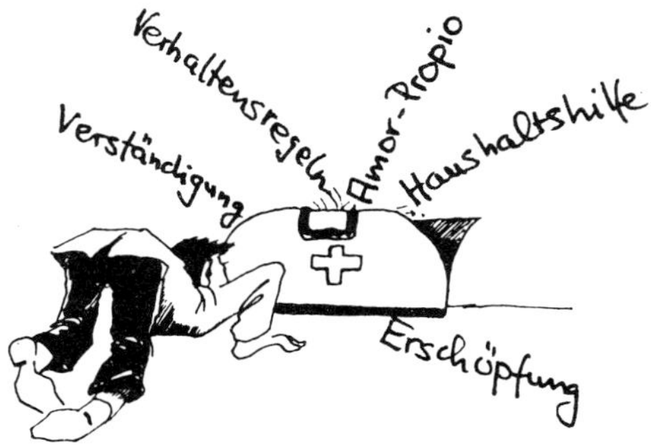

Nach zwei Jahren Aufenthalt auf den Philippinen schrieb ein Freiwilliger des amerikanischen Friedensdienstes an einen Kollegen: „Ich erinnere mich noch, wie schnell ich feststellte, daß die Leute mich nicht verstehen. Was für mich die einfachsten Dinge waren, schien ihnen überhaupt nicht bekannt. Ich versuchte zu erklären, aber je mehr ich erklärte, desto weniger wurde klar und desto dümmer stand ich da. Plötzlich machte sich in mir ein Gefühl der Bodenlosigkeit breit, die grundlegendsten Voraussetzungen, Werte und Konventionen gaben mir, als ich anfangs mit diesen Leuten zusammentraf, keine Hilfestellung mehr, denn all dies schien für sie gar nicht zu existieren! Eine unüberwindliche Kluft tat sich auf.

Diese Kluft ist eine heikle Angelegenheit. Welche Wahl habe ich, wenn ich feststelle, daß die grundlegendsten Dinge, nach denen ich mich richte und die mir Sicherheit verschaffen, erst gar nicht verstanden werden von jemandem, mit dem ich zusammenarbeite oder lebe? Und was soll ich tun, wenn sich dieses unsichere Gefühl des sinnlosen Umhertastens, des verzweifelten Suchens nach einer Brücke, einer Gemeinsamkeit, nach etwas, das die Trennung überwindet und vom anderen endlich wahrgenommen wird, wenn dieses Gefühl mich zittern läßt und den Eindruck erweckt, ich sei vollkommen abgeschlossen von den anderen?"

Manche Menschen sind unfähig, in einer anderen Kultur zu leben. Wenn ihre tagtäglichen Begegnungen nicht ihren Erwartungen entsprechen, fühlen sie sich vor den Kopf gestoßen und werden feindselig. Diese Menschen sind wie die Karikaturen jener Touristen, die aus der Landschaft ragen, gekleidet in eine exotische Mischung von heimischer Freizeitmode und seltsamen Souvenirhüten sowie anderen Schnickschnacks, der eigens für Touristen hergestellt und in den Hotelfoyers verhökert wird. Es stimmt traurig zu sehen, daß über die ganze Welt verstreut zahlreiche Menschen ihr Leben auf ausländischem Boden verbringen und sich dabei doch stets nach dem Heimatland sehnen. Sie sind todunglücklich über die andersartigen Lebensbedingungen, und die fremde Kultur, die sich entgegen ihren starren Erwartungen verhält, bleibt ihnen ein ewiges Rätsel. Viele pflegen eine herablassende Einstellung den „Eingeborenen" gegenüber und panzern sich mit dem Schutzschild eines arroganten Überlegenheitsgefühls.

Diesen Leuten mit ihrer versteinerten Psyche kann nicht geholfen werden, sie brauchen ihre Gin-Tonics in irgendwelchen privaten Clubs, um in der fremden, doch selbst gewählten Umgebung „auf den Putz zu hauen". Sie marschieren zum Takt eines „anderen Trommlers" an einem Ort, wo es gar keine Trommeln gibt. Sie bauen sich ihr „Klein-Deutschland", „Little America", „Chinatown" usw., Lichtjahre entfernt von ihrem Vaterland, wo ihre Herzen und Mägen leben.

Statt sich einzugraben, reagieren andere auf den Kulturschock, indem sie sich bedingungslos anzupassen lernen. Sie verfallen ins andere Extrem und geben sich mit Haut und Haar und ohne Rückgrat der kulturellen Umgebung hin, um, wie sie sagen, „Einheimische" zu werden. Eine solche Entscheidung löst den Konflikt jedoch nur scheinbar, denn sie verlangt die Verleugnung der eigenen Vergangenheit. Auf Kosten der Lösung eigener Probleme geben sie vor, nun in den Problemen der selbst gewählten Gesellschaft, in ihren Spannungen, Ängsten und Widersprüchen aufzugehen. Doch wer vermag seinen bereits beschrittenen Lebensweg zu verleugnen?

Für die Mehrheit der Nicht-Filipinos auf den Philippinen ist jedoch keine der Alternativen zufriedenstellend. Sie versuchen, während sie mit dem Kulturschock kämpfen, die Unterschiede zwischen ihrer eigenen und der filipina Kultur möglichst klar zu verstehen, um bewußt und aufrichtig mit den Filipinos verkehren zu können. Solche „Opfer" des Kulturschocks sind nicht bereit, etwas von der eigenen Identität aufzugeben oder sie gar vollständig zu verlieren; sie wollen im Gegenteil ihr Bewußtsein und ihren Horizont erweitern und zu sich selbst finden.

Kulturelle Erschöpfung: „Ich fühle mich wie ausgelaugt"

Doch selbst wenn Sie den ersten Schock glücklich überwunden und die Unterschiede erkannt und akzeptiert haben, wird das Schritthalten mit zwei verschiedenen Lebensstilen und Wertsystemen Sie weiterhin aufreiben. Obwohl offen und bereit, Neues über Ihre Umgebung zu lernen, überfällt Sie eine kulturelle Erschöpfung. So schreibt zum Beispiel David Szanton über den US-Friedensdienst auf den Philippinen: „Kulturmüdigkeit ist die körperliche und geistige Erschöpfung, die fast unausweichlich aus der ständigen Notwendigkeit winziger Anpassungsmechanismen entsteht, die nötig sind, um langfristig in der fremden Kultur zu überleben. Im Ausland zu leben und zu arbeiten verlangt nahezu immer die Ausschaltung der gewohnten unwillkürlichen Einschätzungen und spontanen Urteile. Man muß scheinbar bekanntes Verhalten neu deuten und sich ständig Veränderungen in Stil und Inhalt des Verhaltens abverlangen. Ob dieser Prozeß bewußt oder unbewußt, erfolgreich oder erfolglos verläuft, er verzehrt auf jeden Fall eine ungeheure Menge an Energie und läßt den einzelnen in einen Zustand deutlicher Erschöpfung sinken ... Die bei den Friedensdienst-Mitarbeitern beobachtete Müdigkeit ähnelte sehr dem von Guthrie festgestellten Verhalten amerikanischer Geschäftsleute und Regierungsbeamter in Manila. Traditionelle filipina Verhaltensweisen wurden meist in einem negativen Licht gesehen. So betrachteten sie starke Familienbande als 'Sippschaftsklüngel', persönliche Empfindsamkeit als 'Schmollen', das Achten auf gegenseitige Verpflichtungen als 'Ränkeschmieden', das Bestreben, Meinungsverschiedenheiten und unangenehme Themen zu vermeiden, als 'Unehrlichkeit' und großherzige Gastfreundschaft als 'Verschwendungssucht'."

Das Überleben eines Fremden auf den Philippinen hängt von seinem Wissen und der Anerkennung der Gedankenwelt und Verhaltensweisen der Filipinos ab, während er zugleich seine eigene kulturelle Identität und geistige Klarheit bewahren muß. Wahrhaft keine leichte Aufgabe, wenn Sie versuchen, gerade noch rechtzeitig zu einer wichtigen Verabredung zu kommen, dann feststellen, daß der Fahrer irgendwo ein Täßchen Kaffee trinken gegangen ist, Sie zurück in Ihr Büro hasten, um Ihren Geschäftspartner zu informieren, daß Sie sich etwas verspäten werden, das Telefon jedoch kein Lebenszeichen von sich gibt, Sie wieder auf die Straße eilen, hektisch nach einem Taxi Ausschau halten, das dann, ohne die Uhr einzuschalten, im Schneckentempo durchs Verkehrsgewirr schleicht, im strömenden Regen durch überflutete Straßen, Sie endlich ans Ziel bringt – nur um zuguterletzt festzustellen, daß das ganze Gebäude in Dunkelheit gehüllt und Ihr Partner wegen des Stromausfalls heimgegangen ist.

Der Versuch, die Dinge auf filipina Art zu sehen, wird bald zur Bedrohung der eigenen Identität. Szanton beschreibt dies so: „Der typische Friedensdienst-Freiwillige schätzte Direktheit, Aufrichtigkeit, Effizienz und Qualität. Doch all diese Werte wurden durch die fremde Kultur, in der er arbeitete, bis zu einem Punkt herausgefordert, an dem das Festhalten an ihnen unproduktiv gewesen wäre. Als er dies bemerkte, stellte er sich wahrscheinlich einige eindringliche Fragen, wie zum Beispiel: 'Wenn ich hier lediglich eine Rolle übernehme und mein Verhalten dem der Gastgeber anpasse, worin wird dann mein Beitrag zur Gemeinschaft bestehen?' Oder: 'Soll ich und kann ich gut genug schauspielern, um die mir wichtigen Werte zu verleugnen?' Und letztendlich traten auch schlummernde Identitätsprobleme an die Oberfläche, in Form von Fragen wie: 'Warum kann ich nicht ich selbst sein?' Was unerbittlich zu der zermürbenden Frage führte: 'Wer bin ich eigentlich?' "

Unterschiedliche Wahrnehmungen: „Wie aufrichtig darf ich sein?"

Es gibt darauf keine einfachen Antworten. Die bloße Anerkennung verschiedener sozialer Verhaltensweisen mit verschiedenen Wertesystemen schafft bereits den Grund für die Erkenntnis, daß die Welt nicht schwarz-weiß ist oder richtig oder falsch und daß es keine allgemeingültige Wahrnehmung menschlichen Sozialverhaltens gibt.

Um zurück zu der von Szanton aufgeworfenen Frage zu kommen und das Dilemma etwas zu klären, muß man sich zunächst vor Augen halten, daß widerstreitende kulturelle Werte nicht kurzerhand in einfachen Verallgemeinerungen kategorisiert werden können, obwohl Verallgemeinerungen die Unterschiede beleuchten können. Viele der offen erklärten westlichen Werte, wie etwa „Aufrichtigkeit, Effizienz und Qualität", stehen keinesfalls im Widerspruch zur filipina Kultur. Auch Filipinos schätzen Aufrichtigkeit, Effizienz und Qualität, jedoch von anderen Standpunkten aus. Für einen Filipino ist aufrichtig, wer seine Zusagen einlöst und sich an das hält, was die Gesellschaft von ihm an mündlichen oder gar schriftlichen Verpflichtungen erwartet, und nicht, wer „sagt, wie es ist", ohne sich zu kümmern, ob er damit jemanden verletzt. Der Unterschied liegt in der Wahrnehmung von Aufrichtigkeit und sicher nicht darin, daß Europäer „aufrichtig" und Filipinos „unaufrichtig" sind. Zugeständnisse an die fremde Kultur sollten nicht zu dem Preis gemacht werden, menschlichen Werten entgegenzuhandeln – die Identitätskrise des Ausländers schneidet nicht derart tief ins Fleisch. Aber er sollte solche grundsätzlichen Werte neu hinterfragen und den Stil und die Form wertschätzen, die sie in der fremden Gesellschaft annehmen. Die Sprache der Filipinos kennt Worte für Aufrichtigkeit und Unaufrichtigkeit, für Effizienz und Ineffizienz, für Qualität und Unzulänglichkeit. Diese Konzepte und Werte sind also sehr wohl im Bewußtsein der Filipinos vorhanden.

Szanton weist darauf hin, daß die Mitarbeiter des Friedensdienstes nachdrücklich belehrt wurden, Filipinos wären „personenorientiert", westliche Ausländer hingegen „zielorientiert", Filipinos würden vom „sein", sie selbst vom „tun" motiviert. Man wollte ihnen so vor Augen führen, daß unterschiedliche philosophische Standpunkte die Wahrnehmungen verändern und daß genau d a r i n, und nicht in angeblich unvereinbaren moralischen Werten, der kulturelle Konflikt liegt. Die unterschiedliche Betonung einzelner Werte, nicht aber eine absolute Gegensätzlichkeit, beschwört die Schwierigkeiten herauf.

Das Schlüsselwort, das die scheinbar diametralen Gegensätze auflösen kann, heißt „Erwartungen". Die eigene Erwartung oder vorgefaßte Meinung verdunkelt das Urteil über Werte wie Aufrichtigkeit, Effizienz oder Qualität. Der westliche, kurzsichtige und zielorientierte Handlungsstil verpaßt der „Aufrichtigkeit" eine buchstabengetreue, tatsachenbezogene, ernsthafte Vorrangstellung, während die langfristige, personenorientierte Sorge der Filipinos um das „Sein" Unverblümtheit nur in Situationen absoluter Notwendigkeit zuläßt.

Der Januskopf der Aufrichtigkeit

Es fällt auf, daß in der Geschichte der philippinisch-amerikanischen Beziehungen, angefangen von den Verhandlungen mit Admiral Dewey bis zu Diskussionen über Menschenrechtsprobleme heute, stets und durchweg die Filipinos, nicht aber die Amerikaner, das Thema „Aufrichtigkeit" ins Spiel gebracht haben. Im historischen Zusammenhang offizieller staatlicher Verhandlungen legte man die Aufrichtigkeit der Filipinos immer als Naivität aus, wohingegen amerikanische Täuschungsmanöver als vom nationalen Eigeninteresse der Amerikaner motivierte und berechtigte Taktik erachtet wurden.

Wer sich näher mit der Geschichte der philippinisch-amerikanischen Beziehungen befaßt, wird diese Einschätzung von namhaften Historikern bestätigt finden. Amerikaner zögern nicht, in bestimmten Situationen zu beschönigen, was sie dann als „Aufrichtigkeit" schätzen, wie etwa bei Verhandlungen mit anderen Nationen oder beim Gebrauch schönfärberischer Verbrämungen in den öffentlichen Erklärungen von Beamten und Politikern, die sich in der Regel als alles andere als „aufrichtig" erweisen. Sie ergeben sich auch bereitwillig den überschwenglichen Übertreibungen kommerzieller Werbung, die ebenfalls kaum den strengen Anforderungen des Begriffs „Aufrichtigkeit" genügen; doch wurden diese ihren kulturellen Erwartungen neu angepaßt. Und so würden Amerikaner Filipinos, die das Wort von auf den eigenen Vorteil bedachten offiziellen Verhandlungspartnern, Hausierern oder Werbefachleuten für bare Münze nehmen, für ausgesprochen dumm halten.
In diesem kulturellen Zusammenhang führen ihre Erwartungen die Filipinos in die Irre und „auf den Leim". Ein Amerikaner und Westeuropäer wandelt unwillkürlich sein Verständnis von „Aufrichtigkeit" ab, wenn er es mit Gebrauchtwagenhändlern, Politikern oder offiziellen Verlautbarungen zu tun hat. Filipinos, denen dieser kulturelle Zusammenhang nicht vertraut ist, mißverstehen die Signale und geben so viel zu leicht harter Werbung nach. So zum Beispiel die verarmte filipina Mutter, die, von ausländischer Werbung verführt, teure Trockenmilch oder Babynahrung kauft im Glauben, dies sei besser, gesünder und sozial höher angesehen als das Stillen.

Von Angesicht zu Angesicht

Andererseits aber tragen die Filipinos eine vollkommen andere Erwartung an „Aufrichtigkeit" heran, wenn es sich um Situationen handelt, in denen sich die Betroffenen Auge in Auge gegenüberstehen. Dann sind Versprechungen und wohlmeinende Halbwahrheiten wichtige Hilfsmittel, um amor-propio nicht zu verletzen, denn reibungslose zwischenmenschliche Beziehungen nehmen immer eine Vorrangstellung gegenüber anderen Werten ein. Hier verblüfft es den westlichen Ausländer, wenn sich ein filipino „ja" als „vielleicht" entpuppt oder lange um den heißen Brei herumgeredet wird, anstatt kurz und bündig „nein" zu sagen.
Ein Grund, weshalb Filipinos keine gewissenhaften Briefeschreiber sind und zum Beispiel auf Einladungen mit dem ausdrücklichen Vermerk „Um Antwort wird gebeten" nicht antworten, um dann doch zu erscheinen, liegt in der unwiderruflichen Verbindlichkeit von Schriftstücken.
Schwächen Sie Ihre Erwartungen an die „Aufrichtigkeit" ab in Situationen, wo Sie Auge in Auge mit dem Gegenüber konfrontiert sind. Und Sie tun gut daran, bei solchen Gelegenheiten Versprechungen mit Vorbehalten zu begegnen – dies tun die Filipinos auch. Um sicher zu gehen, sollten Sie die Verpflichtung wiederholen und sie sich mehrfach bestätigen lassen, sowie eine mündliche Vereinbarung sogleich förmlich festhalten oder zu Papier bringen. Auf diese Weise können Sie die „Aufrichtigkeit" einer Person auf die Probe stellen, denn wenn sie sich nicht festlegen und sofort handeln kann, dann wurde das Versprechen nur abgegeben, um Ihnen zu gefallen.

Fremde sind oft irritiert, weil Filipinos eine Angelegenheit nicht, was allen Zeit ersparen würde, mit einem offenen „nein" beenden. Doch ebenso verärgert es den Filipino, wenn man seine Zeichen und Signale, die das „nein" umschreiben, nicht versteht. Schließlich vermeidet er absichtlich ein direktes „nein", um den anderen nicht in eine verzwickte und peinliche Lage zu bringen und mit einer bündigen Absage zu verletzen. Hier handelt er in der Tat aus Rücksicht auf die Selbstachtung des anderen. Welches Verhalten ist beleidigend und welches rücksichtsvoll? Das ist eine Sache der kulturellen Interpretation.

Wieder im Spiel: „Amor-propio"

Weshalb sind die Filipinos stets so besorgt, keinen Streit zu verursachen? Amor-propio ist der eine Grund, doch ebenso wichtig sind die Verwandtschaftsbeziehungen. Wo die westliche Zivilisation den Individualismus betont, da findet der einzelne Filipino sich im Zentrum eines Verwandtschaftsuniversums: Eltern, Großeltern, Kinder, Onkel, Tanten, Vettern, Cousinen, Vettern und Cousinen zweiten Grades, Schwiegereltern und deren Familie, compadres und comadres. Bei einem offenen Konflikt wird nicht nur der einzelne, sondern die gesamte Verwandtschaft verletzt.
Ein Streit zwischen zwei westlichen Ausländern ist ein Duell zwischen zwei Individuen. Ein Streit zwischen zwei Filipinos teilt zwei Familien in feindliche Lager. Lynch beobachtet dazu: „. . . Wenn zwei Filipinos einen ernsthaften Streit haben, dann steht viel mehr auf dem Spiel, als wenn zwei Amerikaner ihre Beziehungen abbrechen. Das ist ein Grund, weshalb reibungslose zwischenmenschliche Beziehungen auf den Philippinen mehr gepflegt werden als in den USA."

Ein Führer durch soziale Situationen

Unterschiedliche Erwartungen und Interpretationen können manche persönliche Beziehungen zerstören. Schon eine simple Einladung kann Irritationen und Mißverständnisse hervorrufen und zur klassischen „Aufrichtigkeitsdebatte" führen. Wenn Sie auf der Straße einem filipino Freund begegnen und nebenbei erwähnen, Sie hätten einige Bekannte zum Essen eingeladen und er sei auch herzlich willkommen, so wird er mit ziemlicher Sicherheit „ja" sagen, ohne jedoch Ihre Einladung ernstzunehmen. Er sieht in ihr eine bloße Höflichkeit und wird wahrscheinlich nicht einmal einen einzigen Gedanken daran verschwenden.
Sie müssen die Ernsthaftigkeit Ihrer Einladung durch einen Telefonanruf bestätigen oder einen gemeinsamen, gleichfalls eingeladenen Bekannten beauftragen, ihn an die Einladung zu erinnern und dafür zu sorgen, daß er tatsächlich kommt. Ansonsten wird ein Filipino sein in einer oberflächlichen Unterhaltung dahingesagtes „Ja" nicht als

Geburtstagsparty – Knigge

1. Geburtstagsfeiern sind in der Regel Stehparties. Meist wird ein Buffet hergerichtet.
2. Die Parties beschränken sich nicht auf Freunde, sondern schließen immer die Verwandtschaft mit ein.
3. Die Gäste gruppieren sich zwanglos, allerdings häufig nach Altersgruppen.
4. Manchmal findet die Feier in einem Restaurant statt.
5. Jüngere Leute begrüßen ältere Verwandte (titos, titas, lolos und lolas) mit einem Kuß auf die Wange (auf die Stirn bei sehr alten Personen). Diese filipina Grußform wird auch bei anderen Gelegenheiten verwandt. Die Älteren erwidern den Gruß, nicht aber den Kuß.
6. Geschenke werden nicht vor den Augen der Gäste geöffnet. Man legt sie zur Seite und öffnet sie, wenn die Gäste gegangen sind.
7. Wenn Sie mit einem Fahrer kommen, sollten sie dies jemanden wissen lassen, damit man auch ihn verköstigt. Dies wird vom Gastgeber erwartet, es sei denn, es handelt sich um eine Abendparty, bei der kein Essen vorgesehen ist. In diesem Fall müssen Sie selbst für Ihren Fahrer sorgen, ehe Sie sich zum Fest begeben.
8. Engen Freunden und Vertrauten gibt man ein pabaon, etwas Essen, mit auf den Heimweg.
9. Man trägt dem Anlaß entsprechende Partykleidung.

bindend ansehen, da er davon ausgeht, Ihre Einladung wäre lediglich ein flüchtiger Einfall gewesen, nicht aber Ihr ausdrücklicher Wunsch.
Außerdem sind Filipinos von einer nahezu phobischen Angst beseelt, in eine Situation zu geraten, in der sie als „sozial aufdringlich" erscheinen könnten, indem sie unverhohlen um soziale Anerkennung nachsuchen oder in irgendeiner Form gierig handeln. Ihre Erziehung verurteilt Habgier, Gefräßigkeit, materialistisches Streben, Selbsterhöhung und sozialen Aufstieg und stellt Zurückhaltung, Bescheidenheit, Demut, Großzügigkeit und Selbstlosigkeit allem voran.
Bei gesellschaftlichen Anlässen verlangt es die Etikette, etwas verspätet zu erscheinen, da Pünktlichkeit den Eindruck erwecken könnte, man sei zu sehr auf soziale Anerkennung und das Festessen erpicht. Wenn der Gastgeber seine Gäste zum Essen bittet, springen diese nicht sofort bei der ersten Einladung auf und setzen sich zu Tisch. Vielmehr müssen sie überredet, die Aufforderung mehrfach wiederholt werden, ehe sie sich langsam zum Tisch bewegen. Und sie werden immer einige Reste auf ihrem Teller zurücklassen, um den Anschein zu vermeiden, sie seien schier verhungert zum Essen erschienen oder der Gastgeber hätte nicht genügend angeboten.
So wird Sie stets ein Überangebot an Essen erwarten, da es peinlich wäre, zu wenig aufzutischen und es dem Brauch entspricht, guten Freunden Reste mit auf den Heim-

weg zu geben. Wenn getanzt werden soll, gehört es zur Rolle des Gastgebers, mit freundlicher Eindringlichkeit seine Gäste immer wieder zum Tanzen zu bewegen. Sie werden kaum je betrunkene und sich ungehörig aufführende filipino Gäste erleben, denn übermäßiges Trinken zeugt von Gier und weckt den Verdacht, der Betroffene habe zu Hause noch nie einen Tropfen Alkohol zu kosten bekommen. Ungehobeltes Benehmen in der Öffentlichkeit, ob betrunken oder nüchtern, ist tabu! Hat jemand zu tief ins Glas geblickt, so wird ein Bekannter ihn mäßigen, um einem Skandal vorzubeugen.

Wenn Sie der Gastgeber sind, so spielen Sie nicht die beleidigte Leberwurst, weil Sie Ihre Gäste geradezu zu Tische prügeln müssen. Und fassen Sie es nicht als böswillige Schikane auf, wenn Ihre filipino Gäste sämtlich verspätet eintreffen, sie sich anscheinend nicht einen Funken um Ihr liebevoll zubereitetes Essen scheren und Reste zurücklassen, als hätten sie jeden einzelnen Bissen nur mit Überwindung heruntergewürgt. Es gehört sich nun einmal so, und in Gesellschaft ist Zurückhaltung geboten.

Das Reden über andere Leute ist Lieblingsthema jeder Unterhaltung und jeden Smalltalks. Denn jeder wird nach seiner Familie eingeschätzt, nach seinen Freunden und Kollegen. Manche Fragen mögen in westlichen Ohren zu persönlich klingen, etwa: „Warum sind Sie nicht verheiratet?" oder „Wieviel hat Sie das Kleid gekostet?" oder „Was macht eigentlich Ihr Vater?" Aber solche Fragen sind das Wasser auf der Mühle der Konversation und versuchen Sie in einen erkennbaren Verwandtschaftszusammenhang zu stellen. Filipinos werden Sie oft fragen, wieviel Sie für etwas bezahlt haben, weil Sie annehmen, man könnte Sie als Ausländer „übers Ohr gehauen" haben, und um Ihnen Tips für die Zukunft zu geben.

Bei einem Essen oder einer Party werden Sie häufig einige ältere Leute bemerken, die sich stets im Hintergrund halten. Es sind die Eltern oder Großeltern der Gastgeber, und sie werden mit größtem Respekt behandelt. Es ist üblich, Sie zu begrüßen und beim Verlassen des Festes besonderen Wert darauf zu legen, sich auch von ihnen zu verabschieden. Der Tagalog Ausdruck m a g p a p a a l a m betont den Brauch, sich von Gastgebern und älteren Personen förmlich zu verabschieden.

Wohlhabendere Leute beschäftigen im Haushalt einen Koch, deshalb zeugt in solcher Umgebung das Essen nicht von den kulinarischen Fertigkeiten der Gastgeber. Zuweilen bereitet die Gastgeberin persönlich das Dessert. Komplimente über das Essen sind zwar willkommen, doch von geringerer Bedeutung als in westlichen Ländern, wo oft die Dame des Hauses oder der Hausherr persönlich das Essen zubereiten. Hingegen entspringen Einrichtung, Ausschmückung und Blumendekoration dem persönlichen Geschmack der Gastgeberin, so daß Komplimente sich am besten in dieser Richtung bewegen sollten.

Normalerweise werden weibliche und männliche Gäste nicht in abwechselnder Reihenfolge am Tisch plaziert, wenn auch manche Gastgeber darauf achten mögen. Die Gäste neigen eher zu einer spontanen Sitzordnung nach eigenem Gutdünken. Häufig gruppieren sich auch jeweils die Frauen und Männer zueinander.

Es ist nicht üblich, Süßigkeiten oder eine Flasche Wein mitzubringen, es sei denn, Sie befürchten tatsächlich, der knauserige Gastgeber könnte Ihnen zuwenig anbieten – so würde nämlich ein Filipino diese Geste verstehen.

Ein filipino Dinner

Ein Dinner besteht aus einer Suppe, zwei oder drei Hauptgängen und dem Dessert. Man reicht dazu nur Wasser, obwohl heute auch gelegentlich alkoholfreie Getränke üblich sind. Wohlhabende Filipinos, die mit den westlichen Gewohnheiten vertraut sind, servieren auch Wein. Reis ist die Grundlage jeden Essens. Man ißt nicht mit Messer und Gabel, sondern mit Löffel und Gabel, wobei man mit der Gabel das Essen auf den Löffel schiebt. Bei einem großen Dinner gibt es oft ein Buffet, an dem die Gäste sich selbst bedienen.

Bei einer Familienfeier, wie einem Geburtstagsfest oder einem Hochzeitsjubiläum, finden sich Gruppen nach dem Alter zusammen, so zum Beispiel die kleinen Kinder, die Teenager und unverheirateten jungen Leute, die Verheirateten und die Generation der Großeltern. Von Kindern erwartet man, daß sie sich im Hintergrund halten. Gewöhnlich spielen sie draußen oder in einem anderen Zimmer zusammen.

Familiengrüppchen bilden sich auch dann, wenn Gäste anwesend sind, die nicht mit den Gastgebern verwandt sind. Diesen werden dann aber oft Ehrenplätze zugewiesen. Häufig finden sich einzelne Frauen- und Männergrüppchen jeweils zu einem Gesprächskreis zusammen.

Filipinos tanzen gern, und Tanzen ist der Höhepunkt vieler privater Parties. Musik, heutzutage aus einer lauten Stereoanlage, gehört mit zur Feierstimmung. Bei diesen Gelegenheiten wird den Männern Gin, Scotch oder Bier angeboten. Nur wenige Frauen trinken Alkohol. Für die Männer jedoch ist es eine Übung im Machismo. Während sie sich dem Zwang, gesellig zu sein und nach Kräften mitzuhalten, unterwerfen, sorgt

Tisch-Knigge

1. In städtischen Gebieten ißt man mit Löffel und Gabel, in ländlichen Gegenmit den Fingern. Man nimmt dabei das Essen mit den Fingern der rechten Hand auf und führt es zum Mund.
2. Normalerweise gibt es das Essen im Stil eines Buffets. Manchmal sind die verschiedenen Gerichte auch auf einem drehbaren Tablett in der Mitte des Tisches angerichtet; dann bedienen sich die Gäste selbst. Eine Mahlzeit besteht aus Reis und verschiedenen Beilagen.
3. In manchen wohlhabenden Familien wird das Essen von einer Bediensteten aufgetragen, die die verschiedenen Speisen jedem einzelnen Gast anbietet. Dabei beginnt sie bei der ältesten Person und fährt nach dem Rang fort. Die Kinder der Gastgeber werden als letzte bedient.
4. Die meisten Familien legen auf das gemeinsame Essen großen Wert. Mahlzeiten werden erst serviert, wenn alle Familienmitglieder versammelt sind.
5. Filipinos lieben Desserts. Eine Nachspeise rundet stets das Mittag- und Abendessen ab.

die Anwesenheit ihrer Ehefrauen, die ihre Männer nur allzu gern necken, für Mäßigung. In ländlichen, mehr von der Tradition beeinflußten Gegenden aber wird kräftiger zugelangt, um die Männlichkeit unter Beweis zu stellen. Dabei wird der lokale Punsch (tuba) oder seine stärkere, destillierte Variante (lambanug) getrunken. Der allgegenwärtige Druck des pakikisima, sich mit den anderen gut zu verstehen, lädt zum Mitzechen ein – wobei der Trick dann darin besteht, sich weiteren Versuchungen erfolgreich zu widersetzen, wenn man das Gefühl hat, bereits abgefüllt zu sein. Doch all den neckenden Anstachelungen und den Anspielungen auf amor-propio zum Trotz lächeln die meisten Filipinos gelassen und trinken nur maßvoll.

LEBEN UND WOHNEN AUF DEN PHILIPPINEN

Nachdem Sie nun einiges über die filipina Kultur erfahren haben, fassen Sie vielleicht den Entschluß, sich in einem Haus niederzulassen – ein, wie Sie meinen, alltäglicher Schritt. Aber er ist mit vielen Stolpersteinen gepflastert. Manches an den Häusern in den Städten wird Ihnen sicherlich sofort auffallen, etwa die hohen Mauern, die vergitterten Fenster und die schweren Schlösser an Vorder- und Hintertüren. Dies sind notwendige Sicherheitsvorkehrungen, denn, so leid es uns tut, es zu sagen, es schleichen auch Diebe, Einbrecher und sogar bewaffnete Kriminelle durch die Landschaft. Wäsche über Nacht zum Trocknen draußen auf der Leine oder den Gartenschlauch oder Werkzeuge ungesichert herumliegen zu lassen, das sind gezielte Einladungen für Gelegenheitsdiebe. Es ist lediglich eine Frage der Zeit, bis die liegengebliebenen Gegenstände aus Ihrem Garten verschwinden. Die enklavenartigen „Dörfer" in Manilas Vorstädten, von hohen Mauern umgeben und uniformierten Posten bewacht, sind keineswegs Anzeichen einer unter den Vorstadtbewohnern verbreiteten Paranoia. Die meisten Leute würden liebend gern auf diese architektonischen Besonderheiten verzichten, nicht zuletzt weil vergitterte Fenster bei einem Feuer die Gefahr vergrößern, aber diese Vorkehrungen haben nun einmal ihren Sinn und Zweck. Sie sollten das von Anfang an im Auge behalten.

Die Häuser der Filipinos sind Ausdruck ihres Lebensstils. Ein aus zwei Flügeln bestehendes Metalltor schließt die Autoeinfahrt von der Straße ab. In das Tor ist eine Tür eingebaut, durch die Besucher, die ohne Wagen kommen, Einlaß finden. Diese Tür wiederum ist mit einem schmalen Schlitz versehen, um zu erkennen, wer der Besucher ist. Filipinos mögen keine Besuche von Fremden, Vertretern, Gläubigern und anderen Plagegeistern und versuchen, sie in ihrem privaten Heim zu verhindern. Wenn der Besucher jedoch einmal erkannt ist und sich innerhalb der Umfriedung befindet, wird er mit größter Zuvorkommenheit und Gastfreundschaft aufgenommen.

Die meisten Häuser verfügen über ein großes Wohnzimmer, denn es ist wichtig, Besucher angenehm zu empfangen. Man bemüht sich, den halböffentlichen Bereich, den Gäste betreten, möglichst gut herzurichten. So sind auch meist zwei Küchen vorhanden, eine mit modernen, einem Einrichtungskatalog entsprungen scheinenden Geräten, und eine, die man die „schmutzige Küche" nennt, nach hinten gelegen und für das alltägliche Kochen benutzt. Ein hinterer Garten zum Wäschetrocknen und für andere unansehnliche Angelegenheiten ist abgetrennt von einem besonders gepflegten, mit Blumen bepflanzten Vorgarten. Das Haus wird so gehalten, wie die Filipinos ihr Leben führen, mit einer äußeren Schale für die Öffentlichkeit und einem inneren, privaten Raum, in dem das eigentliche Leben stattfindet.

Äußere Fassade und inneres Selbst

Filipinos unterscheiden zwischen dem inneren Selbst, das sie loob nennen, und dem äußeren Selbst, das manchmal auch als „Gesicht" (mukha) umschrieben wird. Der Begriff utang na loob betont klar, daß eine Schuld nicht als oberflächlich, sondern als Verpflichtung des inneren Selbst gilt. Die verschiedensten Redewendungen bringen diesen Gedanken zum Ausdruck: Wer keinen Druck ertragen kann und nichts riskiert, von dem heißt es, er habe ein schwaches inneres Selbst (mahina ang loob); wer wagemutig und dreist ist, hat ein starkes inneres Selbst (malakas ang loob); ein großzügiger und wohltätiger Mensch hat ein schönes inneres Selbst (magandang loob); das innere Selbst fühlt sich schlecht (masama ang loob), wenn jemand Ärger und Groll in sich trägt. Man unterscheidet also deutlich zwischen dem öffentlichen Gesicht einer Person und ihrem inneren, oder wahren, Selbst.

Das äußere Selbst, die Fassade, wird belegt mit Begriffen wie Form (porma), Haltung (pustura), Gesicht (mukha), Fassung, Gelassenheit, Gewandtheit (arte), Erscheinungsbild (papel), Blendwerk (pasiklab) oder Show (palabas), Theaterfarce (moro-moro), Eindruck schinden (pakulo), ins Auge springende Extravaganz (pabongga). Diese Begriffe zeigen, wie Filipinos ständig und bewußt im Geiste zwischen öffentlichem „Gesicht" und innerem Selbst trennen.

Die Architektur eine filipino Hauses versinnbildlicht diese Trennung. Öffentliche Bereiche, wo Gäste empfangen werden, sind abgeteilt vom privaten Bereich. Gäste müssen zum Beispiel immer um Erlaubnis bitten, wenn sie aus dem Wohnzimmer in den privaten Bereich gehen wollen, etwa zur Toilette. Eine plötzliche Reinigungs- und Aufräumwelle wird durch die Privaträume rollen, ehe man Ihnen gestattet, sie zu betreten. Zum privaten Bereich zählen Küche, Schlafzimmer, Lese- oder Arbeitszimmer, Badezimmer, Hinterhof und Zimmer von Bediensteten. Die Privatsphäre soll von anderen nur im besten Zustand gesehen werden.

Hohe Lebenshaltungskosten

Insbesondere für Ausländer ist das Leben auf den Philippinen teuer. Mieten und Benzinpreise liegen höher als in Westeuropa und den USA. Lebensmittel, vor allem solche aus dem Supermarkt, kosten ebenfalls mehr. Auf alle importierten Waren sind hohe Zölle zu entrichten, was importierte Lebensmittel, Medikamente und Autoersatzteile zum Beispiel weiter verteuert. Im letzten Jahrzehnt ist die Inflationsrate gewaltig angestiegen, zurückhaltende Schätzungen liegen bei über sechzig Prozent für die letzten

Jahre. Autos und andere technische Geräte scheinen hier häufiger defekt zu sein, was am Klima, mangelnden Wartungsfähigkeiten und fehlenden Ersatzteilen liegt. Die meisten Ausländer, und alle reichen Filipinos, schicken ihre Kinder auf sehr teure Privatschulen. Andererseits sind die Kosten für Arbeits- und Serviceleistungen, besonders bei Haushaltshilfen und medizinischer Behandlung, niedrig. Gemüse und Obst auf dem Markt ist billig und schmackhaft.

Wohnungssuche

Wenn Sie sich auf Haus- oder Wohnungssuche begeben, sollten Sie als erstes die Lage bedenken, da Verkehrsstaus, besonders in Metro Manila, geradezu sprichwörtlich sind. Sie können leicht einen halben Tag verlieren, nur um von Punkt A zu Punkt B zu gelangen. Sie müssen mit dem dichten Großstadtverkehr zu leben lernen. Im Jahre 1983 wurden 950.000 Motorfahrzeuge im Stadtgebiet von Manila registriert.

Wegen der geselligen Natur der Filipinos und der Notwendigkeit, miteinander auszukommen, ist auch die Nachbarschaft ein wichtiger Gesichtspunkt bei der Haussuche. Viele verdrießliche Meinungsverschiedenheiten entstehen über von Hausangestellten verschütteten Müll, ständig hereinplatzende Nachbarn, die das Telefon benutzen wollen, oder wegen Reibereien zwischen benachbarten Haushaltshilfen.

Sicherheit und Schutz vor den überhandnehmenden Einbrüchen stellen ebenfalls Anforderungen an die Lage. Wählen Sie kein Haus neben unbebautem Land, in der Nähe von engen, übervölkerten Straßen, ohne Umzäunung oder in einer dunklen, abgelegenen Gegend.

Die häufigen schweren Niederschläge während der Regenzeit können leicht Häuser und Straßen überfluten. Achten Sie also auf die Lage und Umgebung des Grundstücks und den Zustand der Straße. Wenn möglich, besichtigen Sie das Haus in der Regenzeit nach einem heftigen Guß. Ansonsten könnten Sie sich bei Manilas jahreszeitlich bedingten Überschwemmungen ohne weiteres auf einer Insel wiederfinden. Sehen Sie sich tiefliegende Teile des Erdgeschosses an, und achten Sie auf Anzeichen von Wasserlöchern im Garten. Stellen Sie fest, ob es ein gutes Abwassersystem gibt, ob Dachrinnen und Abflußrohre in Ordnung sind, oder lassen Sie sie reparieren und neu streichen. Bei Wirbelstürmen kann durch undichte Stellen das ganze Dach abgedeckt werden.

Wenn Straßenbauarbeiten auf der zu Ihrem Viertel führenden Hauptstraße stattfinden, so führen Sie sich vor Augen, daß solche Arbeiten Jahre dauern können, in dieser Zeit den Verkehr der ganzen Gegend behindern und ein Netz von Umleitungen und verstopften Nebenstraßen in Ihrer Umgebung verursachen.

Die Mieten für Ausländer sind unglaublich und unverhältnismäßig hoch. Das rührt daher, daß auf den Philippinen Ausländern der Landbesitz gesetzlich verboten ist, auch der eines Hauses mit kleinem Grundstück. Außerdem wurden die meisten an Ausländer vermieteten Häuser eigens für diese gebaut und passen sich ihrem Standard und Geschmack an, ausgestattet mit Annehmlichkeiten wie Klimaanlagen und Swimmingpools, die die meisten Filipinos als äußersten Luxus ansehen. Als Vorauszahlung erwartet man allgemein sechs bis zwölf Monatsmieten. Im Jahre 1982 befragte die Europäische Handelskammer zweihundert ausländische Mieter in Metro Manila (die meisten in Makati) und stellte dabei Monatsmieten von 12.000 Pesos für ein zweigeschossiges Haus mit drei Schlafzimmern und Klimaanlage auf einem Grundstück von ungefähr 770 m^2 bis zu 26.000 Pesos für einen zweistöckigen Bungalow, ebenfalls mit drei Schlafräumen und doppelt so großem Grundstück, fest. Die Familie in der 26.000-Peso-Mietklasse mußte 26 Monatsmieten oder 676.000 Pesos als Vorauszahlung leisten; soviel müßten Sie nicht einmal für ein neues Haus in Paranaque hinlegen.

Mietverhältnisse können zwischen einem Unternehmen und einer Agentur abgeschlossen werden; häufiger jedoch sind Verträge zwischen Eigentümer und Mieter. Bedenken Sie die Personenbezogenheit der Filipinos, und sorgen Sie von Anfang an für ein angenehmes, freundliches Verhältnis. Sie stoßen dann bei anfälligen Reparaturen und ähnlichen Dingen eher auf ein offenes Ohr. Denn so wird es dem Eigentümer schwerer fallen, sich gegenüber jemandem, den er persönlich kennt, uninteressiert und unverantwortlich zu zeigen.

Wenn Sie mit Ihrem neuen Zuhause insgesamt zufrieden sind, aber noch einige kleinere Veränderungen, etwa einen neuen Anstrich, neue Vorhänge oder gar kleinere bauliche Änderungen, planen, so tun Sie gut daran, den Eigentümer die Überwachung dieser Arbeiten (wenn nicht gar die Kosten) übernehmen zu lassen. Sie ersparen sich damit die trübselige Erfahrung, von den Dienstleistungen der Handwerker enttäuscht zu werden. Kalkulieren Sie in jedem Falle mehr Zeit ein, als Sie von zu Hause gewöhnt sind, selbst wenn man Ihnen bestimmte Termine zusichert.

„Selbstverständlichkeiten" überprüfen

Elektrizität

Vergessen Sie die Ihnen bekannten strikten Bauvorschriften, und gewöhnen Sie sich daran, daß diese auf den Philippinen nachlässiger – und ihre Überprüfung noch nachlässiger – gehandhabt werden. Gehen Sie deshalb nicht von irgendwelchen „Selbstverständlichkeiten" aus, sondern überprüfen Sie vor allem die elektrischen Leitungen. Denn Fehler im elektrischen System sind eine Hauptursache für Brände in Manila, und Ausländer benutzen erfahrungsgemäß mehr Elektrogeräte als Filipinos (Waschmaschine, Trockner, Staubsauger . . .)

In Metro Manila bietet die Elektrizitätsgesellschaft (Meralco) sowohl 110 als auch 220 Volt an. Sie müssen also feststellen, welche Spannung in Ihr Haus verlegt wurde. Die meisten modernen Häuser sind mit beiden Spannungen versorgt, so daß Sie in Erfahrung bringen müssen, welche Steckdose welche Spannung führt. Sie sollten die Steckdosen markieren, um böse Überraschungen beim Einschalten Ihrer Geräte zu vermeiden.

Gelegentliche Stromausfälle gehören zum täglichen Leben. Ohne Vorwarnung werden ganze Straßenzüge oder Wohnviertel abgeschaltet, was man „brownout" und nicht

„blackout" nennt, da nicht die gesamte Stadt in Dunkelheit versinkt. Wird der Strom wieder eingeschaltet, so geht eine starke Spannungswelle durch das Netz, die angeschlossene Elektrogeräte beschädigen kann. Es empfiehlt sich deshalb, bei einem „brownout" sämtliche Stecker (auch von Kühlschrank, Gefriertruhe und Klimageräten) herausziehen. Schließen Sie sie erst wieder an, nachdem der Strom eingeschaltet wurde.

Wasser

Als Neuling in Manila sollten Sie als erstes den Wasserdruck prüfen. Metro Manilas Wasserversorgungsproblem besteht seit dem Ende des Zweiten Weltkrieges, als die Stadt zerstört wurde. Seit 1945 hat die Verlegung von neuen Wasserrohren mit der wachsenden Bevölkerung der Stadt nicht Schritt halten können. Und nun, etwa vierzig Jahre später, reißt Manilas Wasserbehörde (Nawasa) mehr und mehr Straßen auf, um nichtsdestotrotz den Kampf um die Wasserversorgung der mehr als sieben Millionen Einwohner der Hauptstadt zu verlieren.

Die Filipinos haben darauf in typischer Heimwerkermanier reagiert, indem sie mit Motorpumpen Wasser aus den antiquierten, engen, rostigen und schadhaften Nawasa-Rohren in Tanks pumpen und auf Vorrat horten. Natürlich mußte bald jedes Haus eine solche Pumpe besitzen – was den Haushalten ohne Pumpe noch weniger Wasser in ihren Leitungen beließ. Doch trotz einer Pumpe bleibt der Wasserdruck niedrig, und nur wenige Wohngegenden sind ständig ausreichend mit Wasser versorgt, besonders während der täglichen Hauptverbrauchszeiten.

Prüfen Sie bei der Hausbesichtigung den Wasserdruck möglichst zu diesen Stunden. Geben Sie sich nicht damit zufrieden, den Hahn im Garten oder Erdgeschoß aufzudrehen, sondern testen Sie die Duschen und drehen Sie einen Hahn an der höchsten Stelle des Hauses auf. Am besten betätigen Sie mehrere Hähne gleichzeitig und dazu die Toilettenspülung und schauen nach, ob so noch Wasser aus den Hähnen fließt. Ist der Druck niedrig, werden Sie voll eingeseift unter der Dusche im Trockenen stehen, sobald jemand in der Küche den Wasserhahn aufdreht oder der Gärtner beginnt, den Rasen zu sprengen.

Doch selbst wenn Pumpen tatsächlich einen zufriedenstellenden Wasserdruck erzeugen, werden Sie dennoch solche Überraschungsmomente der Dürre erleben – wenn bei den mehr oder weniger regelmäßigen „brownouts" nämlich auch Ihre Elektropumpe den Geist aufgibt.

Wirbelstürme haben bekanntlich die Eigenschaft, daß sie Stromleitungen unterbrechen und gleichzeitig wolkenbruchartige Regenfälle und Überflutungen mit sich bringen, die den Hausbesitzer im Erdgeschoß kniehoch durch Wasser waten lassen, während die Hähne kein Tröpflein ausspucken. Die Überprüfung der Wasserleitungen ist deshalb unbedingt ratsam. Auch wenn Sie einen luxuriösen Neubau mit Swimmingpool und großem Kachelbad besichtigen sollten, so besagt dies rein gar nichts über den Wasserdruck. Wohnen Sie in einem Stadtbezirk, wo niedriger Wasserdruck herrscht, so können Sie nichts daran ändern.

Zwei Küchen

In einem westlichen Haus ist die Küche ein zentraler Ort, da in der Regel die Frau des Hauses selbst kocht und viel Zeit darin verbringt. Viele westliche Küchen sind mit einer Eßecke, dem Eßzimmer oder sogar ganz offen mit dem Wohnzimmer verbunden, was die Bedeutung der Aktivitäten der Hausfrau betont, um die herum sich die Familie gruppiert. Da aber Filipinos mittlerer oder höherer Einkommensgruppen einen Koch oder eine Köchin im Haus beschäftigen, ist die Küche lediglich Arbeitsplatz eines Hausangestellten. Diese Küchen sind keine hellen, gut belüfteten, mit karierten Vorhängen verzierte und mit Elektrogeräten ausgestatteten Räume, die vom persönlichen Geschmack der Dame des Hauses zeugen. Wenn Sie selbst kochen wollen, dann begutachten Sie auch die Küche, ihre Lage im Haus, ihre Größe und Einrichtung.
Viele filipino Häuser, vor allem die der Reichen, leisten sich zwei Küchen: eine für die Dame des Hauses, die ihre Kochkünste in der Umgebung moderner Geräte entfaltet, und einen unscheinbaren Raum im hinteren Teil des Gebäudes, wo der Koch an einem beengten, mit Gaskocher ausgestatteten Arbeitsplatz die täglichen Mahlzeiten zubereitet. Die Energieversorgung mittels Gasflaschen ist zudem überaus sinnvoll, da während der „brownouts" Ihr hochmoderner elektrischer Superherd schlichtweg nutzlos wird. Als zweckmäßige Anpassung an philippinische Bedingungen verläßt die „schmutzige Küche" sich auf weniger ausgeklügelte Technik.

Das Telefon: Sein Eigenleben und Eigensinn

In Manila mit seinen sieben Millionen Einwohnern übersteigt die Nachfrage nach Telefonanschlüssen bei weitem das Angebot der vorhandenen Leitungen. Wenn Sie ein Haus besichtigen, kann die verlegte Leitung durchaus zu einem Apparat gehören, dessen Nummer der Vormieter auf seine neue Adresse übertragen ließ. Das Einholen einer Bestätigung, daß zum Haus ein Telefon gehört, schadet also nicht. Doch sollten Sie sich dann zusätzlich vergewissern, daß der Anschluß nur zu Ihrem Haushalt gehört. Sehr oft besitzen nämlich mehrere Haushalte einen gemeinsamen Anschluß, und nichts, aber auch gar nichts, wird Ihren Kulturschock mehr steigern, als die Telefonleitung mit anderen teilen zu müssen.
Auch sollten Sie die Tatsache beherzigen, daß ein Telefon auf den Philippinen keineswegs ein, wie Sie es gewöhnt sind, einfaches Instrument ist. Telefone entwickeln hier ein merkwürdiges Eigenleben. Fehlschaltungen bringen zusätzliche Teilnehmer und seltsame Stimmen in Ihr Gespräch. Das Besetztzeichen ertönt grundsätzlich erst, nachdem Sie sämtliche Ziffern gewählt haben, wodurch Anrufe in betriebsame Gegenden zur Sisyphosarbeit ausarten. Dort jemanden telefonisch zu erreichen, kann Sie einen ganzen Vormittag kosten – und restlos erschöpft zurücklassen. Wenn Sie Ihr Telefon am dringendsten benötigen, stellt es sich tot; und wenn es einmal funktionieren sollte, so ist mit Sicherheit das des Empfängers defekt. Das Telefonnetz scheint das Parkinson'sche Gesetz über die eigendynamische Aufblähung von Bürokratien auf sich ausweitende Störungen zu übertragen. Die Chancen, daß Alexander Graham Bells Erfindung wie gewünscht funktioniert, stehen fünfzig zu fünfzig, und wenn Sie einmal ein

Problem telefonisch innerhalb von Minuten gelöst haben, werden Sie sich fühlen, als hätten Sie soeben den Nobelpreis für Physik gewonnen. Zwei Telefonleitungen steigern Ihre Chancen, solche Augenblicke des Glücksgefühls erleben zu dürfen.

Trocken ins und aus dem Haus

Eine Garage leistet gute Dienste, denn während der trockenen Jahreszeit verwandelt die Hitze Ihr Auto in einen Glutofen, und oft genug sind Sie längst am Ziel, ehe die Kilmaanlage den Wagen abgekühlt hat. Die Regenzeit währt mehrere Monate, und wenn Sie nicht bis auf die Knochen naß werden wollen, sollten Sie auf einen überdachten Weg zwischen Auto und Haus Wert legen.

Sicherheitsvorkehrungen

Denken Sie an Ihre persönliche Sicherheit, wenn Sie ein Haus auswählen. Häuser auf Eckgrundstücken erleichtern Eindringlingen die Arbeit. Je sicherer die Nachbarhäuser (ihre privaten Sicherheitsposten kommen auch Ihnen zugute), desto sicherer wird auch Ihr Haus sein. Untersuchen Sie die Wände, das Tor, die Sicherheitsschlösser in den Türen, die Gitter vor den Fenstern, die Sicherheitsvorkehrungen an Schiebetüren, die Beleuchtungsanlage, die die Umgebung des Hauses in gleißendes Licht taucht.

Es sind vor allem diese Sicherheitserwägungen, die zu den dorfähnlichen Einteilungen geführt haben. Ober- und Mittelschichtswohngegenden in Manila werden mehr und mehr in eingeschlossene Enklaven unterteilt, „Dörfer" genannt und umgeben von Mauern und Zäunen mit Ein- und Ausgängen, von Wächtern gesichert, die von den Einwohnern der „Dörfer" angestellt sind. Eine Vertretung von Mitgliedern des „Dorfes" versucht Diebstähle zu verhindern und ein Gefühl persönlicher Sicherheit zu verbreiten, indem sie den Zugang zu dem abgegrenzten Gebiet beschränkt. Die Straßen im „Dorf" gehören in der Regel den „Dörflern" und werden von ihnen unterhalten. So bleibt ihre Benutzung auf Mitglieder beschränkt, die Ausweise auf die Windschutzscheiben ihrer Autos kleben, und in manchen „Dörfern" müssen Besucher ihre Ankunft und Abfahrt eintragen. Manchmal muß sogar der Fahrer eines Autos, selbst ein Taxifahrer, seinen Führerschein am Tor abgeben und bei der Abfahrt dort wieder abholen.

Die Einrichtung von „Dörfern" in den Vororten begann in den späten fünfziger Jahren und breitete sich in den siebziger Jahren stark aus, unter anderem wegen Metro Manilas Bevölkerungsexplosion, wegen der erheblichen geschäftlichen Transaktionen, die in diesen Gegenden durchgeführt werden, sowie als Antwort auf die bedrohliche soziale Lage der Mehrheit der Bevölkerung. Dennoch hat das „Dorfleben" das Sicherheitsproblem nicht vollständig lösen können, und viele „Dorfbewohner" werden auch heute in Abständen tätlich angegriffen, trotz der kleinen uniformierten und bewaffneten Privatarmee.

Die Wachmänner werden von besonderen Dienstleistungsagenturen vermittelt. In der Praxis haben sie sich als zweischneidige Schwerter erwiesen. Einige haben ihre Stellung mißbraucht, um zu stehlen, zu rauben und vergewaltigen. Die Stelle eines Wäch-

ters ist die perfekte Tarnung für einen Dieb, da er unmittelbaren Zugang zu Informationen über mögliche Opfer hat, weiß, wie viele Leute in welchem Haus wohnen, wann sie täglich wohin fahren und wann sie für längere Zeit verreist sind.
Ein weiterer Nachteil der „Dorfgemeinschaft" liegt in der Aufteilung der Stadtviertel nach ökonomischen Kriterien. Gebiete, in denen ausschließlich die Ober- und Mittelschicht wohnt, schüren natürlich den Besitzneid und den Trieb, den Statussymbolen der anderen nachzueifern. Die philippinische Gesellschaft wird in ökonomische Gruppen aufgeteilt und eine Kommunikation zwischen diesen verhindert. Im traditionellen Stadtleben Manilas waren früher außerhalb dieser „Dörfer" die Barrieren zwischen den verschiedenen Gruppen weniger offensichtlich. Es war durchaus üblich, daß sich neben einer Villa ein einfacher Bungalow und eine altersschwache Hütte fanden. Alle Bewohner bedienten sich ohne Unterschied bei ihren kleinen Eckläden, (sari-sari), die Zigaretten einzeln, Schmalz stichweise, Essig tassenweise usw. verkauften und die Schulden mit Kreide an der Wand notierten. Es ist bezeichnend für die sich vergrößernden Gegensätze in der sozio-ökonomischen Struktur der philippinischen Gesellschaft, daß sich die „Dörfer" wuchernd ausbreiteten, während die traditionellen Wohngegenden zunehmend verfallen.

Haushaltshilfen

Nachdem Sie sich nun in Ihrem neuen Heim niedergelassen haben, sollten Sie sich auf enge Begegnungen mit den Grundstützen der philippinischen Gesellschaft vorbereiten. Wenige kommen ohne jede Haushaltshilfe aus, und hier beginnt Ihr eigentliches Problem. Geraldine Daigler schreibt in ihrem Ratgeber: „Es entspricht den Tatsachen, wenn man sagt, daß ein Drittel der Probleme, denen Ausländer sich nach der Eingewöhnungszeit gegenübersehen, Haushaltshilfen betreffen. Warum? Weil durchschnittliche Amerikaner oder Europäer nicht darauf vorbereitet sind, einen großen Haushalt mit Personal zu führen. Und selbst eine Frau, die früher schon Dienstmädchen beschäftigte, ist sich der Irrwege beim Navigieren in philippinischen Gewässern oft nicht bewußt."

Die Tradition des Dienens

In der geschriebenen Geschichte der Philippinen zählen Haushaltshilfen seit eh und je zum Alltagsleben. Der spanische Chronist Juan Plasencia beschrieb in seiner Beobachtung der Tagalog-Gesellschaft des 16. Jahrhunderts, daß die Chefs oder datos zwei Arten von Untergebenen besaßen, zum einen die Leibeigenen oder Pächter (aliping namamahay), die „ihrem Herrn, sei er nun dato oder nicht, die Hälfte der Erträge ihres Landes ablieferten, wie es am Anfang vereinbart worden war". Die anderen waren Sklaven (aliping saguiguilir), die auch verkauft werden konnten. Ausgeprägte Regeln legten die Rechte beider Arten von Untergebenen und die Macht des dato über sie und ihre Kinder fest.

Auch heute noch ist es Teil der gesellschaftlichen Dynamik, dem dato oder einer mächtigen Person, der man verpflichtet ist, als Rückzahlung für utang na loob einen Dienst zu erweisen. Ein junger Bauernbursche, der seine große Liebe heiraten möchte, muß in ländlichen Tagalog-Gegenden, zumindest nach traditioneller Sitte, ein Jahr lang bei seinen zukünftigen Schwiegereltern Dienste leisten, zum Beispiel Wasser holen, Holz hacken usw., um seine Ernsthaftigkeit und Fähigkeiten zu beweisen. Pachtbauern haben früher ihre jungen Töchter und Söhne den Landbesitzern, bei denen sie hohe Schulden hatten, zur Teilabtragung ihrer Schuld als Diener angeboten. Aber auch ohne verschuldet zu sein, bitten viele Pächter ihren Landbesitzer oder auch begüterte Stadtbewohner, an die dieser sie verweist, ihre Kinder im Haushalt anzustellen. In seinem ursprünglichen Sinn bedeutet das Tagalog-Wort für „Diener" „Helfer" (katulong). Der traditonelle Zyklus der Gegenseitigkeit trat hier bei der Beziehung zwischen Hauseigentümer und Haushaltshilfe in Kraft.

Diese Tradition, die in jener abgemilderten Form von Sklaverei wurzelt, hat sich in gelockerter Weise aufrechterhalten, so daß Bedienstete nicht als unpersönliche Angestellte, sondern Teil der Verwandtschaftsgruppe Aufnahme finden. Doch ist diese traditionelle Beziehung heute weitgehend zerbrochen und weniger harmonisch. Ausnahme bilden tatsächliche Blutsverwandte, die wohlhabende Familienmitglieder bitten, die Schulausbildung ihrer Kinder in die Hand zu nehmen, wofür diese dann, während sie bei den Verwandten wohnen, im Haushalt helfen. Ansonsten sind nur wenige Filipinos begierig, verwandtschaftsähnliche Bindungen zu Haushilfen herzustellen, da dies zu starke gefühlsmäßige und finanzielle Zwänge bedeuten könnte.

Heute wird die Haushaltshilfe als Dienstmädchen betrachtet (und in unhöflicher Form atsay genannt), die Hausherren heißen senorito und senora. Die Beziehung zwischen beiden Seite gestaltet sich mehr und mehr als Haßliebe. Während früher der Dienst im Haushalt eine jahrelange, ja gar lebenslange Anstellung bedeutete, sieht heute ein Dienstmädchen seine Stelle als vorübergehend an, als Sprungbrett für eine Anstellung als Verkäuferin, Kellnerin oder sogar Bedienung in einem Biergarten, um schließlich einen Wachmann oder Jeepney-Fahrer zu heiraten und in der Stadt eine Familie zu gründen. Früher entsprach es der Kindespflicht, daß die Haushilfen einen Teil ihres Lohnes ihrer Familie auf dem Lande zukommen ließen, oder sie kauften von ihrem schwerverdienten Geld ein kleines Stück Land, um es zu bearbeiten, wenn sie sich nach vielen Dienstjahren zur Ruhe setzten. Diese Art von Haushilfen stirbt heute aus.

Wer eine Haushaltshilfe beschäftigte, übernahm damit zugleich die Verpflichtung, sich um das Wohl seiner Bediensteten zu kümmern, für ärztliche und medizinische Behandlung zu sorgen, bei besonderen Anlässen Geschenke zu verteilen und für ihre bescheidenen alltäglichen Bedürfnisse aufzukommen. Wenn ihre Familie Hilfe benötigte, stellten die Dienstherren Geld oder Kleidung zur Verfügung. Die Bediensteten, die als Putzfrauen, Köchinnen, Kindermädchen (yaya) oder Gärtner arbeiteten, wurden freundlich, fast wie Familienangehörige behandelt. Steigende Ansprüche beider Seiten haben diese traditionelle Beziehung gestört – heute ähnelt sie einer reinen Geschäftsbeziehung. Sie ist gesetzlich geregelt, doch die traditionellen Vorstellungen wirken weiter nach und komplizieren die alltägliche Handhabung.

Manche Filipinos sehen Haushaltshilfen als Teil der Familie an, andere behandeln sie nahezu wie Leibeigene. Jedoch verachtet die Gesellschaft jeden, der Bedienstete schlecht behandelt, und den meisten Hausbesitzern liegt schließlich daran, daß die Arbeit mit möglichst wenig Ärger und Aufwand vonstatten geht. Aber da die Hilfen im Haus wohnen und so in engem Kontakt zur Familie stehen, kommen menschliche und persönliche Beziehungen zwangsläufig ins Spiel. Mehr als alles andere wünschen sich die Haushilfen eine freundliche, persönliche Behandlung. Doch Großzügigkeit und Ausnutzung von Gastfreundschaft klar voneinander abzugrenzen, dies schafft häufig Konflikte. Beide Seiten spielen tagtäglich ein Spiel, bei dem einer den anderen auszustechen versucht.

Bedienstete einstellen

Filipinos stellen Hilfen aufgrund mündlicher Empfehlung ein. Zwar gibt es auch Agenturen, aber wegen der haarsträubenden Erfahrungen sollte man besser von ihnen Abstand nehmen, weil sie weder Verantwortung für die Ausbildung, noch für die Fähigkeiten und erst recht nicht den Charakter der Dienstboten übernehmen. Es ist eine sinnlose Übung, ein unfähiges neues Dienstmädchen gegen ein anderes, ebenso unfähiges auszuwechseln, und eine lange Kette wechselnder, probeweise angestellter Hilfen vergrößert das Sicherheitsrisiko. In der stark personalisierten Gesellschaft der Filipinos zieht man es vor, Verwandte und Freunde zu fragen, die sich wiederum von ihren Hilfen gegeignete Personen empfehlen lassen.
Sie haben bei der Einstellung von Personal zwei Vorgehens- und Denkweisen zur Wahl: Sie können darauf achten, daß Ihre Hilfen alle aus der gleichen Region, der gleichen Heimatstadt oder gar einer Familie stammen, in der Annahme, daß sie so harmonisch und gut organisiert zusammenarbeiten. Jedoch ist es ebensogut möglich, daß Haushilfen aus einer Familie sich gegenseitig decken, so daß Sie nicht mehr wissen, was in Ihrem eigenen Hause vorgeht, bis es womöglich zu spät ist.
Sie werden sich fragen, in welche Fallen Sie denn stolpern könnten. Nun, in einem filipino Haushalt könnte die Köchin den Fahrer, auf den sie ein Auge geworfen hat, oder gar alle und jeden mit Ihren Feinschmecker-Vorräten und Ihrem besten Wein versorgen; Ihre Speisekammer könnte an Schwindsucht leiden, Ihre Kühlschrank labende Quelle für die dürstenden Kehlen der Angestellten, Ihr Haus in Ihrer Abwesenheit Schauplatz rauschender Feste werden; die leidenschaftliche Liebesaffäre zwischen Fahrer und Köchin, von der Sie nichts ahnen, könnte den Verlust Ihrer inzwischen schwangeren Köchin und zuguterletzt auch Ihres Fahrers bedeuten, der Fersengeld gibt, um der Rache der Familie seines einstigen Schwarms einschließlich einer Hochzeit mit vorgehaltener Pistole zu entgehen. Das Dienstmädchen könnte mit allen und jedem flirten und Gott und die Welt in Ihrem Haus unterhalten: Wachmänner, Briefträger, Müllmänner, Eisverkäufer (von Milchmännern ganz zu schweigen) und natürlich auch Diebe; jene heißgeliebte Vase aus dem Erbe Ihrer Großmutter könnte schon vor Monaten zerschmettert worden sein, ohne daß einer ein Wörtchen darüber verliert; Ihrer Rassehündin kann erlaubt werden, mit jedem herumstreunenden Straßenköter

Unzucht zu treiben; Ihr bester Anzug oder bestes Kleid könnten ruiniert werden, wenn die Waschfrau beim Bügeln in Ihrem Schlafzimmer gebannt fernsieht; das Haus kann menschenleer zurückbleiben, wenn der ganze Haushalt sich mit Ihrem Auto zu einer Spritztour aufmacht, während Sie im Büro hocken.
Diese Szenarios des Schreckens entspringen nicht der Einbildung oder billigen Hollywoodfilmen, sondern tagtäglicher Leidenserfahrung. Filipino Hausbesitzer werden Ihnen berichten, noch nie von einer perfekten Haushaltshilfe gehört, geschweige denn eine gesehen zu haben.

Einige Hinweise

Ein filipino Hausbesitzer würde Ihnen die folgenden Ratschläge für den Umgang mit Hauspersonal geben:
Stellen Sie keine Hilfen ein, die aus Gegenden kommen, die untereinander zerstritten sind: sie werden sich nicht vertragen. Stammen jedoch alle aus einem Ort, so kann es geschehen, daß sie das Zepter in Ihrem Hause schwingen. Streben Sie nach einem Gleichgewicht zwischen Verwandten und Außenseitern, und wägen Sie die Vor- und Nachteile ab.
Stellen Sie getrennte Unterkünfte für männliche und weibliche Hilfen zur Verfügung, mit den Frauen nachts wohlverschlossen im Haus, während die Männer draußen das Grundstück bewachen. Machen Sie deutlich, daß Ihnen nichts an irgendwelchen romantischen Fraternisierungsversuchen liegt.
Stellen Sie getrennte Lebensmittelvorräte zur Verfügung, und verschließen Sie Ihre Familienvorräte in einer eigenen Speisekammer. Stellen Sie den Hilfen ihren eigenen Kaffee zur Verfügung, den sie sich selbst zubereiten. Versorgen Sie sie auch mit Lebensmitteln, die sie gewohnt sind, wie etwa getrocknetem Fisch. Wenn die Köchin auch die Einkäufe erledigt, so überprüfen Sie die Ausgaben.
Verteilen Sie die Aufgaben genau unter den Hilfen, und stellen Sie sicher, daß jede von den Aufgaben der anderen weiß. Es vermeidet Streitereien und das Umherschieben von Zuständigkeiten.
Bestimmte bestehende Rangunterschiede unter den Bediensteten sollten Ihnen bewußt sein: Fahrer nehmen zum Beispiel nicht gern Anweisungen von Dienstmädchen entgegen, und die meisten Köchinnen mögen es nicht, wenn jemand in ihrer Küche herumfuhrwerkt. Territoriale Bereiche sollten also klar abgesteckt werden.
Achten Sie auf mögliche Reibereien zwischen den Hilfen. Zwei könnten sich gegen einen Dritten verbinden und ihn vor Ihnen schlecht machen, ohne daß Sie bemerken, was eigentlich gespielt wird. Sobald Ihnen Schwierigkeiten auffallen, sollten Sie eine eingehende Befragung durchführen, dabei jedoch bedenken, welche der Hilfe Ihnen am meisten bedeutet. Seien Sie bereit, die anderen zu entlassen, sonst verlieren Sie womöglich ausgerechnet Ihre beste Hilfe. Eine Hausangestellte, die gut bezahlt wird und sich gut mit den Hausbesitzern versteht, kann sich nichtsdestoweniger unglücklich fühlen, wenn sie mit den anderen Hilfen nicht auskommt, und wird Sie dann verlassen wollen. Wenn eine Haushaltshilfe Ihnen mitteilt, daß sie gehen will, so gibt sie ihrer Unzufriedenheit Ausdruck, die häufig auf Streitereien mit anderen Hilfen beruht.

Packen Sie das Problem bei der Wurzel und entscheiden dann, wer gehen soll.
Seien Sie vorsichtig mit Krediten und Vorschüssen. Übersteigt die Summe zwei Monatslöhne, so wird die Hilfe das Interesse an der Arbeit verlieren, und Sie müßten sich entweder mit einem nicht zurückgezahlten Kredit oder einer gleichgültigen Haushilfe abfinden.
Denken Sie rechtzeitig an Lohnerhöhungen und einige Sondervergünstigungen und gewähren Sie diese, sonst genehmigen die Betroffenen sie sich womöglich durch kleine Betrügereien selbst, ohne daß Sie Ihren guten Willen hätten zeigen können. Wenn zum Beispiel eine Hilfe zur Fiestazeit Urlaub nehmen und in ihre Heimatstadt reisen will und damit Ihre eigenen Pläne nicht vollständig durchkreuzt, so sollten Sie den Urlaub auf jeden Fall bewilligen. Andernfalls machen Sie sich auf Telegramme mit der Mitteilung gefaßt, ihre Eltern seien schwer erkrankt und sie müsse umgehend nach Hause kommen.
Filipinos gewähren ihren Haushaltshilfen einige Privilegien. Oft übernehmen sie die Fahrtkosten für die jährliche Reise in die Heimat. Neben dem Jahresurlaub sind freie Tage üblich, entweder wöchentlich, vierzehntäglich oder monatlich. Die Bezahlung erfolgt normalerweise monatlich. Die Unterkunft mag ein eigenes Zimmer mit Farbfernseher oder auch nur ein Platz auf dem Fußboden zum Ausrollen der Schlafmatte sein. Manchmal stellt man Arbeitskleidung zur Verfügung. Eine jährliche Prämie von einem Monatslohn ist üblich. Kleine Geschenke zu Weihnachten, etwa ein Kleid oder eine Brieftasche mit etwas Geld, werden sehr geschätzt.
Sie müssen jede Menge Fragen bedenken: freie Tage, Empfang von Besuch, welche Einrichtungen und Geräte (zum Beispiel das Telefon) für private Zwecke benutzt werden dürfen und zahllose andere Kleinigkeiten des tagtäglichen Zusammenwohnens. Am besten finden Sie Ihre eigenen, persönlichen Regelungen und machen sie deutlich. Sie müssen sie nicht erklären und begründen, beschreiben Sie lediglich genau jede Arbeitsaufgabe und wie diese durchgeführt werden soll. Es ist wichtiger, daß Ihre Regeln bekannt und durch Wiederholung im Gedächtnis verankert sind, als sie zu rechtfertigen und logisch zu begründen.
Zwar ist es gut zu wissen, wie Filipinos einen Haushalt zu führen pflegen, doch werden Sie als Ausländer etwas anders vorgehen müssen. Die meisten Haushaltshilfen, die sich bei Ausländern bewerben, haben bereits bei Ausländern gearbeitet oder werden von jemandem eingeführt, der darin Erfahrung besitzt. Außerdem werden Sie mehr bezahlen müssen. Bei Ausländern angestellte Hilfen gehen von einer besseren Unterkunft und Einrichtung, mehr Privilegien und höherem Lohn aus. Anders als in einem filipino Haushalt erwarten sie jedoch keinen Familienanschluß. Natürlich werden trotzdem ihre eigenen Wertvorstellungen und Vorgehensweisen eine Rolle spielen – schließlich sind sie Filipinos.

Privatsphäre . . . ?

Die wichtigsten Überlegungen bei der Organisation des Haushalts betreffen die persönlichen Beziehungen aller Beteiligten. Sie werden sich nach filipina Lebensart gestalten. Ausländer leiden häufig darunter, nie allein zu sein. Dieser Verlust der Privatsphäre ist der Hauptpreis, den sie für die Hilfe bei der Hausarbeit zu zahlen haben: je mehr Hilfen, desto weniger Privatsphäre. Ihre filipina Angestellten werden Ihr starkes Bedürfnis, allein zu sein, nicht verstehen; das Gefühl des Alleinseins ist in ihrer Gesellschaft keineswegs erstrebenswert. Filipinos sind von Kindesbeinen an ständig von Menschen umgeben: Eltern, Geschwistern, Tanten, Kindermädchen und anderen Hausangestellten. Die Anwesenheit anderer bedeutet ihnen emotionalen Beistand, und die meisten Filipinos verlangen in jedem wachen Moment nach Gesellschaft, insbesondere in Zeiten persönlicher Krisen, bei Krankheit, dem Verlust von Verwandten oder Freunden, aber ebenso in Augenblicken der Freude, an Geburtstagen, bei bestandenen Prüfungen, persönlichen Erfolgen usw.

Gerda Köhler fragte deutsche Ehefrauen nach ihren Persönlichkeitsproblemen und der Lebenszufriedenheit auf den Philippinen und zitiert in ihrer Arbeit eine Befragte: „Es fällt mir schwer, mit Bediensteten zu leben. Mein Haus gleicht einer Hotelhalle. Die Mädchen kommen und gehen zu jeder Zeit, ich fühle mich ständig beobachtet und habe keinen privaten Winkel mehr in meinem eigenen Haus."

Das Gefühl, beobachtet und belauscht zu werden, gilt für englischsprachige Ausländer noch mehr, da die Angestellten Englisch verstehen und mithören. Die einzig wirksame Methode ist, den Zutritt zu bestimmten Räumen (zum Beispiel dem Schlafzimmer) zu verbieten bzw. nur zu festgelegten Zeiten für die Putzarbeiten zu gewähren und außerdem dafür zu sorgen, daß die Hilfen vor dem Eintreten anklopfen, eine Sitte, die Filipinos vollkommen überflüssig erscheint.

Ausländer und Hausangestellte

Die Behandlung von Bediensteten wird Ihnen, wie den meisten Ausländern, Kopfschmerzen bereiten. Die niedrigen Löhne, die langen Arbeitszeiten, die harte körperliche Arbeit und die ärmlichen Familienverhältnisse und Lebensumstände widersprechen Ihrem gewohnten westlichen Lebensstil.

Die Frage nagt an Ihnen: Wie können Sie nur von meinem niedrigen Lohn leben? Der sozio-ökonomische Unterschied trennt Welten. Aber mit der Erfahrung und mit der Zeit lassen zweckbedingte Überlegungen Sie einen „modus vivendi" finden. Und selbst bei Ihnen wird sich schon bald der Verdacht regen: Konsumiert sie nicht eine ungewöhnliche Menge Kaffee? Was für ein merkwürdiger Kerl war das, mit dem sie am Tor gesprochen hat? Warum kann sie denn die Hemden nicht ordentlich bügeln?

Köhlers Studie gibt die Beobachtungen deutscher Hausfrauen wieder: „Ich mußte mich erst an die Mädchen gewöhnen. Ich fand es peinlich, ihnen zu sagen, daß ihre Arbeit meinen Ansprüchen nicht genügte. Die Unsicherheit lag bei mir, ich wußte nicht, wie ich sie behandeln sollte. Aber in der Zwischenzeit glaube ich es gelernt zu haben.

Meine Schwierigkeit bestand darin, dem Dienstpersonal verständlich zu machen, was ich wollte, nämlich so zu arbeiten, wie ich es tun würde. Also verbrachte ich die Hälfte der Zeit mit Erklärungen, um dann festzustellen, daß es immer noch nicht richtig gemacht worden war."

Es empfiehlt sich, einen gewissen Abstand zu wahren. Sie sollten sich besser nicht in enge, verwandtschaftsähnliche Beziehungen nach Art der Filipinos stürzen, aus denen sich nämlich gerade die in der Stadt lebenden Filipinos zu lösen versuchen. Sie mögen es zunächst als Ausdruck von sozialem Snobismus und Klassenbewußtsein verurteilen, aber es erscheint tatsächlich wenig ratsam, sich mit den Hausangestellten auf die Ebene von guten Freunden, die man mit dem Vornamen anredet, zu stellen. Denn sie könnten Ihre Freundschaftsangebote aus ihrer Sicht der Verwandtschaftsbeziehungen leicht mißverstehen und dann wiederum mehr von Ihnen erwarten, als Sie zu geben bereit oder in der Lage sind. Dieses Verhalten wird Ihre Autorität untergraben, und Sie werden die Kontrolle verlieren, ohne bessere Dienste oder Anerkennung zu gewinnen. Filipinos gelten einen Freundschaftsdienst durch eine Gegenleistung ab, und ein Mitglied der Gruppe muß bereit sein, alles mit dem, der Hilfe benötigt, zu teilen, jederzeit bei persönlichen Problemen Rat zu geben, emotionale Unterstützung zu leisten und einem Familienmitglied gegenüber stets loyal zu sein, gleich ob im Recht oder Unrecht. Auch Filipinos unterscheiden sehr wohl zwischen Menschen, mit denen sie eine „verwandtschaftliche" Beziehung verbindet, und jenen außerhalb dieser Gruppe.

Was dem einen lieb ist, muß dem anderen nicht teuer sein

Da es die perfekte Haushaltshilfe nicht gibt, müssen Sie Ihre Erwartungen zurückschrauben und angemessene Regeln festlegen. Kleine Verstöße sollten Sie als Preis für die billige Arbeitskraft übersehen. Wären sie besser ausgebildet, so hätten Ihre Hausangestellten sicher einen anderen Beruf. Vertrauen Sie nicht einfach darauf, daß Ihr bester Anzug tatsächlich gereinigt oder gebügelt und Ihr geerbtes Porzellan gespült wird. Schließlich kann der persönliche Wert, den manche Dinge für Sie besitzen, nicht gleichermaßen von Ihren Angestellten nachvollzogen werden.
Beispiel: Sie bewahren in Ihrem Kühlschrank ein Stück Ihres Lieblingskäses auf, Gorgonzola, den Ihnen ein Freund aus der Heimat geschickt hat – kostbar, da auf den Philippinen kaum erhältlich. Nach einem Essen, das Wasser läuft Ihnen schon im Munde zusammen, bitten Sie Ihre Köchin, den Käse zu servieren, und hören die Antwort: „Oh, den habe ich weggeworfen. Er war ganz verschimmelt und stank zum Himmel. Der war mit Sicherheit schon verdorben!"
Ein anderes Beispiel: Ein Hausbesitzer bewahrt in einer Schublade eine ihm sehr wertvolle, von Brandspuren und Löchern gezeichnete Flagge auf, ein altes Erinnerungsstück aus dem Krieg. Er erliegt fast einem Herzschlag, als er das Hausmädchen mit einem Fetzen davon Staub wischen sieht. Sie hatte das schmutzige, nutzlose Tuch entdeckt, fand, es gäbe einen guten Putzlappen ab, und riß sich ein Stück heraus.
Angestellte, die gerade vom Lande gekommen sind, werden Ihre städtischen Sicherheitssorgen nicht verstehen. Aber sorgen Sie dafür, daß sämtliche Sicherheitsvorkehrungen zur Abwehr von Dieben und andere Hausregeln stets genau befolgt werden. Eine einmal zugestandene Ausnahme wird leicht zum ständig erwarteten Recht.

Die Haushalts-Hackordnung

Die Haushaltshilfen haben ihre eigene Hierarchie und Berufsehre. Köchinnen fühlen sich als Königinnen der Küche. Manche von ihnen haben ihre ganz eigenen, unverrückbaren Vorstellungen von den Geschmacksnerven der anderen und lassen keinen abweichenden Geschmack zu, doch die meisten sind wahre, höchst begabte Perlen, die auch gern von Nachbarn und anderen Haushalten neue Rezepte übernehmen. Das Kindermädchen (yaya) ist meist jung und versessen darauf, mit den Kindern zu spielen. Natürlich wird sie dabei in ihrem Eifer auch ihre eigenen Werte und Ideen auf die Kinder übertragen, was Sie wohl nur dann stört, wenn Sie Ihre ganz persönlichen Vorstellungen von Kindererziehung haben, vor allem was Unabhängigkeit und Kontrollmaßnahmen angeht oder die spannende Unterhaltung durch Märchen und Geschichten, in denen es von phantastischen Bestien, grauenhaften Monstern und Dämonen nur so wimmelt. Die lavendera (Waschfrau) ist meistens schon älter, verheiratet und lebt bei ihrer eigenen Familie. Das „Mädchen für alles" reinigt das Haus und steht in der Rangordnung auf der untersten Stufe. Sie muß den anderen zur Hand gehen, läßt Besucher herein, geht ans Telefon und füttert den Hund.

Der Fahrer

Der Fahrer hält sich für den Hahn im Korb. Er wird am besten bezahlt, geht mit komplizierter Technik um, kutschiert in der Stadt umher und bringt Sie zu aufregenden Orten, schwatzt stundenlang auf dem Parkplatz mit Kollegen über Bezahlung und über die allerletzten Neuigkeiten aus dem Leben seines Chefs. Selbst wenn er verheiratet ist und fünf Kinder hat, wird er sich in der Rolle des Mach-Liebhabers sonnen. Das verlangt seine Stellung, und es ist schwer zu sagen, ob Sie die Unschuld der weiblichen Hilfen vor seinem verführerischen Charme oder ihn vor den inbrünstigen Anträgen des liebeshungrigen Dienstmädchens schützen müssen.
Der Fahrer kämpft immer um freie Tage und genügend Zeit zum Essen. Wenn Sie sich in Ihrem Auto wiederfinden, das in wilder Zügellosigkeit durch das Verkehrsgewirr Manilas rast, dann ist wahrscheinlich die Mittags- oder Abendessenszeit bereits verstrichen und Sie haben versäumt, Ihrem Fahrer eine Essenspause zu gönnen. Am besten versorgen Sie ihn gut mit Essen, wenn Sie zu einer langwierigen Konferenz oder einem zeitraubenden Einkauf müssen und erst nach der Essenszeit wieder zurück sein werden. Der Fahrer sieht etwaige Verkehrsregeln auch in seinem eigenen, ganz und gar persönlichen Licht. Auch ist er von der Vorstellung beseelt, sein Arbeitgeber habe einen schier überwältigenden Einfluß auf kleine Polizisten. Es könnte also durchaus Ihrer Sicherheit dienlich sein, ihm Ihre Einstellung zu Verstößen gegen die Verkehrsregeln zu vermitteln.

Der Umgang mit Hausangestellten

Da Haushaltshilfen meist nicht ausgebildet sind, sondern nach dem Motto „lerning by doing" arbeiten, müssen neue Hilfen in ihre Aufgaben eingeführt werden, und zwar am besten mittels praktischer Demonstrationen, insbesondere bei Reinigungsgeräten. Sie sollten stets über Haushaltsvorräte im Bilde sein, sonst könnten Sie eines Tages feststellen, daß einige Arbeiten seit Wochen unerledigt blieben, weil die Seife ausgegangen war. Sie sollten Verständnis aufbringen für das Verlangen der Filipinos, zu gefallen und keine Unwissenheit zu zeigen; fassen Sie Schweigen oder Nicken also nicht unbedingt als Verständnis Ihrer Anweisungen auf. Am Telefon sollten Sie Ihre Botschaft wiederholen lassen. All dies hört sich oberlehrerhaft und zeitraubend an, schont jedoch Ihr Nervenkostüm, bis Sie dann letztendlich die Fähigkeiten Ihrer Haushilfen kennen und zu schätzen wissen.

Müssen Sie eine Kündigung aussprechen – und dies wird Ihnen mit großer Wahrscheinlichkeit einmal widerfahren –, so tun Sie es am besten rasch und unwiderruflich. Sie können die Entlassung taktvoll vornehmen, indem Sie auf Unzufriedenheiten der Angestellten anspielen („Sie fühlen sich offensichtlich bei uns nicht wohl") und ihr eine Abfindung zahlen. Es ist nicht beleidigend, einen Blick ins Reisegepäck zu werfen, sondern nimmt ihr im Gegenteil die Angst vor möglichen nachträglichen Beschuldigungen. Tränen oder Wutausbrüche beim Abschied sollten unbedingt vermieden werden, weil dann hiya oder amor-propio der betroffenen Person und ihrer Verwandten ins Spiel kämen und Vergeltung verlangen könnten.

Die Vorteile von Hausangestellten

Wenn Ihnen die Schattenseiten einmal bekannt sind, werden Sie auch die Vorteile der Haushilfen entdecken und verstehen, weshalb Mittel- und Oberschicht auf den Philippinen sie nicht lediglich wohl oder übel hinnehmen, sondern ohne sie gar nicht mehr auskommen könnten. Ihre Haushilfen verschaffen Ihnen ungeahnt viel Freizeit, und nach einiger Zeit werden Sie sich womöglich nicht einmal mehr ein Glas Wasser selbst aus dem Kühlschrank holen oder nach der Zeitung suchen. Im Haushalt läuft alles wie am Schnürchen, ohne daß Sie auch nur den kleinen Finger krümmen.

In Ihrer zweiten Phase der kulturellen Anpassung wird Sie das Gefühl beschleichen, nicht gebraucht zu werden. Da nur wenige ausländische Ehefrauen auf den Philippinen einem Beruf nachgehen können, müssen sie auf andere Art Erfüllung außerhalb des Hauses suchen. Frauen sind hier im gesellschaftlichen und kulturellen Bereich besonders aktiv. Es gibt öffentliche Projekte und die verschiedensten Frauenorganisationen, außerdem Kunstgruppen, Theatertruppen, Gartenclubs, Abendgesellschaften usw., zahllose Aktivitäten, denen Sie nun in Ihrer reichlichen Freizeit frönen können.

Das Geschäftsleben

Es herrscht ein für multinationalen Handel und Zusammenarbeit sehr fruchtbares Geschäftsklima. Die Einrichtungen sind modern, Englisch ist die Verkehrssprache unter Geschäftsleuten, und billige Arbeitskräfte gibt es im Überangebot. Ausgebildete Arbeitskräfte zählen in der Tat zu den wichtigsten „Exportgütern" der Philippinen, die hohe Deviseneinkommen erzielen, was der ansonsten einseitigen Zahlungsbilanz ein wenig auf die Sprünge hilft. Einst wurde das Phänomen „brain drain" (Abfluß der Intelligenz) genannt, doch heute sieht man darin eher einen Weg, der Arbeitslosigkeit entgegenzuwirken (obendrein durch einen Dollar-Verdiener). Die letzten Regierungen

haben sämtliche Bremsen gelockert, den roten Teppich ausgerollt und alle möglichen Anreize geschaffen, um westliche Geschäftsleute anzulocken.
Der Kulturschock schlägt erst dann zu, wenn Sie, ein alter Hase in Ihrem Metier, diese vertraut anmutenden Einrichtungen und Organisationsformen in Gang setzen wollen. Sie drücken auf die Knöpfe, doch nichts geschieht. Der menschliche Faktor verschiebt alles. Wir wiederholen nicht ohne Grund, wie wichtig es ist, filipino Werte, Geschichte und die Strukturen der Verwandtschaftsgruppen zu kennen. Geschäfte auf den Philippinen erfordern viel Zeit, sie sollten Zeit- und Arbeitspläne sowie Fristen großzügig bemessen.
Eine verkehrsgünstige Lage von Geschäft oder Büro ist überaus wichtig. Die eigentliche Altstadt Manilas (über die Brücke, wo die Plaza Goiti und Escolta liegen) hat aufgrund des starken Verkehrs inzwischen an Bedeutung verloren. Das Geschäftszentrum hat sich statt dessen nach Makati verlagert, das nun noch hoffnungsloser im Verkehr erstickt.

Der personalisierte Geschäftsstil

In einer stark personenorientierten Gesellschaft werden geschäftliche Angelegenheiten am besten immer persönlich und in einer angenehmen Atmosphäre geregelt. Wo der westliche Geschäftsmann denkt, daß Zeit Geld ist, liebt es der Filipino, wie die Katze um den heißen Brei herumzuschleichen, über gemeinsame Freunde und die Familie zu reden, Höflichkeiten und Scherze auszutauschen. Erst wenn das angemessene Klima hergestellt ist, können Verhandlungen ins Auge gefaßt werden. Unabhängig vom Ergebnis sollten Diskussionen stets freundlich enden. Sie werden vielleicht das Gefühl haben, Zeit zu verschwenden, wenn Sie über andere Leute und allerlei Unwichtiges plaudern. Für einen Filipino jedoch sind die Pflege von Freundschaften, der Aufbau wertvoller Kontakte und die Entwicklung persönlicher Beziehungen die entscheidenden Elemente, die die Geschäfte am Laufen halten.

Der Umgang mit der Bürokratie

Es tut uns leid, aber der Umgang mit oder Kampf gegen die Bürokratie wird Ihnen nicht erspart bleiben. Machen Sie sich auf eine Unmenge von Formularen gefaßt. Zollerklärungen selbst für die einfachsten Waren, die Sie per Luftfracht erhalten, benötigen Dutzende von Unterschriften. Filipinos lösen derartige Probleme, indem sie Mitarbeiter damit betrauen, die ihre Fähigkeiten und ihren Überlebenswillen beim Durchforsten undurchdringlicher Papierdschungel bewiesen haben. Selbst bei solch alltäglichen Angelegenheiten wie dem Ausstellen eines Führerscheins oder der Zulassung eines Autos wird es Ihrer geistigen und körperlichen Gesundheit zugute kommen, die Aufgabe einem Mitarbeiter – natürlich gegen Entgelt – zu überlassen, der sich durch das Meer der Schreibtische hindurchverhandelt und genügend Bürokraten kennt, um unter stetem Lächeln und oberflächlichem Geplänkel die erforderlichen Unterschriften zu erhalten. Selbstverständlich sollte diese Person auch im Auftrag Ihres Unternehmens höchstpersönlich die Weihnachtsgeschenke bei ihren an den Schreibtisch

Geschäftsknigge

• Geschäftsessen •

1. Geschäftsessen werden gewöhnlich persönlich am Telefon vereinbart und von der Sekretärin nur bestätigt.
2. Vergessen Sie nicht, Geschäftsmänner und -frauen mit ihren Titeln anzureden (z.B. Abgeordneter Cruz, Rechtsanwalt Jose). Der Vorschlag, jemanden informeller anzusprechen, sollte stets vom anderen ausgehen.
3. Der Einladende zahlt die Rechnung. Wenn Sie Gast sind und demnach nicht bezahlen müssen, so erwartet man, daß Sie nicht gerade das Allerteuerste bestellen, was die Speisekarte bietet, es sei denn, Ihr Gastgeber besteht darauf.
4. Es ist üblich, einen Drink zu nehmen, ehe man sich zu Tisch begibt.
5. Eine angenehme Atmosphäre bei einem Minimum förmlichen Auftretens gehört zum guten Ton. Geschäfte werden normalerweise erst besprochen, wenn eine gesellige Stimmung hergestellt ist, meist nachdem die Suppe serviert ist.
6. Die Kleidung richtet sich nach dem Anlaß. Es ist niemals falsch, ein barong tagalog zu tragen.

• Offizielle Parties •

1. Einladungen sollten bestätigt werden, doch wird dies nicht streng gehandhabt. Filipinos gehen mit „UAwg-Einladungen" („Um Antwort wird gebeten") recht ungezwungen um. Es ist daher ratsam, ein bis zwei Tage vor dem Termin telefonisch nachzufragen. Sind Sie der Gastgeber der Party, so sollte Ihre Sekretärin ein bis zwei Tage vorher die telefonische Verfolgungsjagd aufnehmen, um die Antworten Ihrer Gäste einzuholen.
2. Bei sehr formellen Anlässen gibt es eine Sitzordnung mit einem Kopftisch für die „VIPs".
3. Es ist üblich, daß prominente Gäste vorgestellt werden.

gebundenen Kontaktpersonen abliefern.

Bei vielen Anlässen bewegt sich nichts ohne lagay, schönfärberische Umschreibung einer kleinen Bestechung, die manche lieber „Überzeugungskommunikation" nennen. Während mancher behauptet, es sei nicht nötig, „unverlangte, aber erwartete" Zeichen der Anerkennung für geleistete Dienste abzuliefern, sagen andere, dies sei das einzig wirksame Gegenmittel gegen die Qual der Untätigkeit. Lagay wird offiziell und öffentlich als illegal und unmoralisch abgelehnt, so daß die „überzeugende Kommunikation" angewandt wird, ohne daß einer darüber schreibt oder spricht. Schreibtischschubladen von Sachbearbeitern und Bürokraten bleiben oft offen in der Erwartung, daß man wortlos etwas hineinlegt.

4. Meist stehen einige Reden auf der Tagesordnung. Oft ist ein Gastvortrag Höhepunkt. Zuweilen wird auch für kurzweilige Unterhaltung gesorgt. Seien Sie nicht überrascht, wenn man wichtige Gäste zum Singen auffordert und sie dies auch tatsächlich tun. Filipinos lieben das Singen, und wenn Sie eine gute Stimme haben, können Sie sogar Kapital daraus schlagen.

5. Kleidung ist halboffiziell, sofern nicht anders angekündigt.

• Büro–Knigge •

1. Wenn Sie Angestellte zurechtweisen, nehmen Sie sie beiseite und sprechen unter vier Augen mit ihnen. Gehen Sie so sanft wie möglich vor, und achten Sie darauf, zuguterletzt zum Beispiel nach der Familie zu fragen, um dem Betroffenen das Gefühl zu geben, er gehöre noch mit zum Team und die Kritik bedeute keinen persönlichen Angriff.

2. Filipinos lieben Kaffeepausen und brauchen ihr *merienda*.

3. Filipinos begrüßen sich gern gegenseitig (*bati*), also sollten auch Sie das tun.

4. Es ist Sitte, allen Angestellten zu Weihnachten Geschenke zu überreichen. Dies ist auch die Gelegenheit, all jenen Anerkennung zu zollen, mit denen Sie ständig Umgang haben: Briefträgern, Wachmännern, dem Portier, guten Kunden und Geschäftspartnern – und vergessen Sie über all dem nicht Ehefrau/Ehemann. Als Geschenke sind denkbar ein Korb mit Süßigkeiten, Kalender, auch Firmengeschenke.

Bestechung und Korruption sind seit undenklicher Zeit heißdiskutierte Themen. Politische Wahlen auf den Philippinen in der demokratischen Phase zwischen dem Ende des Zweiten Weltkrieges und der Marcos-Diktatur (1946-1972) standen oft im Zeichen dieses Themas. Gelegentlich deuten offizielle Erklärungen und Säuberungsaktionen darauf hin, daß die Korruption weiterhin munter blüht und gedeiht, während in der Öffentlichkeit Bestechung und Korruption als äußerst illegal und zutiefst unmoralisch hingestellt werden. Man nannte dies auch „zweizüngiges Christentum" und Doppelbödigkeit. Aber ein Blick in Politik und Wirtschaft der westlichen Welt zeigt, daß Verbrechen und Bestechung in allen Gesellschaften und Kulturen ihr Dasein behaupten. Und tatsächlich stammte bei vielen Skandalen das Schmiergeld von großen multinationalen

Konzernen, die also als die eigentlichen Korrupteure angesehen werden müßten, die in Kongreßausschüssen zwar genannt, jedoch nie zur Rechenschaft gezogen wurden.

Einige Bestechungstips

Gehen wir also brav davon aus, daß das Problem der Bestechung gar nicht existiert und offenbar nur in der Einbildung einiger Leute besteht, die wir befragten und die von den folgenden Wahnvorstellungen heimgesucht wurden:
Ein Verkehrspolizist hält Sie wegen eines unbedeutenden Verkehrsdeliktes an und fragt nach Ihrem „Rechtsanwalt". Als Antwort wird der Name jenes Helden erwartet, dessen Konterfei auf dem Peso-Schein abgebildet ist, den Sie zu opfern bereit sind, etwa Rizal (2 Pesos), Mabini (10 Pesos) oder Quezon (20 Pesos). Versehentlich einen 2-Peso-Schein im Führerschein liegen zu haben, den Sie dem Polizisten überreichen, ist zwar recht dreist, soll aber erfolgreich gewesen sein. Ausländer können gelegentlich davonkommen, wenn Sie den Eindruck erwecken, sie blieben hart, und dabei den Namen eines wichtigen Beamten fallen lassen, den sie angeblich persönlich kennen.
Bestechungen, Provisionen und Rabatte werden von Mittelsmännern „bearbeitet". Die Vermittler, gelegentlich „Einflußhändler" genannt, überbringen die Forderungen ihres mächtigen Freundes. Es gibt keine Möglichkeit, nachzuprüfen, wohin das Geld tatsächlich wandert. Wenn Sie also einen ganz großen Coup landen wollen, sollten Sie lieber den direkten Weg einschlagen. Ein Informant berichtete uns, er habe hören sagen, manche ließen von Vermittlern die Summe aushandeln und statteten dann dem Boß persönlich einen Höflichkeitsbesuch ab. Beim Abschied ließen sie einen großen Umschlag auf seinem Schreibtisch zurück, und wenn der Hohe Herr den Ahnungslosen spielte, sagten sie, es handele sich lediglich um eine kleine Aufmerksamkeit. Ein anderer Informant vertraute uns an, er ziehe es vor, mit einem Aktenkoffer, prall gefüllt mit jenem Papier, das garantiert nie im Papierkorb landet, im Büro des Bosses aufzutauchen und Koffer samt Inhalt dort zu vergessen. Sind Sie ein sehr beschäftigter Geschäftsmann, so benötigen Sie etliche Aktenkoffer – ohne verräterische Initialen.

Am besten diskret

Beim delikaten Thema der Mittelsmänner brachte ein weiterer Informant die Geliebte des Bosses, die er „Nummer Zwei" nannte, ins Spiel. Die hehre angetraute Ehefrau ist natürlich hoch über solch schändlichen geschäftlichen Niederungen erhaben; eine Geliebte jedoch, da ja ebensowenig vorhanden wie jedwede Korruption, stellt eine ideale Vermittlerin dar. Jeder weiß, daß „sie" „ihn" vertritt, und so kann die nicht-existente „Nummer Zwei" tatkräftig bei der nicht-existenten Bestechung mitmischen. Bei solch „doppelzüngigem Christentum", solcher Moral mit doppeltem Boden wird nie über die Dinge gesprochen, die unter der Oberfläche schlummern und dort ihr Unwesen treiben, geschweige denn ihr Vorhandensein zugestanden. Ausländische Geschäftsleute mögen Berichte über t o n g oder l a g a y oder „Rabatte" schockieren. Auf jeden Fall kann man nie vorsichtig genug sein und vermeidet am besten, persönlich oder direkt in diesen Sumpf zu geraten.

Was das Geschäftsgetriebe ölt

Bei normalen, legitimen Geschäftsbeziehungen mit Filipinos sollten Sie den grundlegenden Unterschied in der Motivation nicht aus den Augen verlieren. Der Anthropologe Lynch hat drei Motivationen ausgemacht, die das Verhalten der Filipinos bestimmen: soziale Anerkennung, ökonomische Sicherheit und soziale Mobilität. Materielle Überlegungen, Profit oder Lohnhöhe stehen hinter Familieninteressen und Zufriedenheit mit der Arbeit zurück. Aus diesem Grunde wuchern auf den Philippinen Amtstitel wie Pilze. Im Westen weisen solche offiziellen Titel in der Regel auf eine gewisse Verantwortung und Eigenständigkeit hin, während auf den Philippinen trotz einer größeren Verbreitung von Titeln und Berufsbezeichnungen Betriebe und Organisationen straff zentralisiert geführt werden und hohe Einkommensunterschiede bestehen. Dies liegt daran, daß es auf den Philippinen im Bereich des oberen ausgebildeten Managements keine pyramidenartig aufeinander aufbauende Struktur gibt, Titel anstelle materieller Kompensation verliehen werden und sich die meisten Firmen im Besitz einer einzigen Familie oder einer Handvoll miteinander verwandter Personen befinden.

Außerdem bestehen zahlreiche rechtlich festgelegte Regelungen, die ausdrücklich und genau vorschreiben, wie Bestrafungen für Übertretungen, Anhörungen und Aburteilung in jedem einzelnen Falle vorzunehmen sind. Nicht materielle Vergütungen oder andere Anreize, sondern Bestrafung scheint die wirksamere Kontrollmaßnahme zu sein. Dieses System leitet sich vermutlich aus der Notwendigkeit her, harmonische persönliche Beziehungen zu erhalten und mögliche Verletzungen von amor-propio durch explizite Regeln zu vermeiden. So hat man alle vorhersehbaren Situationen von vornherein entpersonalisiert und kann persönliche Disziplinierungen Auge in Auge umgehen, da sämtliche Strafmaßnahmen im voraus festgelegt wurden.

Beobachtungen genug, um Sie erkennen zu lassen: Philippinische Firmen werden anders geführt als westliche, und der Stil wird bestimmt von filipino Werten wie hiya, amor-propio, pakikisama, utang na loob und reibungslosen zwischenmenschlichen Beziehungen. Erinnern Sie sich stets daran, denn es gibt kein Entrinnen.

In Geschäftskreisen wird die traditionell emanzipierte Filipina sich als überaus fähig erweisen, aber auch darauf bedacht, ihre Weiblichkeit einzusetzen. Vergessen Sie dabei aber nicht, daß jede Art von Intimität zwischen den Geschlechtern, wie Berührungen, in der Öffentlichkeit verpönt sind. Freundlichkeit und kleine Flirts einer Filipina sind Teil ihres weiblichen Charmes und ihrer „harmonischen zwischenmenschlichen Beziehungen" (pakikisama). Verzichten Sie also auf jenen ohnehin wackeligen Zacken in Ihrer Krone und fühlen Sie sich nicht unwiderstehlich.

Regierung und Geschäft

Jede Menge Regierungsanordnungen und Gesetze – und deren Anwendung – greifen in das Geschäftsleben ein. Ein Sprichwort lautet: „Für meine Freunde alles, für meine Feinde – das Gesetz." Ihr Geschäft könnte dahinsiechen, während das eines anderen blüht, als Auswirkung eines Gesetzes, einer neuen Regierungsverordnung oder der

offensichtlich willkürlichen Anwendung vorhandener Gesetze und Verordnungen. Firmen pflegten schon immer darauf zu achten, daß Politiker ihre Interessen beachten, und manche Familienclans schickten Mitglieder in die Politik, um mit ihrer Hilfe ihre kommerzielle Basis ausdehnen zu können, eine Übertragung des Verwandtschaftssystems auf nationale Ebene. Umgekehrt haben verschiedene Politiker ökonomische Imperien aufgebaut.
Persönliche Beziehungen, Teilnahme bei gesellschaftlichen Anlässen, das Anknüpfen von Kontakten im Regierungs-, Medien- und Geschäftsbereich sind wichtig, nicht allein um Ihren Standpunkt bekanntzugeben, sondern auch um frühzeitig von Veränderungen in der schwankenden Regierungspolitik zu hören. Marcos' Herrschaft durch Militärdekret seit 1972 erhöhte die Unsicherheit bei Geschäftsvorhaben, da eine Anzahl sich häufig ändernder Statuten und Regelungen den Geschäftsbereich empfindlich trafen. Wenn Sie also geschäftlich auf den Philippinen zu tun haben, so sollten Sie auf jeden Fall Ihr Augenmerk nicht nur auf das Geschäft richten, sondern auch Augen und Ohren offenhalten für etwaige Regierungsanordnungen, wechselnde Ausrichtungen in der Politik und das Vorgehen der Konkurrenz.

Mein und Dein: Privater und öffentlicher Raum

Die ins Auge springenden Widersprüche zwischen privaten und öffentlichen Angelegenheiten werden auch Sie verwirren. So sind Filipinos stets äußerst sauber und gut gekleidet, ihre Häuser und Gärten wohlgepflegt und ansehnlich – während sich auf den Fußwegen neben dem Grundstück die Abfälle häufen. Die öffentliche Sauberkeit läßt sehr zu wünschen übrig, trotz der allgegenwärtigen, unaufhörlich kehrenden, rot und gelb gekleideten Straßenfeger, den „Metro Manila Aides".
Filipinos unterscheiden haargenau zwischen ihrem privaten und dem öffentlichen Raum. Sie sehen öffentlichen Raum nicht als ein gemeinschaftlich genutztes Eigentum an, das von allen respektiert und gepflegt werden muß – dafür hat der Staat zu sorgen. Und ihr Verhältnis zum Staat haben die Filipinos anscheinend noch nicht geklärt (Steuervergehen, Verkehrsverhalten, private Umweltverschmutzung usw.) Ohne die physische Präsenz eines Verkehrspolizisten werden Ampeln und Schilder nicht ernsthaft beachtet. Eine Autoritätsperson wird respektiert, ein abstraktes, unpersönliches Schild hingegen mit allergrößter Wahrscheinlichkeit ignoriert.
Die Filipinos schleudern ihre Abfälle auf die Straße, damit der Müllwagen sie von dort beseitigt. Gelegentlich wirft eine Haushilfe auch Abfall auf den Haufen des Nachbarn, was natürlich Streit verursacht. Oft sammelt die Müllabfuhr den Abfall an dafür bestimmten Stellen ein, wo sich dann riesige häßliche und unhygienische Berge von Unrat türmen. Handliche und pflegeleichte Mülltonnen – die Sie vermutlich spontan empfehlen würden – würden jedoch dieses Problem keineswegs lösen, da sie im Nu verschwunden wären. Alles wird stibitzt, selbst die schwersten eisernen Kanaldeckel, von Hunderten von Metern Draht von städtischen Elektromasten ganz zu schweigen.
Während Diebstahl als unmoralisch und kriminell gilt, ist das „Ausleihen" und „Mit-

nehmen" von Dingen weit verbreitet. Auch auf Postzustellungen sollten Sie sich daher nicht allzusehr verlassen. Die traditionellen Verwandtschaftsstrukturen fördern die Selbstbedienung und saloppe Einstellung zum Eigentum anderer Familienmitglieder. Wer ungern teilt, gilt als Geizkragen. Wenn Sie Wert darauf legen, daß ein Gegenstand in Ihrem Haus unangetastet bleibt, sollten Sie ihn sicher in einem Schrank verschließen. Andernfalls findet sich mit Gewißheit jemand, der sich daran bedient. Dies ist auch der Grund, weshalb Sie auf lange Finger bei Haushilfen achten sollten, denn Teilen ist Brauch. Und so ist es unter filipino Arbeitern verbreitet, Zigaretten einzeln zu kaufen, was sie der Verpflichtung enthebt, eine Packung unter den Umstehenden die Runde machen zu lassen.

Auch das heillose Verkehrswirrwarr läßt sich zum Teil aus der besonderen, sehr unklaren Einstellung der Filipinos zum öffentlichen Raum erklären. Das Autofahren im Hexenkessel Manila erfordert Ihre allerhöchste Konzentration. Gefährte aller Art rasen aus den unerwartetsten Richtungen auf Sie zu. Das Kreuzen hoffnungslos verstopfter Straßen meistern Sie, indem Sie den allgemein anerkannten Fahrstil des Täuschens und plötzlichen Vorstoßens anwenden. Ihr Fahrer will Ihre Nerven nicht auf die Probe stellen, sondern es ist ein Zeichen seiner Entschlußkraft, wenn er sich skrupellos an Verkehrsschlangen vorbeimogelt, seelenruhig in der zweiten Reihe parkt, während Sie einkaufen, über sämtliche Bürgersteige fährt und Sie zielsicher an jeder gewünschten Stelle abliefert, gleich mit welchen Mitteln, fair play oder foul. Aggressivität und der Wille zu überleben, auch auf Kosten der anderen, prägen das Verhalten im Verkehr. Nun, nachdem Sie soeben ein wenig über die harmonischen zwischenmenschlichen Beziehungen der Filipinos gelernt haben, werden Sie sich fragen, wo all die Höflichkeit geblieben ist.

In Fragen des öffentlichen Raumes, des öffentlichen Eigentums und auch des Firmeneigentums haben die ethischen Standards und auch die Unklarheit über den Umgang mit solchen Situationen Stehlen, Egoismus und Chaos herbeigeführt. Filipinos versuchen ganz einfach, sich durch diese Situationen irgendwie hindurchzuschlängeln, so wie sie es auch im Straßenverkehr tun – und Sie werden damit leben müssen.

6
Geschichte · Kultur Charakter

Es heißt, die Filipinos seien malaiisch in Bezug auf die Familie, spanisch in der Liebe, chinesisch im Geschäft und amerikanisch in ihrem Ehrgeiz.
Bei der Entwicklung und Herausbildung der filipina Kultur spielte die Geschichte eine große Rolle, da fremde Mächte sich in kritischen Situationen einmischten und den filipino Charakter zum Besseren oder Schlechteren beeinflußten. Ein Blick zurück auf die Entstehungsgeschichte ihrer Kultur hilft verstehen, weshalb Filipinos heute gerade so denken und handeln, wie sie es tun.

Die Steinzeit: Jäger und Sammler

Der älteste Menschenfund ist eine 22.000 Jahre alte Schädeldecke, die von Dr. Robert Fox in den Tabon Höhlen in Quezon (Palawan) entdeckt wurde. Der Fund warf einige neue Fragen auf, denn frühere Theorien hielten eine negroide Pygmäenart (Aeta) für die Ureinwohner des Archipels. Da es keine archäologischen Beweise für die Aeta in der Stein- oder Metallzeit gibt, bleibt ihre Existenz ein Geheimnis.

Frühere Nachweise von Menschen auf den Philippinen sind Steinwerkzeuge in Verbindung mit Fossilien von heute ausgestorbenen Tieren, wie Riesenschildkröten und Stegodonen (Rüsseltieren), die in Cagayan gefunden wurden. Diese frühen Völker waren nomadische Jäger.
Weiterhin wurde erst 1971 die Aufmerksamkeit der Weltöffentlichkeit auf eine Gruppe von 27 Menschen gelenkt, die sich selbst Tasaday nannten und offensichtlich als steinzeitlicher Sammlerstamm in den Regenwäldern von Süd-Catabato auf der Insel Mindanao vollkommen isoliert vom Rest des Archipels lebten. Die Steinzeitvölker waren vermutlich sowohl Jäger als auch Sammler.
Die Technologie des Neolithikum (ca. 6.000 bis 500 v.u.Z.) beeinflußte die kulturelle Entwicklung auf verschiedene Weise, da die neuen, geschliffenen Werkzeuge eine wirksame Rodung von Wäldern ermöglichten, die zur Ausbildung von Landwirtschaft, zur Einführung von Haustieren, Bootsbau und Töpferei führte. Damit einher ging auch ein ausgeprägteres sozio-politisches System.

Das Metallzeitalter: Bambusmenschen

Die Metallzeit (ca. 700 bis 200 v.u.Z.) vergrößerte den kulturellen Horizont zunehmend. Das allgegenwärtige, vielfältig einsetzbare bolo (ein langes Messer, das auch zum Pflanzen verwandt wird) wurde entwickelt, mit dem Bambus nutzbringend be- und verarbeitet werden konnte. Man hat die Filipinos als Bambusmenschen beschrieben: sie leben in Bambushäusern mit Wänden, Pfeilern und Fußböden aus Bambus; sie singen und tanzen zu Bambusinstrumenten, und zwei berühmte Tänze, sinkil und tinikling, sind „Bambustänze". Die Bambusorgel von Las Pinas ist ein Nationalschatz. Filipinos kochen mit Bambus und essen Bambus: Kochtöpfe, Trinkgefäße und Messer sind aus Bambus, Bambussprossen eine beliebte Speise. Sie jagen und fischen mit Speeren, Stangen und Fallen aus Bambus.

Ein filipino Menschheitsmythos

Es überrascht daher nicht, daß nach der klassischen filipina Schöpfungsgeschichte der Mensch aus einem Bambus entstanden ist. Der Mythos erzählt von einem Vogel, der unablässig zwischen Meer und Himmel hin- und herfliegen mußte, da es keinen Platz gab, an dem er sich niederlassen und ausruhen konnte. Da wandte der Vogel eine List an und entzündete einen Streit zwischen Meer und Himmel, indem er beide gegeneinander ausspielte und davor warnte, daß der andere auf Gewaltanwendung aus wäre. Er erzählte dem Himmel, das Meer besäße die Fähigkeit, aufzusteigen und den Himmel zu ertränken, worauf dieser erwiderte, er würde einem solchen Angriff begegnen, indem er Felsen und Inseln hinabstürzen würde, um das Meer unten zu halten. Dies überbrachte der Vogel dem Meer, das daraufhin mit hohen Wellen nach dem Himmel langte. Der Himmel rächte sich mit Felsen, bis das Meer, durch Inseln zurückgehalten,

Tinikling ist ein im reisanbauenden Tiefland verbreiteter Bambustanz. Heute sieht man in ihm ein Symbol für das Wesen der Filipinos, die zwischen zwei widersprüchlichen Kulturen, der westlichen und der asiatischen, hin und her springen. Das ursprüngliche Vorbild war jedoch ein Vogel mit dem Namen tikling.

keine Bedrohung mehr darstellte. Glücklich ließ sich der Vogel auf einem vorstehenden Felsen nieder.
Während der Vogel so auf dem Felsen ruhte, wurde ein Bambusstock vor den Fuß des Vogels gespült. Der Vogel hüpfte ein Stück weiter, doch wieder schlug der Bambus vor seine Krallen. Dies ging so weiter, bis der Vogel in seiner Wut auf den Bambus einhackte und ihn spaltete. Aus dem Bambusknoten entstieg der erste Mann und aus einem zweiten Knoten eine Frau.
Mit der Erlaubnis der Götter gebar die Frau viele Kinder. Aber diese waren alle Herumtreiber, die nie ihren Eltern halfen, bis der Vater verärgert zu einem dicken Stock griff und drohte, sie allesamt zu züchtigen. In Panik stieben die Kinder auseinander, einige rannten aus dem Haus, andere flohen ins Schlafzimmer, einige kauerten im Wohnzimmer, wieder andere versteckten sich in der Küche und einige zwischen den verrußten Kochtöpfen.
Diejenigen, die sich ins Schlafzimmer geflüchtet hatten, sollen die Vorfahren der Häuptlinge und datos sein, die sich im Wohnzimmer verborgen hatten, wurden freie Bürger, die Nachfolger derjenigen in der Küche wurden Sklaven und aus denjenigen, die von den Kochtöpfen geschwärzt worden waren, entstanden die Aetas. Und von all den Kindern, die aus dem Haus geflohen waren, um nie wieder zurückzukehren, stammen die Völker in den anderen Teilen der Welt ab.

Diese Geschichte ist, mit einigen Variationen, weitverbreitet und wurde vor einigen Jahren auch als Thema eines modernen Tanzes verarbeitet. So hat sich die Erinnerung an den mythischen ersten Mann und die erste Frau (in einigen Versionen heißt der Mann malakas oder mächtig, die Frau maganda oder schön) bis heute bewahrt.
Spuren des Lebensstils der Eisenzeit sind bei verschiedenen kulturellen Minderheitsgruppen immer noch sichtbar, wie bei den T'boli auf Mindanao und den Ifugao in der Bergprovinz. Beide Gruppen gießen bis heute noch in kleinem Umfang Eisenwaren.
Im Metallzeitalter hat auch die Töpferei einen Höhepunkt ihrer Entwicklung erreicht. In verschiedenen nationalen Ausstellungen und privaten Sammlungen kann man Zeugnisse der Fähigkeiten jener Töpfer bewundern. Auch die Webkunst blühte. Kulturelle Minderheiten pflegen bis heute Web- und Färbetechniken und die Textilkunst. Es herrschte schon damals reger Handel zwischen Stammes- und regionalen Gruppen. Archäologische Funde belegen, daß Töpferwaren und Muster über den ganzen Archipel verbreitet waren.

Die Zeit des Handels und der Entdeckungen (1000 – 1600 n.Z.)

Ausländische Händler fanden den Weg in die Inselwelt der Philippinen vor allem zwischen dem 10. und 16. Jahrhundert. Die Chinesen brachten in ihren Dschunken Porzellan und Seide im Austausch gegen Geweihe, Trepang und Bienenwachs. Der Handel mit den Chinesen war so umfangreich, daß Porzellan in jeder Ecke und jedem Winkel des Inselreiches gefunden wurde, selbst in unzugänglichen Höhlen in Palawan, unter den Kalinga und anderen Stammesgruppen in der Bergprovinz, in Kokosnußhainen in Laguna, in alten Grabstätten auf zahllosen Inseln und sogar unter der Hauptstraße, einer Kirche und einem Basketballfeld in Santa Ana in Manila. Die Hunderttausende von Porzellanscherben, von denen einige sogar aus der Tangdynastie (10. Jahrhundert), die meisten jedoch aus der Song- und Ming-Zeit (12. bis 16. Jahrhundert) stammen, zeugen von ausgedehnten Kontakten über Hunderte von Jahren.

Das chinesische Vermächtnis

Die Chinesen steuerten viel zur filipina Kultur bei: natürlich Kochtechniken wie das Kurzbraten, mancherlei Reiskuchen und Nudeln. Die Namen verschiedener Kochgeräte, wie etwa des Woks (kawa) wurzeln im Chinesischen.
Der kleine Lebensmittelladen an der Straßenecke und der Gartenanbau von Gemüse sind chinesischen Ursprungs. Die filipina Familienstruktur wurde verschärft durch den straffen, autoritären chinesischen Stil, und bis heute bezeichnen bezeichnen traditionsbewußte filipina Familien ihre Kinder streng nach der Altersreihenfolge mit chinesischen Begriffen. Der älteste Sohn wird von den anderen Geschwistern kuya angesprochen, eine ältere Schwester ate. Ihre Autorität, aber auch Verantwortung gegenüber den jüngeren Geschwistern ist klar festgelegt.

Als die Spanier kamen, um Manila zu kolonisieren, trafen sie dort auf eine chinesische Siedlung, und während der spanischen Periode machten die Kolonisatoren, obwohl ihre Vorstellungen von den Chinesen geradezu von Schreckensbildern geprägt waren, sich deren Fähigkeiten zunutze. Die Chinesen waren meisterliche Handwerker, die beim Bau von Kirchen und großen Häusern halfen und auch Möbel herstellten. Die älteste Kirche des Landes, San Augustin in Manila aus dem 16. Jahrhundert, zeigt noch einen Altarraum und auch Gestühl, welche Chinesen in Kanton geschnitzt hatten; chinesische Steinlöwen halten an der Friedhofsmauer Wache. Auch auf Bildern der spanischen Periode, santos genannt, erkennt man chinesische Einflüsse, etwa in den Wolkenformationen bei Gemälden und Schnitzereien oder in den mandelförmigen Augen der Holzstatuen und Elfenbeingesichter von Heiligen.

Umgekehrt beeinflußte aber auch der filipino Lebensstil die Chinesen auf den Philippinen. Die chinesische Familie ist patrilinear, die filipina Familie bilateral ausgerichtet. Bei Ehen mit Filipinos mußten die Chinesen neben der männlichen auch die matrilineare Linie in der Familienstruktur anerkennen. Der männliche chinesische Auswanderer, der nur eine kleine Familie in das neue Land mitbrachte, hatte die Dominanz der Familie seiner filipina Frau unbedingt zu achten.

Chinesen, die auf den Philippinen Reichtum erworben hatten, heirateten oft in die herrschende Klasse ein und ließen so eine filipina-chinesische Mestizenklasse entstehen, die sich zu einem aktiven Mitglied der gesellschaftlichen Elite entwickelte. In den Adern verschiedener berühmter Filipinos, wie des Nationalhelden José Rizal, des Revolutionsführers Emilio Aguinaldo und des Staatsmannes Sergio Osmena, einst Präsident des Commonwealth, floß chinesisches Blut.

Andererseits waren die Jahrhunderte der spanischen Herrschaft von sporadischen, doch systematischen Massakern an den Chinesen gezeichnet. Die westliche Kolonialherrschaft hat antichinesische Gefühle unter den Filipinos geschürt. Chinesische Auswanderer auf den Philippinen sind meist verarmt und bereit, alle Nöte zu ertragen, um ein einigermaßen annehmbares Leben führen zu können. Filipinos empfinden sie als aggressive ökonomische Bedrohung, da sie alles pragmatisch dem Wohl des Geschäfts unterordnen; andere sehen ihre Unkenntnis der philippinischen Sprachen und ihren bescheidenen Lebensstil als Zeichen ihrer Unterlegenheit an. Spöttische und abfällige Begriffe in bezug auf Chinesen sind häufig von Filipinos zu hören, und in Märchen, Spielen und Liedern werden die Chinesen als unheilbringende oder komische Figuren dargestellt.

Die Ankunft des Islam

Zur selben Zeit wie die Chinesen kamen auch die Araber, um Handel zu treiben. Schon vor der Islamisierung der arabischen Länder besuchten die Araber häufig chinesische Häfen. Der Islam förderte schließlich den Reichtum der Araber, das Bevölkerungswachstum und ihre Kultur und vermittelte ihnen das Selbstbewußtsein eines Weltreiches. In Südostasien führte die Gründung des Stadtstaates Malakka, gefolgt vom Übertritt seines Führers zum Islam im Jahre 1414, zur Ausweitung des Einflusses

Eine Moschee in einem Dorf im Süden der Philippinen zeigt den islamischen Einfluß. Der Islam erreichte das Land kurz vor der Ankunft der spanischen Koloniscatoren.

des Islam unter den malaiischen Völkern, der so die südphilippinische Küste im 15. Jahrhundert erreichte.

Der Islam übt bis heute einen beherrschenden Einfluß im Süden der Philippinen aus. Er vereinte die Verwandtschaftsgruppen dieser Gegend, die vierhundert Jahre lang erfolgreich der Kolonisierung durch die Spanier widerstanden und auch der amerikanischen Kolonisierung starke Gegenwehr leisteten. Obwohl die Moslems auf den Philippinen nur eine Minderheit von fünf Prozent der Bevölkerung ausmachen, prägten sie doch entscheidend den kulturellen Charakter des Landes. Die christliche Mehrheit der Filipinos bringt heute der tatkräftigen Abwehr des Kolonialismus durch die Moslems Stolz und Anerkennung entgegen.

Doch während der gesamten spanischen Periode unternahmen die Moslems Raubzüge in die christianisierten Küstengegenden, terrorisierten die Bewohner, plünderten und brandschatzten und versorgten die holländischen Sklavenmärkte mit Menschen. Das muslimische Wort für Sklave lautet b i s a y a und bezieht sich eigentlich auf eine große regionale Gruppe. Die christlichen Filipinos erflehten Hilfe von christlichen Heiligen,

mit Vorliebe von Santiago Apostol, der bei den Spanieren als Santiago Matamoros, der „Vernichter der Mohren", bekannt ist. Große, stumme Wachtürme zeugen noch heute an verschiedenen Küsten von jenen unruhigen Tagen, als die Bedrohung durch Überfälle der Moslems allgegenwärtig war und der Alarmruf „Hay Moros en la costa" („Die Mohren kommen") in die Umgangssprache der Filipinos einging.
Die Spanier verstärkten noch die Feindseligkeit gegenüber den Moslems, indem sie ihre eigene Phobie gegen den Islam durch Theaterstücke (moro-moro) verbreiteten, die den Kampf zwischen den Christen und den Mauren schilderten, und diese Teil der Fiestas werden ließen. Die Spanier nannten die Moslems auf den Philippinen „Moros" und identifizierten sie so mit den Mauren, die Spanien erobert und bis zur Reconquista beherrscht hatten.
Das Schisma zwischen den christlichen und muslimischen Filipinos schwelt noch heute. Die neuzeitliche Islamische Befreiungsbewegung (MNLF) und die militärischen Reaktionen der letzten Regierung haben diesen historisch gewachsenen Gegensatz fortgesetzt.
Im Zeitalter des Handels und der Entdeckungen trafen sich die verschiedensten Kulturen und Ideen. Neben den von außen einwirkenden Einflüssen wurden die Philippinen selbst zum Kanal, durch den Einflüsse in den Pazifik weitergeleitet wurden. Der Handel verstärkte auch den heimischen Austausch zwischen den verschiedenen Bewohnern der Inseln. Die reichen Porzellanfunde belegen, wie sehr Handel und kultureller Austausch unter den Inseln blühten. Funde von Goldschmuck aus jener Zeit, die vor kurzem bei Ausgrabungen entdeckt wurden, zeugen von einer hochentwickelten, in vielen Teilen der Welt unerreichten Handwerkskunst.
Auch die malaiische Kultur blühte zu jener Zeit. Im Zuge des Kolonialismus gerieten dann im späten 16. Jahrhundert Indonesien unter holländischen, Malaysia unter britischen und die Philippinen unter spanischen - später amerikanischen - Einfluß, wodurch die malaiischen Völker in drei verschiedene Richtungen auseinandergerissen wurden.

Die spanische Periode (1565 - 1898)

Im Jahre 1521 landete Magellans Flotte, auf halbem Wege bei der ersten Weltumsegelung, auf den Philippinen. Sie waren die vorerst letzten „freien" Händler. Nach ihnen galten andere westliche Reisende - Portugiesen, Holländer, Briten - als Invasoren, denen Magellan mit seiner Ankunft in Limasawa und seiner „Entdeckung" des Archipels zuvorgekommen war, eines Archipels, das schon seit Hunderttausenden von Jahren von Menschen bewohnt war, die in den gerade vergangenen Jahrhunderten ausgiebigen Handel mit Arabern, Chinesen, Siamesen und den benachbarten malaiischen Völkern betrieben hatten. Für nahezu vierhundert Jahre gerieten die Philippinen unter die Vorherrschaft Spaniens, bis dieses 1898 das Gebiet für eine Abfindung von zwanzig Millionen Dollar in einem Vertrag, bei dem die Filipinos kein Mitspracherecht hatten, an die Vereinigten Staaten von Amerika abtraten.
Bei der Landung Magellans auf den Philippinen lagen gerade zwei Führer miteinander

in Familienfehde, eine für das Land bezeichnende Situation. Um sich mit dem einen Führer, Rajah Humabon, zu verbünden und die militärische Unbesiegbarkeit Spaniens zu beweisen, erbot sich Magellan, die gegnerische Gruppe unter Lapu Lapu zu vernichten. Dies war ein folgenschwerer Fehler. Magellans Leute berechneten die Gezeiten falsch, das Ufer befand sich außerhalb der Reichweite der spanischen Kanonen, und als die Soldaten in ihren schweren Rüstungen im knietiefen Wasser wateten, bewegten sie sich wie lahme Enten im Vergleich zu den flinken, mit Speeren und Schwertern bewaffneten Verteidigern. Magellan verlor das Leben – und die Überlebenden ihr Gesicht. Ihr Gastgeber schlachtete, nachdem ihm die Verwundbarkeit der Spanier derart deutlich vor Augen geführt worden war, so viele von ihnen ab, wie er an den Strand locken konnte. Die restlichen Überlebenden versenkten daraufhin eines ihrer Schiffe und ergriffen auf den beiden verbliebenen die Flucht.

Vermutlich haben Lapu Lapu und Rajah Humabon nach diesem Zwischenfall ihre Fehde fortgesetzt. Solche Auseinandersetzungen zwischen Verwandtschaftsgruppen sind auch heute noch kennzeichnend. Ist eine Person unzufrieden mit der Gruppe, der sie angehört, so verläßt sie diese kurzerhand, um ihre eigene Gruppe zu bilden. Alle Arten von Clubs, ob geschäftliche oder rein gesellschaftliche, wuchern üppig, da Gruppen stets dazu neigen, sich aufzusplittern. Selbst bei filipina Gemeinschaften im Ausland finden sich meist mindestens zwei rivalisierende Lager. Man hat die Unfähigkeit der Filipinos, sich zum Zweck eines gemeinsamen Zieles zu verbünden, als banda uno - banda dos bezeichnet, in Anlehnung an die Tatsache, daß jede Stadt zwei Musikkapellen besitzt, anstatt die besten Talente in einer Kapelle zu vereinen.

Die spanischen und später amerikanischen Kolonisatoren haben sich, indem sie eine lokale Gruppe gegen die andere ausspielten, dieses tief verwurzelte Spaltungsbestreben zunutze gemacht, um die Philippinen zu beherrschen. Das politische System, das sich nach dem Zweiten Weltkrieg in der Republik herausbildete, hatte weniger mit ideologischen Überzeugungen, dafür aber viel mit von Verwandtschaftszusammenhängen bestimmten Konflikten und Wahlen zu tun. In zahlreichen Städten und Provinzen herrschen zwischen den führenden Familien Rivalitäten, die schon seit mehreren Generationen bestehen.

Santo Nino: Ein christliches Symbol

Während Magellans Aufenthalt in Cebu schloß Humabons Frau (von Magellans Chronisten Pigafetta als „Königin" bezeichnet) eine kleine Statue des Jesuskindes in ihr Herz, die man ihr schließlich zum Geschenk machte. Als 44 Jahre später, im Jahre 1565, Spanien eine Flotte unter Legaspi aussandte, um die Philippinen zu kolonisieren, fand ein spanischer Soldat bei der Suche nach Beutegut in Cebu eine Statue des Jesuskindes, „so wie man sie in Flandern herstellt", in einer Kiste voller Blumen. Es schien jene Figur zu sein, die Magellan zurückgelassen hatte. Wie dem auch sei, Legaspis Begleitung erkannte sie als christliche Ikone an und setzte sie für missionarische Zwecke ein. Die Statue befindet sich noch heute in Cebu, und die Verehrung des Santo Nino lebt weiter (ihr ist zum Beispiel das Ati-Atihan von Kalibo gewidmet). Die Verehrung des Jesuskindes hat sich geradezu zu einem Kult entwickelt, was verwundern mag, da die Ehrerbietung nicht Christus, dem gekreuzigten Sohn Gottes, gilt, sondern Christus als Kind. Zur Fiestazeit „droht" man der Santo-Nino-Statue, sie unter Wasser zu tauchen, falls sie nicht den erhofften Regen bringt. Und einmal im Jahr werden in vielen Städten des Landes die Statuen des Jesuskindes gewaschen und neu eingekleidet.

Die Statue der Hl. Jungfrau

Nach einigem Widerstand zerstörte und eroberte Legaspi Manila, und hier fand ein an Land watender Seemann durch Zufall zwischen Pandanwurzeln eine weitere Figur, die Statue einer Frau. Im spanischen Konquistadorenstil sprach man sie heilig und stellte sie als Nuestra Senora de Guia in einem Schrein in Manilas Ermitakirche aus. Nun, manche sind sich sicher, daß die Holzfigur eigentlich die chinesische Göttin des Mitleids Guan Yin darstellt, einige sehen in ihr ein einheimisches Idol, und andere behaupten, sie sei eine christliche Heiligenfigur portugiesischen Ursprungs, worauf schon der portugiesische Name Nuestra Senora de Guia und auch eine ähnliche Figur in Macao hinwiesen.
Die Statue ist aus zwei heimischen Harthölzern geschnitzt, wobei das Gesicht und die geschnitzten Haare (das falsche Haar wurde erst später hinzugefügt) sehr orientalische Züge tragen. Sie beweist, daß das Christentum der Ankunft der Spanier vorausgeeilt war. Dies belegt auch der Bericht Legaspis über die Begegnung mit einem Japaner, der, was ihn als Christ auswies, eine Theatiner-Mütze trug und auf Nachfrage bestätigte, er sei christlichen Glaubens und hieße Pablo.
Diese beiden religiösen Figuren, unmittelbar verbunden mit der Ankunft der ersten Spanier, zeigen, daß sich die Christianisierung anfänglich nicht vollständig vom vorchristlichen Glauben abgesetzt hat. Andere Symbole, die in das Land eingeführt wurden, brachten die verschiedensten Kulte hervor, deren ausgeprägtester der Marienkult war. Die Jungfrau von Antipolo und Nuestra Senora del Rosario (La Naval) zogen während der spanischen Herrschaft eine stattliche Anhängerschar an. Mit der Zeit bildete sich ein Volkskatholizismus heraus, den der Historiker Phelam als von „einer Atmosphäre des Geheimnisvollen und Übernatürlichen" durchdrungen beschrieb.

Das spanische Vermächtnis

Der wesentliche „Beitrag" Spaniens zur Kultur der Philippinen bestand in der Einführung des Christentums. Es wurde Instrument vieler bedeutender Veränderungen. Um die Filipinos zu christianisieren, mußten die spanischen Missionare sie in größeren Gemeinschaftszentren zusammenführen. Energisch verfolgten sie das Programm, mögliche Konvertiten zu den Kirchenglocken zu rufen (bajo las campanas), was zur Bildung von Städten führte, mit der Kirche als Zentrum und der Bevölkerung in Hörweite der Glocken. Je größer die Kirchenglocken, desto größer war auch die Gemeinschaft (oder umgekehrt). Und heute noch sieht die typische Kleinstadt so aus, wie

Die Fiesta von La Naval ist eine der größten und populärsten im traditionellen Manila. Die Statue der Nuestra Senora del Rosario wird auf einer großen carroza durch ein zentrales Stadtviertel getragen. Das Fest begeht einen großen spanischen Sieg in einer Seeschlacht während der spanischen Periode.

sie zur Zeit der spanischen Christianisierung entworfen und angelegt wurde: im Zentrum liegt die Plaza mit der Kirche an ihrem einen und dem Municipio oder Regierungsgebäude anderen Ende und den Häusern der „führenden Bürger" zu beiden Seiten. Die Anlage eines zentralen Platzes, ja die Schaffung von Städten überhaupt, ist eindeutig ein Vermächtnis der Spanier.

Einführung der Schönen Künste

Die Christianisierung brachte natürlich auch den Bau von Kirchen mit sich, eine zuvor auf den Philippinen unbekannte Form der Architektur. Diese schweren, massiven Steinkonstruktionen veranschaulichen auf beeindruckende Weise ein Kunstverständnis, das von Dauerhaftigkeit und der Zurschaustellung von Größe ausging – und damit völlig verschieden war von den vorspanischen filipina Kunstformen, die Rituale und die damit verbundene Kunst als vergänglich ansahen. Die Errichtung von Kirchen nebst den dazugehörigen Behausungen der Priester (conventos) entwickelte nicht nur eine städtische Architektur, sondern führte auch neue Technologien und Baumaterialien ein. Die christlichen Zeremonien verlangten die entsprechende Innenausstattung, religiöse Statuen, Gemälde und liturgische Musik. Aus diesen religiösen Notwendigkei-

ten entstanden die philippinischen Schönen Künste, die Architektur, Malerei, Bildhauerei, eine westliche Form der Musik und das Theater.
Zahllose Kirchen in allen Landesteilen, besonders in Laguna und Ilocos, offenbaren die Entwicklung der Kirchenarchitektur auf den Philippinen. Auch bei religiösen Statuen und Gemälden entwickelte sich ein eigener nationaler Stil. Heute werden diese Kunstgegenstände begierig gesammelt und in Museen ausgestellt. Die Malerei gewann schnell an Beliebtheit, so daß nicht-religiöse Portraits und Landschaftsbilder bald reiche Häuser schmückten. 1844 hatten zwei in Europa lebende filipino Maler dort die Gipfel der Anerkennung erklommen, und Juan Luna erhielt den begehrten Prix de Rome, den damals höchsten eigenständigen Kunstpreis.
Die funktionale Aufteilung der Wohnräume spanischer Kolonialvillen geht zurück auf das bescheidene filipino Haus, die Nipahütte. Die klassische Nipahütte, in der viele Menschen auch heute noch leben, ist auf Stelzen errichtet. Eine Leiter in der Mitte bildet den Eingang. Von dort erreicht man den Hauptraum, der als Empfangs- wie auch Wohnzimmer dient. Im hinteren Teil befinden sich die Schlafzimmer sowie ein sich an die Küche anschließender freier Platz, genannt batalan, für Wasservorräte und schmutzige Arbeiten. Das spanische Kolonialhaus ist ebenso angeordnet, allerdings in weit großzügigerem Maßstab und unter Verwendung dauerhafterer Materialien, wie Ziegeln und Kacheln. Es verfügt über einen breiten, ebenfalls in der Mitte gelegenen Eingang, eine eindrucksvolle Treppe, ein geräumiges Wohnzimmer (sala) und die Vorratsecke für Wasser neben der Küche, die hier azota heißt. Beide Häuser sind einstöckig, jedoch vom Erdboden abgehoben, wobei der Raum unter dem Haus als Lagerplatz dient. Ihre hohen Decken und Öffnungen in den Wänden erlauben eine gute Luftzirkulation. Beide Haustypen paßten sich den natürlichen Gegebenheiten ihrer Umgebung an. Spitze Dächer leiteten die heftigen Regenfälle ab, und Fenster, beim Kolonialhaus aus Perlmutt, bei der Nipahütte aus Bambusgitterwerk, hielten das gleißende Sonnenlicht ab und sorgten zugleich für die Durchlüftung.
Die westliche Kunst der Renaissance veränderte die filipina Ästhetik. Früher war Kunst Produkt einer anonym bleibenden Person, von jemandem im Dorf, der eine geschickte Hand beim Töpfern, Korbflechten, Weben oder Schnitzen zeigte. Mit der westlichen Kunstvorstellung gewann die Individualität des Künstlers an Bedeutung, und er zeichnete schließlich seine Werke mit seinem Namen. Während die meiste vorspanische Kunst als vergänglich angesehen wurde – Holzschnitzereien, Blumen- und Blätteropfer, die den Elementen ausgesetzt waren und schnell von der Natur zurückgeholt wurden –, führten die Spanier Steine für Kirchenbauten und Bildhauerei ein, eine geschriebene Literatur sowie Ölgemälde, Materialien, die das Kunstwerk möglichst lange erhalten sollten. Auch die Größenordnung hat sich durch den spanischen Einfluß verändert. Die meisten Werke vorspanischer Zeit waren von bescheidenem Ausmaß, ganz im Gegensatz zu den turmbewehrten Steinkirchen, den überlebensgroßen Statuen oder den riesigen Wandgemälden.
Literatur hatte man früher von Mund zu Mund weitergegeben; nun entstand, unter Verwendung des lateinischen Alphabets, eine schriftlich festgehaltene Literatur. Zunächst auf religiösen Quellen fußend, entwickelte sich eine umgangssprachliche filipina Literatur in Form von Passionsspielen (pasyon), religiösem Theater (sinakulo),

Bei der Kirche von Miagao Iloilo wird der starke spanische Einfluß, vor allem des Katholizismus, auf den meisten philippinischen Inseln deutlich sichtbar. Die Fassade und der architektonische Stil gerade dieser Kirche belegen aber zugleich die lokale Anverwandlung und die Entstehung eines „philippinischen Stils" in der Kirchenarchitektur.

christlich-maurischem Drama (moro-moro) und schließlich gereimten Romanzen (awit, corrido). Und im Jahre 1891 schließlich hatte José Rizal seine beiden politischen Romane veröffentlicht, die das spanische Kolonialregime auf den Philippinen erschütterten.

Die christlichen Filipinos haben auf vielerlei Art und Weise die spanische Kultur aufgenommen, wobei sie auswählten, was ihrem Lebensstil entsprach, und zurückwiesen, was ihnen nicht zusagte. Musik, Kleidung, Tanz, Speisen, Zeremonien, Bürokratie, politische Ideen – nichts wurde in reiner Form übernommen. Die Verarbeitung war wichtig. Selbst spanische Ausdrücke, die in philippinische Sprachen Eingang fanden, erhielten andere Bedeutungen. Das spanische Wort für Sicherheit (seguro) bedeutet in Tagalog und Pilipino Unsicherheit, während das Wort für Sicherheit segurado lautet. Und das spanische Wort für Philosoph (pilosofo) bezeichnet nun einen Sophisten – also keineswegs einen weisen Menschen, sondern einen Wortverdreher.

Wurzeln der Hispanisierung

Die Filipinos übernahmen das spanische compadrazco-System, wobei sie sich seiner bedienten, um ihre Verwandtschaftsgruppen auszudehnen und ihnen mächtige Mitglieder hinzuzufügen. Sie nahmen auch den Katholizismus auf, allerdings mit einer Betonung der Zeremonie, der Fiesta und der wundersamen Kräfte einer Vielzahl von Heiligen. Ein Soziologe bemerkte, daß der Protestantismus, der den unmittelbaren Dialog mit Gott predigt, im Gegensatz zum Katholizismus bei den Filipinos niemals Einfluß gewinnen konnte, weil die katholische Praxis, sich auf die Mittlerrolle einer

Die Statue von San Roque, Schutzheiliger gegen Epidemien, wird in vielen christlichen Orten auf den Philippinen verehrt. Verschiedenste Volkskünstler entwickelten während der Jahrhunderte unter spanischer Herrschaft diesen Skulpturstil.

Schar von Heiligen zu verlassen, der filipina Eigenart, sich in jeder Lebenslage eines Vermittlers zu bedienen, entgegenkam.

Strenge Sittsamkeit wurde Teil der Sexualmoral. So mußten in der Zeit vor dem Zweiten Weltkrieg Liebespärchen die ständige Allgegenwart einer Anstandsdame hinnehmen; erst nach der Hochzeit ließ man das Paar unbeaufsichtigt. Auch heute noch blicken viele Filipinos auf junge Frauen oder Männer herab, die sich ohne Begleitung zu einem Rendezvous begeben. Die spanischen Missionare verpönten jegliches Zeigen von Körperblößen, und bis heute legen christliche Filipinos Wert auf züchtige Kleidung. Selbst unter Männern ist es nicht üblich, sich im Adamskostüm zu zeigen, nicht einmal beim Duschen in einer Sporthalle oder einem Schwimmbad.

Dennoch sind die Filipinos aus verschiedenen Gründen nicht vollständig hispanisiert. Spanien hat die Philippinen nicht direkt, sondern via Mexiko regiert. Viele, die kamen, um die Inseln zu kolonisieren, hatten zuvor in Mexiko Erfahrungen gesammelt oder waren halbe Mexikaner. Der Galeonenhandel, der mehr als zweieinhalb Jahrhunderte als spanische Verbindung zu den Philippinen diente, fand zwischen Acapulco und Manila statt und brachte eher mexikanische als rein iberische Einflüsse mit sich. Aus dem Mexikanischen eingeführte Wörter, so etwa für Vater (tata), Mutter (nana), Markt (tiangui) und verschiedene Pflanzen, haben sich bis heute erhalten.
Anstatt, wie in Mexiko, die Bewohner Spanisch zu lehren (was dort das fast vollständige Verschwinden der Nahuatl-Sprache zur Folge hatte), erlernten die spanischen Missionare die jeweilige Filipino-Sprache ihres Missionsgebiets. Man sah darin später auch eine Methode, den Filipinos neues Wissen vorzuenthalten, da die spanische Sprache ihnen den Zugang zur westlichen Zivilisation eröffnet hätte.

Spanische Mönche und Filipinisierung

Ihr Eifer führte die spanischen Missionare in abgelegene Gegenden, wo sie Gemeinden gründeten und Kirchen errichteten, während die Regierungsbeamten zufrieden im Luxus von Manilas ummauerter Altstadt (Intramuros) lebten und möglichst schnell im Galeonenhandel Geld zu scheffeln versuchten. Der spanische Klerus etablierte sich als Macht in der Provinz und auch in Manila. Daher bemühten Mitglieder der filipina Elite sich, ihre Kinder an diese prestigeträchtigen Schalthebel der Macht zu setzen, da ihnen höhere politische Ämter ohnehin vorenthalten blieben.
Das Entstehen und der Aufstieg eines eigenen filipino Klerus führte letztendlich zu einem Zusammenstoß zwischen den Mönchen, die die christlichen Gemeinden beherrschten, und dieser neuen Gruppe von Filipinos, die die spanischen Kolonisatoren bei ihrem eigenen Spiel herausforderten. Nun zählten sie sich nicht lediglich zur folgsamen christlichen Herde, sondern wollten selbst als Priester auch Hirten sein. In der folgenden Auseinandersetzung wurden drei filipino Priester zu Unrecht mit einer Meuterei in Cavite in Verbindung gebracht und daraufhin in Manilas Bagumbayan (dem heutigen Rizal-Park) öffentlich hingerichtet.
Der Märtyrertod der drei Priester im Jahre 1872, in der Geschichte als „Gomburza" bekannt, kennzeichnete einen Wendepunkt. Der Nationalheld José Rizal, damals ein Junge von elf Jahren, war von dem Geschehen tief erschüttert. Denn sein Bruder Paciano war ein Schüler eines jener drei Priester, Bruder Burgos. Rizals berühmter zweiter Roman ist den drei Märtyrern gewidmet:

> „... ob Ihr nun Patrioten gewesen seid oder nicht, und ob Ihr nun Gefühle für Gerechtigkeit und Freiheit empfunden habt oder nicht – ich habe das Recht, mein Werk Euch als Opfern des Bösen zu widmen, das ich bekämpfen will."

Der erste politische Konflikt zwischen Spanien und den kolonisierten Philippinen entstand mit der wachsenden Filipinisierung des Klerus, der sich die spanischen Mönche widersetzten, indem sie sich weigerten, den kolonialen Status, die Macht, den Reichtum und das angenehme Leben mit anderen zu teilen.
Als die spanischen „Brüder im Herzen" die Filipinisierung des Klerus in Schach hiel-

ten, wandte sich die filipina Elite weltlichen Dingen zu. In der Mitte des 19. Jahrhunderts war eine Schicht von wohlhabenden Einheimischen entstanden, deren Reichtum sich deutlich an ihren beeindruckenden Häusern im spanischen Kolonialstil zeigte, die in jeder größeren Stadt aus dem Boden wuchsen. Ein Bankwesen entstand, Landbesitz wurde nach westlichen Bodenrechten umgrenzt, Zucker produziert und Tabakfirmen gegründet. Das Erziehungswesen konnte sich einer Universität und eines Observatoriums rühmen. Die Elite sandte ihre Kinder zur Ausbildung in Ausland. Diese wurden dann nach ihrer Rückkehr in die Heimat als illustrados bezeichnet. Eine nationale politische Identität nahm allmählich Gestalt an.

Der Filipino entsteht

Die Idee der Nation war also eine weitere Auswirkung des spanischen Kolonialismus. An dessen Anfang wurden die Einwohner der Archipels „Indios" genannt, gleich den Bewohnern Amerikas bei Columbus' Landung in Amerika, als er meinte, Indien erreicht zu haben. Als „Filipino" bezeichnete man zunächst die auf den Philippinen geborenen Spanier, um sie so von den im Heimatland geborenen zu unterscheiden, die sich für die „glücklicheren" hielten und Wert auf ihren Status als peninsulares (von der Iberischen Halbinsel stammend) legten. Bald darauf wurden aber auch die spanischen und chinesischen Mestizen als Filipinos angesehen. Die filipino illustrados in Spanien begannen für Reformen zu kämpfen und nutzten ihre hervorragende Ausbildung als Beweis, daß Filipinos den Spaniern gleichwertig seien und deshalb befähigt zur Vertretung in der spanischen Cortes, oder gar zur Selbstregierung. Den künstlerischen Erfolg der beiden filipino Maler Luna und Hidalgo feierten die illustrados als Triumph ihrer Rasse.

Aber all diese Reformbewegungen galten, wie in anderen Kolonialregimen auch, als subversiv. Die unausweichliche radikale Wende von der Forderung nach Reformen hin zur Bildung eines Geheimbundes mit dem Ziel, die Kolonialherrschaft gewaltsam zu stürzen, fand schließlich statt, als die Spanier José Rizal, einen hoch angesehenen illustrado, Arzt, Künstler, Dichter und Verfasser von Romanen, verfolgten und verbannten. Eine Geheimgesellschaft namens Katipunan, gegründet von einem früheren Kaufmann aus Tondo, Manila, fand rasch Zulauf. Die spanische Ära hatte sich selbst ausgespielt. Eine Zeit des bewaffneten Kampfes folgte. Die Filipinos behaupten, daß in ihrem Land erstmals in Asien eine nationalistische Bewegung entstand und sie als erste eine bewaffnete Revolution gegen die westlichen Kolonialherren ausgelöst hätten.

Dieses Nationalgefühl, ja selbst das Wort „Filipino", entwickelte sich aus der Erfahrung mit der spanischen Kolonialzeit. Zuvor war das Denken der Filipinos von den Strukturen der Verwandtschaftsgruppen, der barangays, und der Sprachgruppen, wie etwa Tagalog, Visaya, Pampango usw. bestimmt. Die filipino illustrados, die ihrer nationalen Identität Ausdruck gaben, schrieben in der spanischen Sprache, um so von illustrados in anderen Gegenden des Landes verstanden zu werden. Zuerst richteten sie ihre Reformforderungen an die in Spanien ansässigen Spanier. Als dies aber ergebnislos blieb, verschob sich die Propagandakampagne hin zu den Filipinos auf den Philippinen, was ihre nationale Identität und den Stolz auf ihre alte Kultur und ursprünglichen Wurzeln weckte. „Wo es keine Sklaven gibt, da gibt es auch keine Tyrannen", ermunterte Rizal seine Landsleute.

Die Unabhängige Kirche der Philippinen

Zwar hat Spanien das Christentum auf den Philippinen eingeführt, doch handelte es sich dabei weniger um einen theologisch begründeten, sondern vielmehr um einen emotionalen Übertritt zum neuen Glauben, der durch einheimische Werte und Glaubensgrundsätze verändert wurde. Der ganze äußerliche Prunk läßt auf einen oberflächlichen Katholizismus schließen. Es gab zwar zahlreiche Bekehrungen, aber manche Mönche gaben selbst ein denkbar schlechtes Vorbild ab. Und heute ist ein Mönch in der Vorstellung der Filipinos jemand, der ein angenehmes Leben ohne Sorgen führt. Einen länglichen, bequemen Sessel nennt man „Mönchsstuhl" (silya de fraile). Die lose Moral der spanischen Mönche trug im wörtlichen Sinne die Vaterschaft für die Mestizenklasse mancher Gemeinden. Auch die Familienlinie von Imelda Romualdez Marcos, der Gattin des Ex-Präsidenten, geht direkt auf einen spanischen Priester zurück.

Die illustrados führten die Übel des Kolonialismus in ihrem Lande auf eine frailocracia („Mönchsherrschaft") zurück. Rizal und seine Familie waren Opfer von Landstreitigkeiten mit dem Klerus von Calamba. Deshalb ging er vornehmlich gegen die Ausbeutung der Philippinen durch die spanischen Mönche vor. Marcelo del Pilar, ein anderer, für seine spitze Feder bekannter filipino Propangandist, richtete seine satirischen Angriffe gegen die „Herrschaft der Klöster auf den Philippinen".

Der Konflikt zwischen den Mönchen und den Nationalisten, wurzelnd in der enttäuschten Bewegung zur Filipinisierung der Kirche in den „Gomburza"-Tagen, schuf ein scharfes Schisma innerhalb des philippinischen Katholizismus. Von ihm spaltete sich die Philippinische Unabhängige Kirche unter Gregorio Aglipay ab, einem katholischen Priester, der sich von Rom trennte, um eine eigene philippinische katholische Kirche zu schaffen. In vielen christlichen Gemeinden finden sich zwei Kirchen, eine katholische und eine Aglipayanische. Filipinisierungskonflikte treten auch heute noch in den verschiedensten katholischen Organisationen, die vom westlichen Klerus beherrscht werden, ans Tageslicht.

Das Christentum ist zwar auf den Philippinen weit verbreitet, jedoch in einer sehr menschennahen Form. Der irdische Lebensstil der spanischen Mönche lebt in der Geschichte und im Gedächtnis der christlichen Filipinos weiter. Ein Priester, der Wein, gutes Essen und schelmischen Humor liebt, findet eher Anerkennung als der stille Asket oder der feurige Demagoge.

Spanische Namen? Ein Blick hinter die Kulissen

Die meisten Filipinos haben spanisch klingende Vor- und Nachnamen, wie Ramon oder Leonora und Gonzales oder Romualdez. Diese Namen wurden ihnen jedoch erst 1849

durch ein Dekret des spanischen Gouverneurs Narciso Claveria erteilt, der beobachtet hatte, daß Filipinos keine Nachnamen besaßen, an denen man ihre Familienzugehörigkeit hätte feststellen können. So wurden Nachnamen eingeführt, die helfen sollten, die Blutsverwandtschaft zu belegen, straf- und zivilrechtliche Fälle zu verfolgen, Steuerzahlungen zu überwachen und den Militärdienst zu kontrollieren.
Das Dekret führte im Anhang eine Liste von Nachnamen (catalogo alfabetico de apellidos) auf, die man vergab, als sich die Bevölkerung des ganzen Landes registrieren lassen mußte. In der Region Bicol wurde dieses alphabetische Register auch alphabetisch auf die Städte verteilt. Die Nachnamen mit dem Anfangsbuchstaben „A" teilte man der Bevölkerung der Provinzhauptstadt zu, die mit „B" und „C" beginnenden Namen den Städten an der Küste usw. Die Bewohner wählten ihre Namen dann aus den Seiten, die ihrer Stadt zugeschrieben worden waren.
Noch heute kann man anhand des Anfangsbuchstabens eines Familiennamens Mutmaßungen anstellen, aus welcher Stadt die Familie des Namensträgers stammt. Vor dem Dekret hatten christliche Filipinos religiöse Nachnamen angenommen. Doch schon bald wimmelte es von so vielen Cruz, de la Cruz, Santos und de los Santos, daß die Verwirrung noch größer wurde. Iberische Nachnamen von Filipinos weisen also nicht auf spanische Abstammung hin.

Stadt und Land

Beginn des Stadtlebens

Städtische Filipinos ahmten Stil und Benehmen der Kolonialherren nach. Im eitlen aristokratischen Gebaren, sozialen Snobismus, der Wichtigtuerei öffentlicher Amtsinhaber, der Mißachtung körperlicher Arbeit und der Unterwürfigkeit von Untergebenen zeigen sich bei aufsteigenden Mittelschichtlern oder den Schwerreichen die unglücklichen Spuren der Vergangenheit. Der spanische Ehrbegriff wurde bereitwillig mit der filipino Vorstellung von Selbstachtung identifiziert; der von den Filipinos verwandte Begriff amor-propio ist ein spanisches Wort. Das Tagalog-Wort pagpapakatao (Umgang mit der Würde eines menschlichen Wesens) mag die ursprüngliche Bedeutung jener Selbstachtung veranschaulichen. Da sie selbst stets derart darauf bedacht waren, niemandes Selbstachtung zu verletzen, waren die Filipinos zweifellos sehr empfänglich für jene übertriebene Empfindlichkeit des spanischen amor-propio.
Das städtische Leben spaltete die filipina Kultur in zwei Welten. Die große Mehrheit der Filipinos lebte, und lebt noch, in den barrios. Die Ausbreitung von Städten und Großstädten gewöhnte jedoch einen Teil der Menschen an das neue städtische Leben. Mit dem Wort urbanidad umschreiben die Spanier Zivilisiertheit und Höflichkeit, den städtischen Lebensstil. In der Mitte der 1860er Jahre wurde der Bestseller Urbana at Felisa veröffentlicht, verfaßt von Modesto de Castro, einem Tagalog Priester. Er erteilt darin der aufsteigenden Mittelschicht in Form von Briefen Ratschläge für Benehmen und Moral. Das Buch geriet zum Erfolg, nicht allein weil es den Filipinos half, das städtische Leben zu verstehen, sondern vor allem weil es städtisches Benehmen und Etikette mit vorhandenen filipino Werten verband. Und das Buch hilft auch den Zeitpunkt markieren, an dem westliches Städtertum filipinisiert wurde.

„Barrio": Das Dorfleben geht weiter

Von da an haben sich ländlicher und urbaner Lebensstil ständig überlappt und gegenseitig beeinflußt. Ungefähr siebzig Prozent der Filipinos wohnen in den barrios. Sie ernähren sich größtenteils von Landwirtschaft und Fischfang. In den barrios ist das Leben bestimmt von den Tages- und Jahreszeiten, hier zählt man nicht Minuten und Sekunden. Fließendes Wasser kommt aus Bächen, nicht aus Leitungen. Elektrizität ist erst in den letzten Jahren in die Dörfer vorgedrungen. Hier gibt es keine Ärzte, Kranke werden noch weitgehend von den traditionellen Kräuterheilern versorgt. Der traditionelle Tauschhandel überwiegt noch die Geldwirtschaft.

Im barrio erscheint das Leben zeitlos. Veränderungen gehen nur sehr langsam vor sich. Selbstversorgung kennzeichnet das ökonomische Leben. Die Mühsal während der jeweiligen Jahreszeiten wird lediglich durch eine gelegentliche Fiesta gelindert, und dies auch nur dann, wenn das barrio genügend erspart hat, um sich ein Fest leisten zu können.

In den barrios werden die Traditionen am Leben erhalten. Die Familie ist Dreh- und Angelpunkt des Dorfes. Die Ordnung wird eher durch Druck von seiten der Verwandten als durch Gesetzeskraft aufrechterhalten. Der Schulbesuch geht selten über die vierte Klasse hinaus, denn die Schule liegt in einiger Entfernung, Bücher sind teuer, und die Feldarbeit benötigt Hilfskräfte. Viele Dorfbewohner werden geboren, heiraten und sterben, ohne jemals ihr Dorf verlassen zu haben, höchstens für Besuche in der nächstgelegenen Stadt, um dort an einer Fiesta teilzunehmen oder Waren zu kaufen oder verkaufen.

Einige verlassen ihre barrios, um in den großen Städten zu arbeiten oder ihre Schulausbildung fortzusetzen. Auch manche Jugendliche, ruhelos und süchtig nach mehr Unterhaltung und Abwechslung, machen sich in die Städte und Großstädte auf. Etwa ein Viertel der Bewohner der Slums in den Großstädten, die sich auf privatem oder staatlichem Boden ausbreiten, sind Abwanderer aus den barrios. Man nennt sie „squatter" (Haus-/Landbesetzer) und ihre Hütten barong-barong.

Kontraste und Brücken zwischen Stadt und Land

In den Großstädten vollzieht sich die Verwestlichung und Modernisierung. Hier gibt Metro Manila bei der Parade der urbanen Errungenschaften den Ton an. Hier findet sich alles: Industrien, bürokratische Institutionen, Handelshäuser, elektronische Massenmedien, Universitäten, Hotels, Museen, Buchläden, Apotheken, Krankenhäuser, Ärzte, Millionäre, Prostituierte, Kriminelle, Polizisten, Feuerwehrleute, Künstler, Filmschauspieler, Journalisten, Piloten und Straßenkehrer.

Metro Manila ist der Sitz der Regierung. Internationale Kongresse finden hier statt, weltberühmte Künstler treten in den Konzerthallen auf. Westliche Einflüsse erreichen die Stadt in der Person ausländischer Experten, heimkehrender junger Intellektueller, frisch zurück von europäischen oder amerikanischen Universitäten, ausgebildeter Profis mit dem allerneuesten Know-how und in Form einer Flut von Informationen aus den Massenmedien, durch den Import modernster technischer Geräte und Anlagen aus

Ein b a r o n g - b a r o n g. *Zusammengestückelt aus aufgelesenen Brettern, Eisenplatten, Kartons und Zeitungen stellen selbst diese Behausungen architektonische Kunstwerke dar.*

aller Welt.

„Braune Amerikaner", so nennt man jene Stadtbewohner, die sich schrankenlos der westlichen Kultur hingeben; in spanischen Zeiten waren es, nach einer Romanfigur von Rizal, die „Dona Victorinas". Man bezeichnet diese Krankheit als „koloniale Mentalität" oder auch „Blausiegel-Mentalität" (wegen der Bevorzugung importierter Zigaretten, die ein blaues Steuersiegel tragen). In den Tagen vor der Ausrufung des Ausnahmezustands, als politische Ideen und Parteien blühten und auf dem freien Markt der Ideen wetteiferten, hatte sich eine Bewegung auch aktiv für den Anschluß an die USA eingesetzt. Nicht zuletzt auch das bekannte Schlagwort „Coca-Cola-Kultur" steht für die uneingeschränkte, kritiklose Verehrung äußerlicher westlicher „Errungenschaften".

Avantgardistische Kunst, Rock'n Roll, Hollywoodfilme, Pferderennen, Fastfood, Videospiele, ein ganzes Füllhorn von Konsumgütern und -ideen ergießt sich über Manila, um abzusickern in die anderen Großstädte, Städte und schließlich sogar – wenn auch nur als allerneuester Gesprächsstoff – in die b a r r i o s. Der Kontrast zwischen ländlichem und städtischem Leben springt grell ins Auge beim Vergleich einer bescheidenen Nipahütte mit einem jener piekfeinen Drehrestaurants. Hier als genügsame Mahlzeit ein wenig getrockneter Fisch, etwas Gemüse und Reis. Dort die Feinschmecker, die Zechen in der Höhe von mehreren Monatseinkommen der einfachen Leute machen, ohne mit der Wimper zu zucken. Der Preis eines Autos liegt weit jenseits der Vorstellungskraft eines Bauern. Ärzte werden bei ihrer Tätigkeit in einem b a r r i o unaus-

weichlich enttäuscht, weil sie auf Argwohn stoßen, keine medizinischen Instrumente vorfinden und die verordneten Medikamente für ihre Patienten unerschwinglich sind. Es sind tatsächlich zwei verschiedene Welten.
Nichtsdestotrotz findet ein steter Dialog zwischen städtischem und ländlichem Leben statt, und der Fremde, der aufmerksam die Verwestlichung auf dem Dorfe, ihre Aufnahme, Auswertung und Anpassung beobachtet, wird manches festhalten können. Gerade diese Spannung zwischen der verwestlichten Stadt und dem traditionellen Dorf macht den Charakter der philippinischen Gesellschaft aus. Selbst der gebildetste Filipino trägt noch Züge des Dorfjungen in sich, so wie auch der Dorfbauer sich in einen Städter verwandeln kann.
Die ausgeprägtesten Formen des urbanen Lebens, experimentelles Theater, Kunstgalerien, Aktienmärkte, Penthouse-Appartements und etliches mehr, wirken sich natürlich nicht unmittelbar auf das Landleben aus. Aber zwischen diesen beiden Extremen gibt es ein abgestuftes, ineinander wirkendes Geflecht ländlicher und städtischer Verhaltensweisen. Haushaltshilfen, die soeben erst ihr barrio verlassen haben, arbeiten in modernen Appartements, während das Transistorradio städtische Stimmen und Ideen geradenwegs in die Dörfer transportiert. Eine hochqualifizierte Krankenschwester auf der Intensivstation des Makati Krankenhauses unterstützt mit großer Wahrscheinlichkeit ihre bäuerlichen Eltern im barrio, die alles geopfert haben, um ihrer begabten Tochter den Besuch der Schwesternschule zu ermöglichen. Die Verbindung ist persönlich und direkt.

Westliche Einflüsse: Ihre Filipinisierung auf dem Land

Filipinisierung bedeutet, daß fremde Einflüsse nicht unverändert übernommen, sondern den eigenen kulturellen Vorstellungen der Filipinos anverwandelt werden. Die meisten der Kultursymbole, die Ausländer für typisch filipino halten, sind im Grunde westlichen Ursprungs, haben aber auf den Philippinen eine Umwandlung erfahren. Fremde, von den städtischen Filipinos angenommene Dinge gehen eigentlich erst dann in die filipina Kultur ein, wenn auch die ländliche Bevölkerung sie aufnimmt. Die Nationaltracht zum Beispiel, das barong tagalog für Männer und das balintawak für Frauen, geht auf westliche Kleidungsstücke zurück, die im Prozeß der Anpassung dann ihr folkloristisches Aussehen erhielten. Das barong tagalog, getragen über der Hose, entstand aus der im 19. Jahrhundert bei den westlichen Ausländern verbreiteten Hemdenmode. Einige Historiker behaupten, die „Indios" auf den Philippinen hätten Hemden früher über der Hose tragen müssen, um sie so von den Spaniern unterscheiden zu können. Durch die Verwendung einheimischer Materialien, jusi oder pina während der Kolonialzeit, und verziert mit alten Volksmotiven wurde das Hemd schließlich zur landesüblichen Tracht.
Und auch jene auf der ganzen Welt als typisch für die Philippinen geltenden Volkstänze gehen zurück auf spanische jotas, rigodons und polkas, die erst durch ländliche Umwandlung „filipino" wurden. Antike Heiligenfiguren, heute von den Sammlern zu hohen Preisen gehandelt, haben den gleichen Prozeß durchlaufen. Und der Jeep der US-Armee wurde, reich verziert mit folkloristischen Farben und phantasievoll ge-

schmückt, zum über seine Grenzen hinweg bekannten „Jeepney", den jedermann spontan mit den Philippinen verbindet.
Eben diese Spannung und Wechselwirkung zwischen städtischen und ländlichen, ausländischen (meist westlichen) Einflüssen und traditionellen Wurzeln kennzeichnet den Filipinisierungsprozeß. Jener im höchsten Maße vom Stadtleben geprägte Neurochirurg ist ebenso Filipino wie der erdverbundene Gesundbeter. Diese Widersprüche werden aufgelöst durch die Schattierungen der Persönlichkeiten, die unablässig zwischen den Extremen pendeln. Ein westlich gebildeter filipino Millionär ißt zuhause genausogern seinen Trockenfisch und bagoong, wie der Dorfjunge die allerneuesten Tanzschritte probt. Tradition und Veränderung sind der Webstoff der filipina Kultur.
Auch Ideen, Werte, Verhaltensweisen und Moral, Organisationssysteme, Fertigkeiten und Techniken, Glauben und Ästhetik machen, wenn auch weniger augenfällig, einen ähnlichen Prozeß durch. Auf den Philippinen erlebt der Fremde eine merkwürdige Form des Kulturschocks. Er erkennt zunächst in der städtischen Fassade den Westen wieder, beginnt auf gewohnte Weise Kontakt aufzunehmen und zu handeln, nur um alsdann festzustellen, daß nichts die gleiche Bedeutung hat oder in der vertrauten Weise abläuft. „Nein danke" bedeutet nicht notwendigerweise „nein", sondern oft: „Sind Sie nur höflich? Fragen Sie mich noch einmal, beweisen Sie, daß Sie auch meinen, was Sie sagen, dann werde ich ja sagen." Das amerikanische „okay" und das filipino „okay lang" haben unterschiedliche Bedeutungen.

Spanien und der Filipino von heute

Die spanische Periode war also ein bedeutsamer Wendepunkt. Sie veränderte die Bewohner des Archipels und schuf den Filipino von heute. Man kann inzwischen annähernd nachvollziehen, wie die Filipinos sich entwickelt hätten, wenn die Spanier nicht in ihr barangay-Leben eingegriffen hätten. Der Einfluß des Islam im Süden der Philippinen half dort den Menschen, der spanischen Herrschaft zu widerstehen, und bewahrte so den muslimisch geprägten filipino Lebensstil, von den stattlichen Maranao bis zu den stolzen Tausog. Und bei den räumlich abgeschieden lebenden kulturellen Minderheiten, wie den Manobo und T'boli auf Mindanao, den Hanuoo in Mindoro und den Tabganwa in Palawan, wie auch unter den Ifugao, Kalinga und Bontoc der Bergregion, wohin weder der Islam noch die Spanier vordrangen, kann man die prähistorische philippinische Kultur, nicht verfälscht vom spanischen Einfluß, beobachten.

José Rizal: Vorbild der Filipinos

Während die spanische Eroberung sich unzulässig und gewaltsam in das Leben auf den Philippinen einmischte, löste sie zugleich Bewegungen aus, die im Volk Wurzeln schlugen und schließlich eine eigenständige filipina Kultur erblühen ließen. Die einstigen Schüler überholten ihre Lehrmeister, forderten Gleichberechtigung und erkannten die Schwächen der spanischen Herren. Dr. José Rizal war der beste und herausragendste dieser neuen, selbstbewußten Filipinos.

Auch wenn Sie sich keinen Deut um die Geschichte der Philippinen scheren, werden Sie Rizals Gegenwart nicht entfliehen können. Unausweichlich finden Sie in jeder Stadt, auf jeder Plaza des Landes sein Denkmal, sein Bild hängt in vielen Klassenzimmern, sein Konterfei blickt Sie von der 1-Peso-Münze, 2-Peso-Note und Briefmarken an. Jede Hauptstraße des Landes ist nach Rizal benannt, sogar eine ganze Provinz. Manilas bekanntester Park, ein Theater, und selbst profane Produkte wie Zement, Bier, Streichhölzer und Zigarren tragen seinen Namen. Eine landesweite Organisation namens „die Ritter Rizals", mit Ortsgruppen in fast all jenen Teilen der Welt, wo Filipinos leben, widmet sich dem Ziel, Rizals Lehren zu verbreiten. Verschiedene, sich um den Erhalt des Volkstums kümmernde Gruppen verehren Rizal, und einige reihen ihn gar in den Himmel christlicher Heiliger ein.
Ehrengarden bewachen das Rizal-Monument im Rizal-Park, wo er begraben liegt. Jeder wichtige Besucher legt dort einen Kranz nieder. Sein Geburts- (19. Juni) und Todestag (30. Dezember) sind nationale Feiertage. Zahlreiche Bücher wurden über ihn geschrieben, seine Romane zu Opern und Filmen verarbeitet. Kaum eine Konferenz über die Entwicklung des Landes oder die filipina Kultur schließt, ohne daß ein Teilnehmer aus Rizals Werken zitiert.
Alle anderen Nationalhelden mögen umstritten sein, José Rizal aber, seine Ideale und sein persönliches Vorbild genießen aufrichtige nationale Bewunderung. Rizal zu kennen bedeutet, das Modell Philippinen zu verstehen. Er verkörpert die Blüte der spanischen Kolonialzeit, aber mehr noch die schönsten Träume und höchsten Erwartungen der Filipinos.

Eine kurze Biographie

Rizal wurde am 19. Juni 1861 in Calamba (Laguna) geboren. Seine Familie zählte zur lokalen Elite und besaß einige chinesische Vorfahren. Seine Mutter, eine für damalige Zeiten äußerst gebildete Frau, wurde ein Opfer der guardia civil und der alcalde-Ungerechtigkeit. Unter Druck gestand sie in ihrer Angst ein Verbrechen, das sie nicht begangen hatte und wofür sie dann eine Zeitlang im Gefängnis verbringen mußte. Diese Ereignisse hinterließen bei dem sensiblen Jungen tiefen Eindruck. Sein älterer Bruder Paciano, ein Schüler von Bruder Burgos (einem der drei Märtyrer der Gomburza-Affäre aus dem Jahre 1872) lehrte ihn den nationalen Stolz und unterstützte ihn finanziell und moralisch während seiner ganzen Ausbildung, auch in Europa. In ihrem engen brüderlichen Verhältnis zeigt sich der Familienzusammenhalt der Filipinos.
Die Familie Rizal legte großen Wert auf Bildung. Ihr Haus quoll über von den Büchern einer riesigen Privatbibliothek, was selten war zu einer Zeit, in der Mönche nur das Lesen religiöser Abhandlungen gestatteten. Das frühreife Kind wuchs zu einem glänzenden Schüler heran, besuchte Manilas Ateneo und die Universität Santo Tomas, wo Rizal Medizin, Philosophie und Literatur studierte, ein Doppelstudium absolvierte und verschiedene Literaturpreise gewann. Mit der Hilfe Pacianos schrieb er sich an der Universidad Central de Madrid ein und spezialisierte sich auf Augenchirurgie. Nach seinem Hochschulabschluß arbeitete er als Assistent bei zwei bedeutenden europäischen Augenchirurgen, Louis de Wecker in Paris und Otto Decker in Heidelberg.

Während seines Studiums in Spanien engagierte er sich zusammen mit anderen Studenten, die sich für Reformen auf den Philippinen einsetzten, in einer Bewegung, die später als „Propaganda-Bewegung" bekannt wurde. In Berlin schrieb er im Alter von 26 Jahren seinen ersten Roman, Noli me tangere, der als erster gesellschaftspolitischer Roman das Leben der Spanier wie der Filipinos auf den Philippinen mit realistischer Genauigkeit beschrieb. Er annotierte eine neue Ausgabe von Antonio de Morgas Sucesos de las islas Filipinas aus dem Jahre 1609, um zu zeigen, mit welcher Bewunderung ein vornehmer Spanier die prähistorische Kultur der Philippinen beschrieben hatte. Sein zweiter Roman, El Filibusterismo, sah in einer gewaltsamen Revolution die Lösung der philippinischen Probleme. Rizal wies aber eine solche Alternative zurück, solange das Volk weder moralisch noch kulturell darauf vorbereitet war, eine freie Nation aufzubauen. Er fragte: „Warum Unabhängigkeit, wenn die Sklaven von heute die Tyrannen von morgen werden?"

Rizals Aktivitäten versetzten den mächtigen spanischen Klerus in Unruhe. Man verbot seine beiden Bücher, wobei die Dominikaner feststellten: „Das Werk Noli me tangere ist aus der religiösen Perspektive gesehen ketzerisch, ehrfurchtslos und skandalös, aus der politischen Perspektive antipatriotisch und subversiv, ungerecht der spanischen Regierung gegenüber ... " Als Rizal die nicht-gewaltsame Organisation La Liga Filipina aufbaute, wurde er verhaftet und nach Dapitan in Zamboanga verbannt.

Während seiner vier Jahre in Dapitan gründete er eine Schule nach aristotelischem Vorbild, errichtete ein Krankenhaus, finanzierte mit dem Geld aus einem Lotteriegewinn eine Straßenbeleuchtung, baute ein Abwassersystem, führte neue Fischereimethoden ein, organisierte eine Kooperative, um die ökonomische Macht des lokalen chinesischen Händlers zu brechen, verfaßte Gedichte und schnitzte Statuen. Durch einen geheimen Boten ersuchte ihn die revolutionäre Organisation Katipunan um Unterstützung, die er jedoch mit dem Argument verweigerte, es gäbe nicht genügend Gewehre für einen Sieg. Statt dessen meldete er sich freiwillig zum medizinischen Dienst im Spanisch-Kubanischen Krieg. Er verließ Dapitan, ohne zu ahnen, daß er bald sterben mußte.

Die Organisation Katipunan flog auf. In Erwartung nächtlicher Verhaftungen riefen die Anführer den Aufstand aus. Obwohl er sich zu dieser Zeit auf dem Schiffsweg nach Kuba befand, brachte man Rizal mit dem Aufstand in Verbindung, führte ihn zurück nach Manila, wo er angeklagt, verurteilt und schließlich in Bagumbayan öffentlich hingerichtet wurde.

In seiner letzten Nacht verfaßte er in der Gefängniszelle ein Abschiedsgedicht, das er in einer Spirituslampe versteckte, die er seiner Schwester mit dem Hinweis, es sei darin etwas verborgen, übergab. Rizals Ultimo Adios ist das beliebteste und bekannteste Gedicht der Filipinos. Ein jeder kann zumindest die Anfangszeilen zitieren: „Adios patria adorada ... " So starb er im Alter von nur 35 Jahren den Tod eines Märtyrers, Opfer des unterdrückenden Kolonialismus. Dabei hätte dieser vielseitig begabte junge Mann gewiß noch Großes für sein Land und seine Landsleute vollbringen können. Sein beispielhaftes, selbstloses Leben verdient wie das keines anderen Filipino Bewunderung und Respekt.

Die Zeit des bewaffneten Kampfes (1896 – 1913)

Der spanischen Kolonialepoche folgte eine Periode des bewaffneten Kampfes. Wie Rizal scharfsinnig vorausgesagt hatte, besaß Katipunan nicht die militärische Organisation und Kraft, die Spanier wirklich zu besiegen. Der Anführer der Geheimgesellschaft Andres Bonifacio verlor in Fraktionskämpfen die Macht, ein Opfer der alten filipina Tendenz zur Aufsplitterung. Er wurde militärisch hingerichtet – die philippinische Revolution verschlang den ersten Anführer. An seiner Stelle übernahm General Emilio Aguinaldo die Führung. In dieser sackgassenähnlichen Situation, bei der sich die Kämpfer durch Verhandlungen und Manöver mit dem Ziel, die Oberhand zu gewinnen, gegenseitig selbst blockierten, intervenierten die Vereinigten Staaten.

Die Philippinen spielten eine entscheidende Rolle im Spanisch-Amerikanischen Krieg, Amerikas Debüt als Kolonialmacht. Aguinaldo war – dies war Teil der Bedingungen für einen unsicheren Waffenstillstand zwischen den revolutionären Kräften und den Spaniern – nach Hongkong ins Exil gegangen. Dort arbeitete er mit dem amerikanischen Konsul, Rousenville Wildman, zusammen und kehrte auf dem Schiff des US-Admirals Dewey, der die spanische Flotte in der Manila Bay zerstört hatte, mit Waffen versorgt auf die Philippinen zurück.

Nachdem so die Revolution wiederbelebt war, marschierte Aguinaldo nach Manila, offensichtlich ohne die amerikanischen Kolonialpläne der USA für die Philippinen zu kennen. Amerikanische Truppen landeten, während Aguinaldo auf dem Weg nach Manila gegen die spanischen Kolonialkräfte kämpfte. Als er Manila bedrohte, besetzten US-Truppen strategisch wichtige Positionen. Die spanische Kolonialregierung in Manila ergab sich nach einem kurzen, eingeplanten Scheingefecht lieber den Amerikanern, als sich der Rache der filipino Rebellen auszusetzen. Der spanische Kommandeur wurde später wegen seiner Teilnahme an diesem inszenierten Spiel ins Spanien vor ein Kriegsgericht gestellt. Aber die Amerikaner hatten sich inzwischen Manilas bemächtigt. Nachdem sie einen Soldaten der filipina Revolutionsarmee erschossen hatten, wandte sich der Kampf vom bisherigen, vierhundertjährigen spanischen Kolonisator ab und richtete sich gegen den neuen amerikanischen Beherrscher.

Die Amerikaner bezeichnen die nachfolgenden Kämpfe als einen „philippinischen Aufstand”, eine beschönigende Umschreibung ihres brutalen Krieges, der weitaus größere Ausmaße annahm als die filipina Revolution gegen die Spanier. Militärstatistiken verzeichnen sechzehntausend getötete „Aufständische” und zweihunderttausend getötete Zivilisten. Die US-Armee ging gegen die Filipinos vor, wie sie es bei den Indianern getan hatte, trieb die Zivilisten in „Zonen” zusammen, so daß alle Personen, die sich außerhalb dieser Gebiete aufhielten, als Feinde angesehen und erschossen wurden.

Auch als General Aguinaldo, der nun gegen die Amerikaner kämpfte, festgenommen wurde, ging der Konflikt weiter. Die verbliebenen filipino Kämpfer gingen in ihrer Verzweiflung zu einem Guerillakrieg über. Nach einem Erfolg der Guerillas in Samar gegen US-Marineeinheiten, Veteranen des „Boxer”-Aufstandes in China, verfolgte die US-Militärführung eine Politik der „verbrannten Erde”. „Ich wünsche, daß ihr ver-

brennt und tötet, und je mehr ihr verbrennt und tötet, desto mehr wird es mich befriedigen", so lautete der Befehl des Brigadegenerals Jacob H. Smith, der nach seinen eigenen Worten Samar in eine „gewaltige Einöde" verwandelt sehen wollte.
Die militärische Eroberung endete nicht mit der Niederlage der Revolutionskräfte, da die Moslems im Süden den bewaffneten Widerstand fortsetzten. Das amerikanische Militär entwickelte ein 45mm-Geschoß speziell für den Einsatz gegen angreifende „Moros", die nicht mit einfachen Gewehrkugeln niedergemacht werden konnten. Erst 1913 wurden die Moslems endgültig militärisch unterworfen.
Nach dem Ende des bewaffneten Kampfes fand das erwachte Nationalgefühl der Filipinos anderweitig Niederschlag. Filipino Schriftsteller benutzten das spanische zarzuela, um Musikspiele aufzuführen, die das Gemeinschaftgefühl der Filipinos weckten. Die Zuschauer reagierten auf verborgene Andeutungen, Symbole für die unterdrückte Nation, indem sie sich erhoben und Beifall spendeten. Die Amerikaner antworteten darauf mit Razzien in den Theatern und Verhaftungen von Schriftstellern, die solche „aufrührerischen" Stücke schrieben.

Die amerikanische Herrschaft (1900 – 1941)

Die brutale Gewalt des bewaffneten Kampfes hinterließ bei den unterworfenen Filipinos eine tiefe Sehnsucht nach Frieden. Hier machten die Amerikaner einiges wett, indem sie umgehend die Bürgerrechte einführten. Cholera, Ruhr, Typhus und Pocken hatten der Bevölkerung unablässig zu schaffen gemacht, durch die Zustände während des Krieges hatten Epidemien ein beängstigendes Ausmaß erreicht. Die Amerikaner führten systematisch ein öffentliches Gesundheitswesen, Vorläufer des heutigen Systems, ein. Öffentliche Schulen wurden errichtet, und amerikanische Freiwillige unterrichteten Lesen, Schreiben und Rechnen, wobei die neue Kolonialsprache Englisch als Unterrichtssprache eingesetzt wurde.
Ein Journalismus im amerikanischen Stil erweckte erste Vorstellungen von einer freien Presse. Allmählich wurde ein politisches System eingeführt, wobei die amerikanischen Verwalter die jungen Führer persönlich auswählten. Innerhalb von vierzig Jahren war eine Generation von Filipinos entstanden, die Englisch sprach und sich nach einer noch stärkeren Amerikanisierung sehnte. In den 1920er Jahren schrieben filipino Schriftsteller bereits Kurzgeschichten in englischer Sprache, und vor dem Zweiten Weltkrieg hatte Carlos Romulo bereits den Pulitzerpreis gewonnen.
Die amerikanisch ausgebildete, englischsprechende Generation verband nichts mehr mit der älteren, spanischsprechenden illustrado-Generation. Zwischen ihnen war eine tiefe Kluft entstanden. Diese „neue" Generation kannte die Zeit des bewaffneten Kampfes nicht und interessierte sich auch nicht dafür. Die Schriftsteller, die noch in spanischer Sprache geschrieben hatten, konnten ihr in Jahrhunderten angesammeltes Erbe nun nicht an die nachfolgende Generation weitergeben.
Aguinaldos rechte Hand, General Artemio Ricarte, der sich den Amerikanern nie ergeben hatte, zog das Exil in Japan vor, kehrte mit der japanischen Armee im Zwei-

ten Weltkrieg zurück und mußte feststellen, daß die amerikanisch ausgebildete Generation sich mit den Besatzern arrangiert hatte und den Japanern entschlossenen Widerstand entgegensetzte. Ricarte, der als Befreier auftreten wollte, sah sich statt dessen als Verräter angeklagt.
Die amerikanische Periode bedeutete die kulturelle Vernichtung der gesamten Generation von filipino illustrados, als diese gerade in ihrer vollen Blüte stand.Die amerikanische Vormundschaft erzeugte Kinder ohne Väter. Die illustrado-Generation zog sich in die Schatten ihrer Kolonialhäuser zurück und entschwand mit der Zeit von der Bildfläche, so wie ihre Ideen und Verhaltensweisen ignoriert und vergessen wurden von einer Generation, die geradezu überschwenglich alles Amerikanische liebte und die die spanische Sprache ihrer Eltern weder lesen noch sprechen konnte.

Zweiter Weltkrieg und japanischer Einfluß

Obwohl die japanische Besatzung im Zweiten Weltkrieg nur drei Jahre währte, übte sie dennoch großen Einfluß aus, da die Japaner von der Amerikanisierung der Gesellschaft entsetzt waren und versuchten, die asiatischen Wurzeln wieder auszugraben. Sie führten eine offizielle Nationalsprache ein, die auf dem Tagalog basierte. Vor allem aber deckte der erste militärische Sieg der Japaner die Verwundbarkeit der Amerikaner auf. Und er enthüllte auch, daß das Interesse der Amerikaner an den Philippinen ihnen bei weitem keine grundsätzliche Verpflichtung bedeutete und auch nicht auf das Land selbst bezogen war, wie die Filipinos geglaubt hatten. Der Nationalismus erwachte von neuem.
Bei ihrer Rückkehr 1945 erkannten die Amerikaner zwar formell die Unabhängigkeit der Philippinen an, entließen jedoch das Land nie aus ihrem Griff. In der neuen philippinischen Verfassung wurden den Amerikanern paritätische Rechte zugestanden, und die US-Militärbasen erhielten Pachtverträge über 99 Jahre mit dem Recht der Einmischung in jede die nationale Sicherheit bedrohende Situation.
Als die Amerikaner als Befreier wiederkehrten, begrüßte die Bevölkerung, die von den Japanern schlecht behandelt worden war, sie mit Dankbarkeit. An alte Herrschaftsstrategien anknüpfend, setzten die US-Administratoren erneut von ihnen ausgesuchte Führer an die Schaltstellen der Macht. General MacArthur erwählte seinen früheren Stabs-Brigadegeneral Manuel Roxas, der unglücklicherweise aber auch dem japanischen Besatzungsregime gedient hatte und dem so der Makel der Kollaboration anhaftete. Das Thema der Kollaboration während des Krieges wurde jedoch eilig unter den Teppich gekehrt, Roxas gewann die Wahlen und wurde zum ersten Präsidenten der neuen Republik gekürt.
Die USA stellten auch Reparationszahlungen für anerkannte Guerillas zur Verfügung, eine Goldgrube, bei der man leider versäumte, zwischen tatsächlichen Patrioten und Opportunisten zu unterscheiden. Das Vermengen von Helden und Halunken, Patrioten und Kollaborateuren kennzeichnete so die Nachkriegsjahre. Die Ausbreitung einer Widerstandsbewegung mit kommunistischen Zielsetzungen, die während des Krieges

Fuß gefaßt hatte und die die Amerikaner nun vernichten wollten, verwickelte die Situation noch mehr. Die Bewegung ging in den Untergrund und besteht in weiten Teilen des Archipels heute noch als die „Neue Volksarmee" (New People's Army).

Die Nachkriegsjahre

Zynismus und Desillusion bestimmten die Nachkriegsjahre. Die bürgerliche Regierung führte ein Zwei-Parteien-System mit freien Wahlen, geschneidert nach amerikanischem Modell, ein. Aber das filipino Verwandtschaftssystem und Gruppenrivalitäten bestimmten die Wahlen mehr als politische Ideen. Protektion und utang na loob, weit weniger Regierungsprogramme oder politische Meinungen, entschieden über Führungspositionen und Stimmen. Einzig die Massenmedien boten die Möglichkeit, Beschwerden und Forderungen öffentlich zum Ausdruck zu bringen, und schon bald trugen die Jugend, die Arbeiter, die Frauen, jeder, der ein Anliegen hatte, die Politik auf die Straßen. Aber dies geschah zur gleichen Zeit ja auch in Europa und Amerika. Um die gesellschaftliche Bewegung zu verhindern und seiner Familie Pfründe in Millionenhöhe zu sichern, nutzte Marcos schließlich 1972 seine Macht aus und verhängte den Ausnahmezustand, übernahm die militärische Kontrolle über die Nation, schränkte die Rechte des Parlaments ein, zensierte die Medien und drückte der Herrschaft seinen eigenen Stempel auf. Erst im Februar 1986 wurde er nach einer erneut manipulierten Wahl, als er auch die Unterstützung der USA verloren hatte, gestürzt. Die Frau des vom Militär ermordeten Oppositionsführers, Corazon Aquino, wurde zur Präsidentin ernannt.

Das Erbe des Zweiten Weltkrieges und der ersten beiden Jahrzehnte der Nachkriegszeit ist gezeichnet von Gewalt, Bestechung und Korruption, Zynismus und Pragmatismus, die eine Konsumgesellschaft mit nur wenigen ideellen Werten entstehen ließen. Während andere Länder der Region wie Phönixe aus der Asche des Zweiten Weltkrieges aufstiegen, konnten sich die Philippinen nie von den Nachwirkungen dieser Weltzerstörung befreien. Nick Joaquin schrieb: „Am Ende der Dekade, als in anderen Ländern bereits die Wunden des Krieges heilten, befanden sich die Philippinen immer noch in derselben Verfassung wie an dem Tage, als die Japaner und die GIs mit dem Land fertig waren. Und die Notbehelfe der 'Befreiungstage' (das barong-barong, der Jeepney, die Pontonbrücke, das Quonset-Büro und das Theater) waren nicht in der Rückkehr zur Normalität beseitigt worden, sondern wurden im Gegenteil selbst zur Normalität. Es gab keine Rückkehr zur Normalität aus dem einfachen Grunde, weil 'Anomalität' zum philippinischen 'way of life' geworden war."

Der Filipino als Produkt seiner Geschichte

Die Geschichte formt den Charakter einer Nation. Das reiche Erbe der Filipinos beweist ihre Schaffenskraft und positiven Qualitäten, die keinen Zweifel daran lassen,

Der Jeepney, seit Kriegsende ein populäres Transportmittel. Bunter Schnickschnack und phantasievolle Verzierungen paßten den ehemaligen US-Armeejeep dem philippinischen Lebensstil an.

daß die Menschen auf lange Sicht die Deformationen überwinden werden. Auf kurze Sicht vermag die Geschichte uns die gegenwärtige Werteverwirrung zu erklären. Die weniger schöne Seite, die dem Fremden heute auf den Philippinen begegnet, entstand während zweier kolonialer Phasen, in denen die aus dem Land selbst erstandenen und mit ihm verwachsenen Führer, die natürliche Ernte idealistischer, prinzipiengeleiteter Filipinos, zum Zwecke pragmatischer, kolonialer Ausbeutung brutal vernichtet wurden.

Die Filipinos sind sich selbst oftmals nicht einig, welche Werte und Tugenden, welches Verhalten und welche Etikette heute Gültigkeit haben. Gelehrte und Künstler suchen in der Vergangenheit, in den Ecken und Winkeln des Archipels – und in ihren eigenen Herzen – nach der filipina Identität. Man kann stolz auf eine Reihe von schönen und wertvollen Dingen hinweisen. Deshalb sollten Sie, wenn Sie das Land besuchen und neben den schönen auch die weniger angenehmen Seiten entdecken, beide Seiten zu verstehen suchen. (Dies lindert auch Ihren Kulturschock.) Denn die Gegenwart ist eine Übergangsphase, in der die Filipinos nach einem geeigneten Weg suchen aus einer Situation, die entstand durch das gewaltsame Eindringen verschiedener Kulturen und die Grausamkeit der Periode der bewaffneten Auseinandersetzung, von der sich die Nation bis heute nicht erholt und mit der sie sich nie versöhnt hat.

7
Filipino Lebenszyklus

Szene: Ein blonder, blauäugiger Europäer besucht ein *barrio* und stellt überrascht fest, daß schwangere Frauen ihn überaus interessiert zur Kenntnis nehmen, einige ihn sogar kichernd berühren. Nun, er sollte sich nun nicht als Sexsymbol empfinden oder meinen, frau mache sich über ihn lustig. Filipinos glauben vielmehr, daß die physischen Eigenschaften des Kindes durch die besonderen Wünsche und Sehnsüchte der Mutter vor der Geburt beeinflußt werden können. Und viele Mütter wünschen sich ein Kind mit heller Haut.

Eine andere Szene: In der Familie Ihres filipino Freundes ist jemand gestorben. Als Sie einen Kondolenzbesuch abstatten, erscheint Ihnen der Raum, in dem am Totenbett Wache gehalten wird, wie ein munterer Bienenkorb: Speisen werden serviert, einige Leute spielen sogar lärmend Karten. Es handelt sich hier aber weder um Respektlosigkeit gegenüber dem Verstorbenen noch um eine Überraschungsparty; was Sie beobachten, findet bei einem jeden Familientreffen statt. Die Geschäftigkeit ist eine Form, Anteilnahme und Trauer auszudrücken, und soll den nahen Verwandten helfen, nicht den Mut zu verlieren.

Kindheit

Beeinflussung des Kindes im Mutterleib

Die Geburtsriten sind eine Mischung aus westlichen Einflüssen und traditionellen Vorstellungen. Lihi, jene unergründlichen Gelüste, die schwangere Frauen zuweilen entwickeln, formen das Kind schon im Mutterleib. Manche werdende Mütter werden urplötzlich von dem starken, unerklärlichen Verlangen überfallen, mitten in der Nacht grüne Mangos zu essen; der liebende Ehemann ist dann dazu verdammt, den Wunsch seiner Frau als Befehl aufzufassen, dem Taifun-Regen zu trotzen und sich in Nachbars Garten nach dem justamenten Objekt der Begierde seiner Liebsten umzusehen. Man sagt, daß die physischen Eigenschaften des Objekts solcher Wahnvorstellungen sich auf Aussehen und Temperament des Kindes übertrügen. (Und Sie werden sich nun fragen, ob es tatsächlich Frauen gibt, die sich grüne Kinder von der Figur einer Mango wünschen. Wer weiß, vielleicht liegt hier die Erklärung für die kleinen grünen Marsmännchen...)

In ländlichen Gebieten vergräbt man nach der Geburt den Mutterkuchen in der Erde unter dem Haus; in der Stadt kümmert man sich vornehmlich um die gesundheitlichen Vorsorgemaßnahmen beim Neugeborenen. Die Taufe gilt als die erste Zeremonie im Leben eines Menschen. Er wird in die katholische Gemeinschaft aufgenommen, erhält offiziell seinen christlichen Namen, einen ninong (Patenonkel) und eine ninang (Patentante).

Von der Zeit der Empfängnis über die Geburt bis zur frühen Kindheit versuchen die Eltern Charakter und Temperament des Kindes zu beeinflussen. Die Nachsicht, die der Ehemann selbst den ausgefallensten Neigungen seiner Frau entgegenbringt, entspringt seiner väterlichen Sorge. Das lihi der Mutter kann sich natürlich nicht nur in Gelüsten, sondern auch in merkwürdigen Aversionen ausdrücken – sogar gegen ihren Ehemann, und auch dies soll angeblich die Persönlichkeit des Kindes beeinflussen. Werdende Mütter, die sich ihren Ehemännern gegenüber sonderbar benehmen und Phobien gegen Eigenarten ihrer Männer an den Tag legen, werden, so sagt der Volksmund, ein Kind gebären, das ganz nach dem Vater gerät.

Auch Glaubensweisen und Bräuche, wie das Vergraben des Mutterkuchens oder Verstecken der Nabelschnur auf einem Dachbalken, sollen über die Zukunft des Kindes bestimmen. Wird der Mutterkuchen in einen Bach geworfen, so wird aus dem Kind ein Wanderer; vergräbt man damit auch eine Zeitung und einen Bleistift, so wird das Kind zu einem Intellektuellen heranwachsen – und Sie können sich nun überlegen, was bei Ihnen vergessen wurde.

Ein filipino Kind ist niemals allein. Familien dieser Größenordnung leben zusammen, oftmals in beengten Räumlichkeiten.

Das filipino Kind: Von der Gruppe umgeben

In ländlichen Gegenden werden die Kinder zu Hause geboren. Die ganze Familie nimmt an dem Ereignis teil. Nicht allein die Mutter kümmert sich um das Kind, auch der Vater, die Großeltern, Onkel und Tanten und die, sofern es welche besitzt, älteren Geschwister. Es selbst wiederum lernt von Anfang an, sich um die jüngeren Geschwister zu kümmern. Als Ergebnis dieser Erziehung ist sich das Kind seiner selbst immer nur in der Beziehung zu anderen bewußt.
Guthrie und Jimenez-Jacobs stellen in einer Studie zu diesem Thema fest: „Das filipino Kind ist niemals allein. In einem Haus mit nur einem Raum, mit vielen Geschwistern und dort wohnenden Verwandten, kann es mehrere Jahre dauern, ehe das Kind zum ersten Male die Erfahrung macht, sich außer Sichtweite der anderen zu befinden. Außerdem wird es viel getragen, herumgereicht und körperlich berührt, und natürlich schlafen viele in ihrem ganzen Leben niemals allein in einem Bett. Da das Kind in solch ununterbrochenem Kontakt zu anderen steht, entwickelt es viele Techniken des Umgangs mit Streßsituationen, die unausweichlich auftreten. Weil die Aktivitäten seiner nahen Umgebung so grundlegend wichtig sind, wird die Ausprägung und Struktur seiner Persönlichkeit von seinen Beziehungen zu anderen geprägt."

Kontrast: Das westliche Kind

Kulturelle Unterschiede zu westlichen Lebensstilen wurzeln in den Kindheitserfahrungen. Guthrie vergleicht das filipino mit dem amerikanischen Kind, das „meistens in einer unpersönlichen Umgebung und nicht zu Hause geboren wird, nicht im Beisein von

Verwandten und Geschwistern". In den ersten Tagen sieht nur die unmittelbare Familie das Kind. Füttern, Wickeln und Körperpflege liegen meist in der Verantwortung der Mutter. In der Regel teilt sie die Aufgaben der Kindererziehung nicht mit Verwandten, mitunter nicht einmal mit dem Ehemann. Guthrie sieht in dieser Konzentration auf die Mutter, bei der sich kaum andere Erwachsene um das Kind kümmern und sie allein ihm abschätzbare Aufmerksamkeit oder Ablehnung anbietet, die Ursache für Rivalitäten zwischen Säugling und Geschwistern.

Das amerikanische Kind zum Beispiel wird zur Unabhängigkeit erzogen. Es soll Pionier sein und erreichen, was andere für unerreichbar halten. Streitigkeiten sind gesellschaftlich akzeptiert und in der amerikanischen Kleinfamilie auch zu bewältigen. Man ermuntert das Kind, seine Meinung und Wünsche zu äußern und seine individuelle Persönlichkeit zu entfalten, selbst wenn es dabei bei Nachbarn und Freunden Anstoß erregen sollte. Man lenkt seine Aufmerksamkeit auf die jeweilige Altersgruppe; nur selten geht es mit Älteren oder Jüngeren um. Es soll seine eigenen Interessen entwikkeln und sich auf die eigenen Fähigkeiten verlassen. So sucht es die Hilfe der Familie nur, wenn es keinen anderen Ausweg sieht.

Necken: Ein Kontrollmittel

Durch das Necken Älterer und anderer Kinder lernt das filipino Kind seine Grenzen kennen und mit seinen Schwächen umzugehen. Und es lernt auf diese Weise auch, anderen zu widersprechen und die eigenen Interessen zu verteidigen. Es kann seine Aggression und Respektlosigkeit verkleiden, indem es vorgibt, lediglich einen Scherz zu treiben. Der gutmütige Spott der anderen hält es im Zaum, weckt das Feingefühl für seine Selbstachtung und damit das Gefühl für hiya und amor-propio. Und auch später, wenn es erwachsen ist, bietet das Necken die Möglichkeit, ansonsten unannehmbare Dinge auszudrücken, sich und andere zu kontrollieren und die Reaktionen des Gegenübers auf die Probe zu stellen und einzuschätzen. Sticheleien enthüllen die Denkweisen und Standpunkte des Kindes oder der Eltern, ohne heikle Themen offen diskutieren zu müssen.

Eingebettet in das geschlossene Universum der Verwandtschaftsbeziehungen, wird das Kind nicht daraufhin erzogen, für sich selbst zu sorgen und seine eigenen Möglichkeiten zu entwickeln. Gegenseitige Abhängigkeit bestimmt den Rhythums seines Lebens. „Wenn du deine eigenen Bedürfnisse hast, so haben andere sie auch, und diese sind ebenso wichtig", diesen Hinweis hört ein filipino Kind wieder und wieder. Je größer die Familie und Verwandtschaft, desto mehr widersprechen einander die Wünsche und desto mehr muß sich der einzelne bescheiden und mit den anderen arrangieren. Oft genug muß er nachgeben, so wie auch die anderen ihm nachgeben müssen. Er entwikkelt besonders feine Fühler für die Stimmungen und unausgesprochenen Meinungen anderer Menschen.

Das Geschlecht des Kindes spielt bei der Kindererziehung kaum eine Rolle. Anders als die deutsche Sprache, die mit den Pronomen „er" und „sie" genau das Geschlecht bezeichnet, verwendet das Tagalog ein geschlechtsneutrales Pronomen. Filipina Familien sind bilateral, also ist die Familie der Mutter genauso wichtig wie die des Vaters. Und viele Frauen erreichen Positionen, die Reichtum und Macht bedeuten. Über frühkindliche sexuelle Neugier wird gewöhnlich mit dem Argument hinweggegangen, das Kind sei dafür noch zu klein. Doch wird man ihm nie das Gefühl geben, Sexualität sei etwas Schlechtes oder Falsches. Allmählich übernehmen die Kinder dann im Spiel geschlechtsspezifische Rollen.

Jugend

Beschneidung

Ein Junge trägt erstmals lange Hosen, wenn er in die Pubertät kommt. Meist wird er dann beschnitten. Die Beschneidung wird allerdings nicht mit einer Familienzeremonie gefeiert. Der Knabe begibt sich mit seinen Freunden zu jemandem im barrio oder in der Nachbarschaft, der dafür bekannt ist, daß er diese Angelegenheit „erledigt" – oft ist es der lokale Friseur. Die Prozedur, bei der durchaus das Rasiermesser oder ein scharfes bolo benutzt wird, findet ohne Zuschauer statt. Der Junge legt gekochte Guavablätter auf die Wunde, um den Heilungsprozeß zu beschleunigen. Durch „Mund-zu-Mund-Propaganda" erfahren die älteren Familienmitglieder dann von der Beschneidung, aber man redet nicht viel darüber. In den großen Städten nehmen heute meist Ärzte bereits bei der Geburt oder einige Tage später die Operation vor.
So wird aus dem Knaben ein Mann. Seine Altersgenossen klären ihn, mehr oder minder, sexuell auf. Die Beschneidung hat weder religiöse Bedeutung, noch ist sie ein Familienritual. Man sieht in ihr vielmehr eine persönliche Entscheidung des Jungen. Von nun an intensiviert er seine Kontakte zu männlichen Altersgenossen. Die Beschneidung ist ein Akt der Männlichkeitswerdung, und mit dem abwertenden Begriff supot stellen Filipinos die Männlichkeit Unbeschnittener in Frage.

Weibliche Pubertät

Auch die erste Menstruation eines Mädchens wird nicht von Zeremonien begleitet, sondern lediglich von Ratschlägen der Mutter oder älteren Schwestern, die sich meist auf die Hygiene beschränken. Man lehrt das Mädchen nun, wenn auch wieder auf neckende Art, Bescheidenheit und feminines Benehmen, wie etwa die richtige Beinhaltung beim Sitzen, auch Schminktechniken und Modebewußtsein. Es kann jetzt als reina bei einer flores de Mayo-Prozession ausgewählt und so auf seine Rolle in der Gesellschaft, die Schönheit und Anmut wertschätzt, vorbereitet werden.

Schon im Kindesalter werden Mädchen und Jungen bei zeremoniellen Anlässen zusammengeführt. Die ganze Gemeinschaft beteiligt sich an dieser Art der „Kuppelei". Zeremonien wie die hier abgebildete (sunduan) bieten den jungen Leuten Gelegenheit, sich vor den Augen der Öffentlichkeit kennenzulernen.

Jugendliche

Die Eltern klären, falls überhaupt, ihre Kinder nur sehr wenig sexuell auf. Die jungen Leute sind hier auf sich selbst gestellt; einiges erfahren sie aus den Witzen und Gesprächen mit ihren Altersgenossen. Sie tauschen Informationen aus über den Sex und das Flirten und tratschen über Liebeleien. Diese Aufklärung über das andere Geschlecht geht einher mit der Ausweitung der Freundesgruppe der Jugendlichen. Der junge Mann (binata) oder die junge Frau (dalaga) erweitert den Kreis um gleich-

altrige Freunde desselben Geschlechts. Barkadas nennt man in den großen Städten die Mitglieder solcher enger Freundeskreise. In diesen Gruppen bewegen sich die Jugendlichen bis zu ihrer Heirat.
Die Schule konfrontiert die Jugend mit einer ganz anderen Welt. Hier lernen sie Dinge kennen, mit denen die Eltern nur wenig vertraut sind. Schulbildung bietet die Möglichkeit, sozial aufzusteigen und ein besseres Leben zu führen als die Eltern. Die Schule ist eine Welt außerhalb der Verwandtschaftsgruppe, und die Jugendlichen knüpfen hier ihre eigenen Freundschaften.
Andere kleinere Meilensteine kennzeichnen den Weg eines Filipino: die erste Kommunion und, ebenso wichtig, die Firmung, bei der die Paten wieder eine Rolle spielen. Auch der erfolgreiche Abschluß von Grund- und Sekundarschule sowie Universität wird gefeiert. Manche klagen über die ausufernden Kosten solcher Feiern, andere wünschen noch mehr und größere Feste (sogar eines zur Feier des „Kindergartenabschlusses").
Wenn sich die jungen Mädchen von der Larve zum Schmetterling entpuppen, dann besteht ihr Ehrgeiz oft darin, von den Jungen umschwärmt, zur Klassenmuse, Schönheitskönigin eines Klubs oder Schulballs gewählt zu werden. Die Jungen wiederum kultivieren Männlichkeit im Kreise ihrer Kameraden und versuchen, auch bei den Mädchen Anklang zu finden. In begüterten Kreisen gilt ein Mädchen mit 18 Jahren als heiratsfähig und wird auf einem Debütantinnenball in die Gesellschaft eingeführt. Tanzen ist bei den Filipinos überaus beliebt; viele verbringen zahllose Stunden, um sich für gesellschaftliche Anlässe zu wappnen und Tanzen zu lernen. Die jungen Frauen und Männer lernen sich bei solchen gesellschaftlichen Ereignissen kennen, und auch die ersten zaghaften Annäherungsversuche finden statt. Verabredungen schließen mindestens vier Personen ein und sind nur äußerst selten ein Stelldichein zu zweit.

Heiratsanträge

Eine Ehe entspringt der persönlichen Entscheidung des jungen Mannes und der Frau, doch wegen der engen verwandtschaftlichen Bindungen versuchen Eltern und Verwandte oft ein Wörtchen mitzureden. Es ist üblich, daß der Mann, ehe er der Umworbenen offiziell den Hof macht, die Zustimmung ihrer Eltern bei einem „Antrittsbesuch" (umaakyat ng bahay) einholt. Zwar werden Liebeleien, die sich nicht an diese Förmlichkeiten halten, geduldet, doch ziehen sehr viele die konventionelle Vorgangsweise vor, die die Familie stark einbezieht. Denn eine filipina Ehe bindet nicht nur einen Mann und eine Frau zusammen: die Familien beider Seiten entwickeln enge Beziehungen, besonders nach der Geburt des ersten Kindes, und auch die compadrazco-Zeremonie verschweißt durch Rituale beide Familien.
Nimmt eine junge Frau einen Heiratsantrag an, so hält der Mann offiziell um ihre Hand an, eine Formalität, die den Besuch seiner Eltern bei den Eltern der Braut verlangt. Dabei spielen die Verlobten nur die Rolle von Zuhörern. Die Pläne für die Hochzeit werden diskutiert, und dies ist eine höchst kitzelige Angelegenheit, da sich ihr

Die Familie empfängt einen Freier, der seiner Liebsten in Begleitung von Freunden einen Besuch abstattet.

beide Seiten mit Haut und Haar hingeben werden – und die Familien natürlich vollkommen gegensätzliche Vorstellungen über die Hochzeitsfeier haben können. Und es hängt allein von der Großzügigkeit der beiden Elternpaare ab, wie weit die Wünsche der Brautleute beherzigt werden. Die Kosten der Hochzeit gehen zu Lasten der Familie des Bräutigams, so daß vornehmlich deren Anregungen die Gestaltung des Festes bestimmen (und oft sind natürlich ihre Ideen hauptsächlich von den finanziellen Möglichkeiten geprägt). Man einigt sich auf die Zahl der Gäste, den Ort, die Unterstützer und Paten usw., wobei gelegentlich auch Vorschläge des Brautpaars gehört werden. Es ist wichtig, daß schon bei diesem ersten Zusammentreffen beide Familien gut miteinander auskommen.

In den gesellschaftlich privilegierten Kreisen überreicht dann der künftige Bräutigam seiner Braut einen Ring (unweigerlich werden etliche „Experten" hitzig über Größe und Qualität des Edelsteins diskutieren). Hiermit ist das Paar offiziell verlobt. Bis zur Hochzeit sollen mindestens einige Tage, oft aber eine weitaus längere Zeitspanne verstreichen. Die Familie der Braut lädt zu einem Essen, despedida de soltera (Verabschiedung der Mädchenzeit) genannt, während ihre Freundinnen eine „Brautdusche" veranstalten. Die auf spanische Bräuche zurückgehende despedida de soltera bietet den Familien des Paares Gelegenheit, einander kennenzulernen; der junge

Mann wird der Familie der Frau vorgestellt, die Verlobte der Familie des Mannes. Die „Brautdusche" ist aus den USA übernommen, eine reine Frauenangelegenheit, bei der jede der Freundinnen der Braut ein kleines Geschenk von praktischem Nutzen übergibt. Nach der Geburt des Kindes treffen sich mitunter dieselben Freundinnen erneut zu einer „Babydusche" genannten Feier, bei der sie das Neugeborene mit Geschenken überhäufen.
Will ein Paar gegen der Willen der Familien heiraten, so brennt es durch; dies ist eine durchaus übliche Lösung. Die beiden ergreifen die Flucht, heiraten in aller Stille und suchen dann bei einem wohlgesonnenen Verwandten oder Freund Unterkunft. Dieser tritt später als Vermittler auf und versucht, die Wogen der Erregung zu glätten. Meist reagieren Eltern auf solchen Eigensinn mit dem Entzug der Unterstützung. Neutrale Parteien, wie der ältere Bruder, Tanten, Onkel und alte Freunde, versuchen dann ein Wort einzulegen, damit die Eltern dem Paar vergeben und die Angelegenheit vergessen. Wenn sich die Eltern dennoch nicht besänftigen lassen, so besucht das Paar sie mit dem Erstgeborenen, um formell um Vergebung zu bitten und den Familienfrieden wiederherzustellen. Meist schmilzt der elterliche Zorn beim Anblick des Enkelchens dahin – und alsbald ist die Welt wieder in Ordnung.

Eheleben

Auch heute noch leben Jungverheiratete meist für einige Zeit, zumindest für ein Jahr, bei den Eltern von einem der beiden, ehe sie sich selbst einrichten. Oft führt die Ablösung von den Eltern zu einer Krise der Beziehung zwischen Eltern und Kind, denn filipino Eltern entlassen die Kinder nur äußerst ungern aus ihren Fittichen. Viele sehen in dem Wunsch ihrer verheirateten Kinder, allein zu leben, ein Zeichen von Unzufriedenheit und gestörten harmonischen Verwandtschaftsbeziehungen. Heute wollen auch manche Junggesellen nicht mehr im Elternhaus leben. Dies war in der Vergangenheit nahezu unbekannt, denn die Gemeinschaft hätte einen solchen Entschluß als Ergebnis von Familienzwistigkeiten ausgelegt. Und natürlich verbietet hiya, diesen Eindruck, selbst wenn er zutreffen sollte, zu erwecken. In Manila wohnen die verheirateten jungen Paare oft in einem eigenen Haus auf dem gleichen Grundstück wie die Familie, wodurch die Zusammengehörigkeit der Familie auch nach der Heirat erhalten bleibt.
Zuguterletzt jedoch ist das Paar auf eigene Füße gestellt. Der Einzug in ein neues Haus ist ein wichtiger Neubeginn. Die frischgebackenen Hausbewohner veranstalten eine Haussegnungs- oder Einweihungsfeier. Oft segnet ein Priester das Haus, und mitunter wirft ein älterer Gast eine Handvoll Goldmünzen als Glücksbringer in die Luft. Danach folgt ein Festschmaus. Bei einem Neubau werden Silbermünzen in die Hauptstützpfeiler eingearbeitet, und die Hausbesitzer überprüfen, ob die Anzahl der Trep-

Haussegnungs-Knigge

Beim Einzug in ein neues Haus findet eine Hausweihung statt. Filipinos glauben, es sei nicht gut, in einem Haus zu leben, das nicht unter den Augen von Freunden, die ihnen Wohlstand wünschen, gesegnet worden ist. Man lädt Freunde und Verwandte ein. Zunächst wird eine religiöse Zeremonie abgehalten. Es werden Gebete gesprochen, und ein Priester versprengt Weihwasser in den Ecken des Hauses. Wichtige Gäste halten Kerzen, die der Hausherr bereitstellt. Der Weihung folgt das Festessen.
Niemand erwartet, daß die Gäste etwas mitbringen – bis auf einen kräftigen Appetit. Einige enge Freunde mögen vielleicht dennoch Kleinigkeiten für das Haus schenken. Manchmal wird ein Herz-Jesu-Bild oder das Bild des Familienheiligen in einen Schrein geschlossen.

penstufen auch nicht durch drei teilbar ist. Der Besitzer zählt die Stufen „oro, plata, mata, oro, plata, mata" (Gold, Silber, Tod). Natürlich wäre es ein schlechtes Omen, mit mata enden zu müssen.
In ländlichen Gegenden wird als erster Gegenstand ein Topf mit Reis ins Haus getragen. All diese Zeremonien sollen dem jungen Paar, das jetzt seine eigene Kleinfamilie in den eigenen vier Wänden gründet, Glück und Wohlstand bringen.

Kindersegen

Für kinderlose Paare empfinden Filipinos tiefes Mitleid. Sie überhäufen sie mit allen erdenklichen Ratschlägen, führen ihnen persönlich bekannte Fälle von Paaren an, die nach langer Kinderlosigkeit doch noch glückliche Eltern wurden, verweisen sie auf medizinische Theorien und die Namen berühmter Spezialisten, empfehlen Wallfahrten zu bestimmten Heiligen oder gar den Tanz auf der Fiesta von Obando, wo ein uralter Fruchtbarkeitstanz in katholizierter Form vor der Statue des Hl. Pascual Baylon aufgeführt wird.
Die Mutterrolle gilt als die erfüllendste Rolle einer Filipina. An diesem Punkt wird der filipino Lebenszyklus matriarchalisch. In den Kindern sieht man die bindende Kraft, die die Familie zusammenhält. Die Mutter nimmt die Kinderaufsicht und die Verwaltung des Haushalts in die Hand. Sie bemuttert den Ehemann und überwacht die Haushaltskasse. Der Mann übernimmt die Rolle des Brotverdieners außerhalb des Hauses. Und jetzt wird so mancher Mann zum „Streuner". Die filipina Ethik läßt außereheliche Aktivitäten des Mannes weitgehend zu, während sie bei Ehefrauen bereits die leisesten Anzeichen von Untreue scharf verurteilt. Schließlich ist sie das Symbol der Mütterlichkeit. (Und Sie werden sich nun fragen, woher die an den Seitensprüngen beteiligten Frauen kommen.)

Erfolge: Die Verwandtschaft nimmt teil

Die neue Kernfamilie sucht nach materieller Sicherheit und Anerkennung seitens der Gemeinschaft. Oft hat die Ehefrau freie Hand, eigene unternehmerische Fähigkeiten zu entwickeln. Sie gilt grundsätzlich als wichtige zusätzliche Verdienerin. Materieller Erfolg und Wohlstand werden jedoch nur anerkannt, wenn sie mit wachsendem Ansehen in der Gemeinschaft einhergehen, andernfalls bleibt der Erfolg unvollständig. Also versucht die Familie während des ganzen Lebens, jeden Erfolg und jede positive Überraschung durch Einladungen oder Feste mit Verwandten und Freunden zu teilen. Eine Beförderung, ein Lotteriegewinn, eine hohe berufliche Auszeichnung oder der Sieg bei einem Schönheitswettbewerb, all dies sind Anlässe für ein großes Fest, um alle an der Familienehre und dem glücklichen Moment teilhaben zu lassen.
Andere Gelegenheiten für Festivitäten sind Geburtstage (vor allem der 40. und 50.) und Hochzeitstage (hier der 1., 10. und 20., der 25. als Silber-, 50. als goldene und 60. als diamantene Hochzeit). Silber- und goldene Hochzeit werden häufig mit einer Erneuerung des Ehegelübdes begangen.

Alter

Im Alter ist der Filipino in die Wärme und Geborgenheit der Drei- bis Viergenerationenfamilie eingebettet. Die Geburtstage werden immer im Kreise der ganzen Familie gefeiert. Auch andere Anlässe, wie Hochzeitstage, Schulabgänge und Taufen, bringen die Familie zusammen, ebenso aber Zeiten der Krise, wie Krankheiten und Todesfälle. Altersheime kennt man auf den Philippinen nicht; die Kinder sehen es als ihre Pflicht an, für die Eltern im Alter zu sorgen. Ältere Menschen werden immer respektiert und verlieren nie die Zuneigung der Jüngeren, und oft suchen die Enkel in persönlichen Angelegenheiten bei den Großelteren Rat.

Tod

Die Lebensriten enden im christlichen Begräbnis auf dem Friedhof der Stadt. Als logische Folge landesüblicher Beerdigüngszeremonien ähneln die Friedhöfe heute eher Gedächtnisparks. Im amerikanischen Stil kurzgeschnittene Rasenflächen mit kleinen Erinnerungsplaketten entsprachen einfach nicht dem filipino Geschmack. Filipinos

Beerdigungs – Knigge

1. Die Familie des Verstorbenen veröffentlicht eine Todesanzeige mit Ort und Zeitpunkt der Beerdigung und den Namen der Angehörigen.
2. Es ist Brauch, eine Karte oder Blumen zu schicken. Oft überreicht man die Beileidskarte persönlich dem nächsten Verwandten. Eine Kondolenzkarte ist auf jeden Fall angebracht, denn häufig tragen Todesanzeigen den Vermerk „Bitte keine Blumen". Achten Sie also darauf.
3. Freunden und Verwandten, die dem Toten die letzte Ehre erweisen oder kondolieren wollen, werden Speisen und Getränke angeboten. Es steht Ihnen frei, das Angebot anzunehmen oder abzulehnen.
4. Trauergäste, die zur Totenwache kommen, tragen sich in das Kondolenzbuch am Eingang der Leichenhalle ein. Fügen Sie Ihre Anschrift hinzu, damit die Verwandten Ihnen eine Danksagungskarte schicken können.
5. Üblicherweise treten Sie an die Witwe oder den Witwer und die Kinder heran (zu erkennen an der schwarzen Kleidung) und drücken Ihr Beileid aus. Man bleibt nur eine viertel bis halbe Stunde.
6. Nach dem Kondolieren treffen sich oft Freunde außerhalb der Kirche oder Leichenhalle, um zu plaudern und dabei die Erinnerung an den Verblichenen aufrechtzuerhalten.
7. In ländlichen Gegenden werden während der Totenwache auch Dichtwettbewerbe abgehalten.
8. Es ist nicht notwendig, sowohl zur Totenwache als auch zur Beerdigung zu gehen, es sei denn, der Verstorbene stand einem besonders nahe.
9. Oft spendet man auch, wenn der Tote nicht wohlhabend war, der Trauerfamilie etwas Geld. Diese Spende wird a b u l o y genannt.
10. Man sendet allen, die zur Totenwache oder Beerdigung kamen, eine Danksagungskarte.
11. Zur Totenwache trägt man schwarze oder dunkle Kleidung, auch weiß ist angebracht. Nahe Verwandte sollten schwarz und weiß tragen.

Nach dem Begräbnis werden neun Tage lang Messen und religiöse Zeremonien abgehalten. Nahe Verwandte und Freunde nehmen daran teil. Am neunten Tag serviert die Trauerfamilie all jenen, die mit ihr getrauert haben, Speisen und Getränke, um für den Beistand während der Totenwache zu danken. An diesem Tag kann die Trauerkleidung abgelegt werden; traditionell war dies erst am ersten Jahrestag des Todes üblich. Zum Zeichen der Trauer trägt man ein schwarzes Band oder eine rechteckige schwarze Anstecknadel.

ziehen als Grabmale deutlich sichtbare, aufrecht stehende Steine vor, je größer, desto besser, oder gar Mausoleen.

Filipinos kondolieren, sobald sie vom Tod eines Verwandten oder Freundes erfahren

Allerheiligen

An Allerheiligen begeben sich die Verwandten auf den Friedhof, um die Gräber der Verstorbenen zu besuchen. Ein Priester führt am Grab religiöse Zeremonien durch. Die Angehörigen besinnen sich schweigend oder sprechen Gebete und halten etwa eine halbe Stunde Wache. Manchmal werden auch Kerzen auf dem Grab entzündet. Einige Familien reinigen bei dieser Gelegenheit das Grab und putzen den Grabstein. Ein schlecht gepflegtes Grab bezeugt nach verbreiteter Meinung, daß der Verstorbene von seiner Familie wenig geachtet wurde. Wie bei allen Zusammenkünften von Filipinos werden Speisen und Getränke gereicht.

1. Ein Blumenstrauß oder ein schlichtes Bukett sind eine angemessene Geste.
2. Die Kleidung sollte zurückhaltend und dezent sein.

haben. Die Familie wacht abwechselnd Tag und Nacht bei dem Verstorbenen, bis zur Beerdigung, die etwa drei Tage später stattfindet. Der trauernde Witwer oder die Witwe, die Kinder und enge Familienangehörige empfangen die Gäste, die kommen, um dem Verblichenen die letzte Ehre zu erweisen und die Hinterbliebenen zu trösten. Es ist üblich, Blumen oder eine Kondolenzkarte zu schicken. Wenn man weiß, daß sich die Familie in finanziellen Nöten befindet, spendet man Geld für die Begräbniskosten (abuloy). Weil sämtliche Verwandten erwartet werden, stehen immer Erfrischungen bereit. Essen hat eine wichtige soziale Funktion, und die Gastfreundschaft gebietet es, jedem Besucher Speisen und Getränke anzubieten, selbst wenn man vom Schmerz über den Tod der Mutter, des Ehemannes oder eines nahen Verwandten erfüllt ist.

Trauerzeit

Die Totenwache mag Ihnen wenig feierlich erscheinen, die Filipinos jedoch empfinden dies anders. Sie bemühen sich um eine gedämpfte Stimmung, ein Gefühl des Verlustes beherrscht die Atmosphäre. Unmittelbare Familienangehörige tragen schwarze Kleidung, die Witwe und andere Frauen einen schwarzen Schleier. Die Männer sind mit dunklen Hosen und weißen, mit einer schwarzen Armbinde versehenen Hemden bekleidet. Früher war es Tradition, ein Jahr lang Trauerkleidung zu tragen. Nachdem in einer Messe des ersten Todestages gedacht wurde, legte man die Trauerkleidung ab (babang luksa), und die enge Familie konnte zur gewohnten farbenprächtigen Kleidung zurückkehren.

Heutzutage hält man die Trauerbräuche nicht mehr so streng ein. Aber die Nachbarschaft würde mit Sicherheit heftig die Stirn runzeln, wenn eine Witwe am Tag nach der Beerdigung die schwarze Kleidung wieder im Schrank verstaute. Nach wie vor läßt man eine angemessene Zeitspanne verstreichen, ehe man zum Alltag zurückkehrt. Eine Novene, Gebete an neun aufeinanderfolgenden Tagen (meist in Verbindung mit

In den b a r r i o s *bringen an Allerseelen junge Leute den Freunden und Nachbarn ein Ständchen und erhalten dafür kleine Geschenke oder etwas Ingwertee. Die „singenden" Jugendlichen dürfen bei dieser Gelegenheit auch Streiche aushecken und nach ihrem Rundgang für einen Imbiß Hühner stehlen – alles in einer guten, launigen Stimmung.*

einer Messe), folgt der Beerdigung. Danach ist heute meist die Trauerzeit beendet. Besucher der Totenwache tragen Namen und Adresse in ein Kondolenzbuch ein. Die Familie des Verstorbenen sendet nach der Trauerzeit eine Gebets- und Danksagungskarte. Wer es sich leisten kann, setzt zudem eine Todesanzeige mit Ort und Zeitpunkt der Beerdigung in die Zeitung. Die Anzeige führt auch die Namen der engsten Angehörigen auf, wobei man mit großer Sorgfalt darauf achtet, niemanden zu vergessen und die Namen in angemessener Reihenfolge aufzulisten. Nach dem Begräbnis veröffentlicht man eine Danksagungsanzeige.

Auf dem Lande hält man häufig die beim Toten Wachenden mit Dichtwettbewerben und Rätselspielen munter.

Der Toten gedenken

Das Andenken an die Toten endet nicht mit der Beerdigung oder dem Ablauf der Trauerzeit. Man begeht die Todestage mit Messen oder Besuchen an den Gräbern, zu denen auch Verwandte und Freunde eingeladen werden. Begüterte Familien schalten an den Todestagen auch „In Memoriam"-Anzeigen. Im Falle von besonders berühmten Persönlichkeiten, die die Unterstützung wohlhabender Leute genossen, erhält eine bestimmte Gruppe, die sich unter der Bezeichnung „Die Freunde von. . . " um den engen Familienkreis formiert, formell die Erinnerung an den Toten aufrecht und hält an den Geburts- oder Todestagen öffentliche Feiern ab.

Totentage

An Allerheiligen (1. November) und Allerseelen (2. November) werden die Toten besonders geehrt. Die Filipinos ziehen zu den Friedhöfen, reinigen die Familiengräber und erweisen als Familiengruppe den verstorbenen Angehörigen Ehre. Viele halten die ganze Nacht über Wache und entzünden Kerzen auf den Gräbern. Wie auch bei den Fiestas, machen Kleinunternehmer bei diesen alljährlichen riesigen Menschenaufläufen auf den Friedhöfen ihr Geschäft mit dem Verkauf von Kerzen, Blumen, Erfrischungen und Spielzeug.
An Allerheiligen und Allerseelen begibt sich die ganze Familie einschließlich der Kinder zum Friedhof. Man betet und ein Priester spricht den Segen, doch der größte Teil der Zeit ist erfüllt von Geplauder. Bald werden die Erfrischungen aufgetischt. Manche Familien grillen sogar ein ganzes Schwein neben dem Grab, bringen Tische und Stühle, um Mahjong zu spielen. Selbst Radios und tragbare Fernseher finden auf den Grabsteinen Platz, um während der Nacht für Zeitvertreib zu sorgen. Einige große Mausoleen verfügen gar über Besucherbetten – und ein Mausoleum in Paranaque über einen Hubschrauberlandeplatz für den Fall, daß sich ein Besucher entschließen sollte, per Helikopter anzureisen.

8
Filipino Rollenprofile

Frauen

In ihrer Studie über Psychopathologie schreibt Lourdes V. Lapuz, eine filipina Psychiaterin: „Trotz aller gegenteiliger Anzeichen und Hinweise verfügt die filipina Kultur immer noch über einen großen Restbestand an Idealbildern von Frauen aus längst vergangenen Zeiten. Dazu gehört vor allem das sogenannte 'Maria Clara'-Bild der schüchternen, spröden, bescheidenen, selbstlosen und bis zum bitteren Ende loyalen Frau. Die unverhohlen provokative, sexuell aggressive Frau, oft assoziiert mit dem amerikanischen Frauenbild, findet man nach wie vor vergleichsweise selten in der filipina Kultur. . . "

Filipinas streben im allgemeinen diesem „Maria Clara"-Leitbild nach und mißbilligen aggressives Verhalten von Frauen. Eine aggressive Frau, worunter auch verstanden wird, daß sie offen ist und ungezwungen mit Männern umgeht, gilt als sexuell „locker" und hemmungslos. Beim Kontakt mit Männern, ob persönlicher, gesellschaftlicher oder geschäftlicher Art, bevorzugen die kulturellen Normen auch heute noch den sittsamen, bescheidenen Frauentyp, was allerdings nicht soziale Unterlegenheit bedeuten soll. Filipinas sind in vielen Bereichen Männern gleichgestellt, insbesondere im Berufs- und Geschäftsleben.

Um das Wesen der Filipina wirklich zu verstehen, muß man sich die verschiedenen Rollen, die sie in der Gesellschaft einnimmt, vor Augen führen: Tochter, Schwester, dalaga oder junge Frau, Ehefrau, Mutter, Geliebte, beruflich Selbständige, Unternehmerin, Angestellte usw. Die zuerst genannten Rollen beschreiben wir etwas ausführlicher, da sie stärker in die Tradition eingebunden sind und vermutlich die moderneren Frauenrollen beeinflussen.

Die Tochter

Wegen der großen Bedeutung der Familie in der filipina Kultur schärft man schon dem kleinen Kind Dankbarkeit dafür gegenüber den Eltern ein, daß sie es auf die Welt gebracht haben. Der Glaube und die althergebrachte Tradition, daß es wiederum Pflicht der Eltern ist, sich zum Wohl des Kindes aufzuopfern, gleichen diese Dankbarkeit aus. Die Kinder lernen, sich von klein auf bis ins Erwachsenenalter Eltern und älteren Geschwistern gegenüber gehorsam zu zeigen, bis dieser Gehorsam schließlich zum tief verinnerlichten Gefühl der Verpflichtung wird.
In ihrem ganzen Leben stehen Kinder niemals mit den Eltern auf der gleichen Stufe. Den Eltern wird lebenslang Respekt und Dankbarkeit entgegengebracht. Es ist Kindespflicht, den Eltern bis zu ihrem Tode zu dienen. Die Familie unterstützt und umsorgt die Älteren. Für Alters- und Pflegeheime gibt es keinen Bedarf. Es würde ein schlechtes Licht auf die Kinder werfen und hiya hervorrufen, wenn man die Eltern im Heim unterbrächte. Man würde meinen, sie wären undankbar und liebten die Eltern nicht – und dies wäre die wahrscheinlich schlimmste Sünde in den Augen der Gesellschaft.
Erstes Leitbild einer filipina Tochter ist die eigene Mutter. In einer Gesellschaft, in der die Geschlechterrollen vornehmlich durch das Nachahmen von Vorbildern erlernt werden, kommt der Mutter große Bedeutung zu. Zwischen Mutter und Tochter entsteht so eine ganz besondere Bindung, die natürlich noch verstärkt wird durch den physischen und emotionalen mütterlichen Beistand und die eben beschriebene Eltern-Kind-Beziehung. Man erwartet von einer Tochter größeres Entgegenkommen als von einem Sohn, wenn es gilt, Wünsche der Mutter zu erfüllen. Und die Tochter wiederum sucht als erstes bei der Mutter Trost und Rat.

„Ate": Die ältere Schwester

Schwestern, besonders ältere Schwestern, spielen in filipina Familien eine große Rolle. Eine ältere Schwester wird von den jüngeren Geschwistern Ate genannt. Ate ist für die Jüngeren verantwortlich und kümmert sich um sie beim Baden, Ankleiden und Essen. Das ist in großen Familien auch unbedingt notwendig, da die Mutter nicht für alle Kinder gleichzeitig sorgen kann. Die ältesten Kinder lernen schon früh, daß es ihre Pflicht ist, ihre jüngeren Geschwister zu versorgen. Das älteste Mädchen übernimmt diese Rolle nicht unbedingt in einem bestimmten Alter, sondern sobald das zweite oder

dritte Kind geboren ist. Oft sieht man kleine Mädchen den jüngeren Bruder, der mehr als halb so groß ist wie sie selbst, auf den Armen tragen.
Ihre Rolle als „stellvertretende Mutter" verschafft Ate den Respekt der jüngeren Geschwister, die sie in persönlichen Dingen um Rat fragen und ihr ebenso zu gehorchen haben wie der Mutter. Sie kann aber auch als Unterhändlerin zwischen ihren jüngeren Geschwistern und den Eltern vermitteln, was in größeren Familien gelegentlich der Fall ist, weil die Eltern nicht über alles im Bilde sind, oder bei besonders strengen Eltern ein gutes Wort einlegen. Nach dem Tod der Eltern übernimmt sie die Verantwortung für den Zusammenhalt der Familie.
Auch bei geschwisterähnlichen Beziehungen zwischen Vettern und Kusinen oder Verwandten derselben Generation wird die Anrede Ate verwandt. Dies ist beim erweiterten Verwandtschaftsystem der Filipinos häufig der Fall.

„Dalaga": Die junge Frau

Auch die Rolle der dalaga wird von der Gesellschaft vorgegeben und durch Nachahmen sowie Anweisungen seitens der Eltern und Lehrer erlernt. (Häufig zu hören: „Ein Mädchen sitzt mit züchtig aneinandergeschmiegten Beinen.") Necken, Tratsch und natürlich auch die Furcht, in Verruf zu geraten, kontrollieren und maßregeln das Benehmen.
Die Gesellschaft erwartet von einer jungen Frau, daß sie sich „schicklich" verhält, bescheiden und schüchtern auftritt, besonders in Anwesenheit von Männern. Sie sollte ihre sexuellen Reize niemals zur Schau stellen; nur allzuleicht gilt sie als „Flittchen".
Nach all dem werden Sie vielleicht meinen, daß sich so nie eine Liebesbeziehung entwickeln kann. Sie irren sich, allerdings ist das Anbahnen von Freundschaften kein leichtes Spiel. Doch beide Seiten, Männer wie Frauen, genießen es in vollen Zügen, wobei die junge Frau eine besonders schwierige Rolle zu spielen hat. Sie spielt die Unnahbare, schwer zu Erobernde und zeigt nur schwaches Interesse – zuweilen gar völliges Desinteresse – an ihrem Freier. Je überzeugender sie ihr Spiel spielt, je härter sie es dem Manne macht, desto mehr steigt ihr Ansehen bei ihm und den anderen.
Der junge Mann setzt sämtliche Hebel in Gang, um das Herz der Angebeteten zu erobern. Er schickt ihr Blumen, überreicht Geschenke und ruft sie allabendlich an, um seine Liebe zu beweisen. Das Mädchen nimmt meistens nicht gleich die erste Einladung eines neuen Freiers an. Er muß sie oft mehrfach wiederholen, ehe es mit ihm ausgeht. Er versteht die ersten Absagen nicht als Ablehnung, sondern als Teil ihres Spiels. Doch hat diese Vorgehensweise einen großen Nachteil: Eine wirkliche Absage wird nicht sofort als solche verstanden – und manche Männer sind äußerst hartnäckig!
Die Männer versuchen einander im Süßholzraspeln oder bola zu überbieten, recht alberne, von Holperreimen und abgedroschenen Klischees durchsetzte Phrasen. „Du bist die Frau meines Lebens", „Ich träume jede Nacht von Dir" und ähnliche Beteuerungen fließen von den Männerlippen. Doch da sie bei allen möglichen Eroberungszügen eingesetzt werden, verlieren sie natürlich an Ernsthaftigkeit. Ist die Teure aber tatsächlich tief beeindruckt, so prahlt der siegreiche Held im Kreise seiner Freunde,

sie sei kagat na kagat – frei übersetzt „sie hat voll angebissen", also Köder samt Haken, Schnur und Senkblei verschluckt.
Doch solche Schüsse können auch nach hinten losgehen – wenn er endlich einem Mädchen begegnet, das ihm wirklich viel bedeutet und das seine, jetzt aufrichtig gemeinten, Beschwörungen argwöhnisch als bola auffaßt. Es liegt an den Frauen, zwischen bola und Aufrichtigkeit zu unterscheiden, eine schwierige Aufgabe. Und natürlich gibt es dabei, wie stets in der Liebe der Fall, auch Verletzte. Nun, es ist alles nur ein Spiel, und wer die eine Runde verloren hat, gewinnt vielleicht die nächste.

Die Ehefrau

Die Ehefrau ist Opfer der Doppelmoral der Gesellschaft. Sie trägt die Bürde der Verantwortung für den Zusammenhalt der Ehe, und sie findet wenig Mitleid, wenn sie sich über Fehltritte ihres Ehemannes beschwert. Tatsächlich wird eine Frau, die offen über ihren Mann klagt oder schlecht von ihm spricht, von der Gesellschaft nicht respektiert, da Familienstreitigkeiten nicht nach außen getragen werden sollen. Die Schwächen des Ehemannes hinauszuposaunen, wertet die eigene Familie ab, und dies bedeutet einen Verstoß gegen die ersten Regel des ethischen Kodex der Filipinos.
Es ist nicht ungewöhnlich, wird sogar akzeptiert und gilt als Symbol von Männlichkeit, daß ein Mann eine oder mehrere Geliebte hat. Und man erwartet von der Ehefrau, diesen Zustand zu tolerieren, unterstellt oft sogar ihr die Schuld und Verantwortung. So wird in den meisten Fällen die Ehefrau versuchen, den Mann zurückzugewinnen, indem sie sich ihm gegenüber besonders aufmerksam und von der besten Seite zeigt (wenn auch insgeheim zähneknirschend). Eine Aussprache mit dem Ehemann oder der Geliebten wäre weder sinnvoll, noch brächte es ihr Sympathien ein. Auf diese Weise aber gewinnt sie zugleich die Unterstützung der anderen, und sobald dies erreicht ist, ist der Kampf schon halb gewonnen. Denn mit der Hilfe gemeinsamer Freunde und Verwandter kann der Ehemann dazu gedrängt werden, seine Geliebte aufzugeben.
Eine „gute" Ehefrau ist in filipino Augen eine Frau, die für das Wohl ihres Mannes sorgt, ihn gefühlsmäßig, vielleicht sogar materiell unterstützt und sich gut um Haushalt und Kinder kümmert. Der Ehemann beschäftigt sich meistens nicht mit Haushaltsangelegenheiten und auch wenig mit den Kindern, bis sie dann ins Teenager-Alter kommen und er gerufen wird, um für Disziplin zu sorgen. Ehefrauen werden nicht daran gehindert, einen Beruf auszuüben – solange sie die beschriebenen Pflichten als Ehe-, Hausfrau und Mutter erfüllen. Die meisten Ehefrauen in Manila gehen einer Teilzeitarbeit nach, und viele sind voll berufstätig.
Haushilfen nehmen einen großen Teil der Alltagsarbeit ab, und dieser Vorteil wird voll und ganz ausgekostet. Er erleichtert Frauen, keineswegs nur den Ausländerinnen, das Leben auf den Philippinen, denn er schafft Zeit und Möglichkeit, anderen, erfüllenderen Tätigkeiten nachzugehen. L. V. Lapuz schreibt in ihrem Buch über filipina Ehen in der Krise: „Trotz ihres scheinbar zweitrangigen Status in der Ehe verfügt die Frau über eine große Einflußsphäre. Sie steht den Kindern emotional näher als ihr Ehemann, und sie ist an ihrem Wachstum und ihrer Entwicklung viel enger beteiligt – die

längste Zeit. In den entscheidenden Fragen des Lebens zu Hause, z.B. Kindererziehung, Einkommen und sogar bei der Auswahl der Freunde und Bekannten des Mannes, übt sie, verborgen oder offensichtlich, ihren Einfluß aus. Wenn ihre Aktivitäten als Bemühen verstanden werden, gut für Ehemann, Heim und Kinder zu sorgen und den Erfolg der Familie zu mehren, dann kann sie fast alles erreichen."

„Querida": Die Geliebte

Die Rolle der Geliebten gleicht im Grunde der der Ehefrau und Mutter. Oft wird sie der eigenen Frau vorgezogen, weil sie eine bessere Ehefrau ist als die offiziell Angetraute. Meist besteht eine starke Rivalität zwischen den beiden Frauen, weniger in sexuellen Dingen als in der Frage, wer besser kocht und den Mann besser versorgt. So betrachtet der Partner seine Geliebte auch eher als eine zweite Ehefrau. Oft bekommt sie von ihm Kinder, die er unterstützt und die ihm ebenso wichtig sind wie seine ehelichen Kinder. Viele Filipinos haben „nebenher" noch zwei oder drei Familien; man kann sich nur wundern, wie sie es schaffen, alle zu versorgen. Natürlich werden diese Familien von der vorherrschend katholischen Gesellschaft nicht anerkannt. Dennoch sieht sich die Geliebte als Frau ihres Partners und macht ihre Rechte und Ansprüche auf ihn geltend, was zwangsläufig zu Konflikten mit der angetrauten Ehefrau führt.

Die Mutter

Kinder sind sehr wichtig in der familienorientierten filipina Kultur. Sie stellen das Verbindungsglied zwischen den Familien von Mutter und Vater dar. Mit ihnen kann auch durch das compadrazco-System die nicht blutsmäßig verbundene Verwandtschaft ausgedehnt werden. Und so wünschen sich, wie die Gesellschaft es auch von ihnen erwartet, die Filipinos nach der Heirat Kinder.

Die Rolle der Mutter ist die vermutlich wichtigste Rolle im Leben einer Filipina. Da sie für Haushalt und Kinder sorgt, befindet sie sich in einer Machtposition. Und diese Macht sollte nicht unterschätzt werden, denn die Dynamik der Verwandtschaftsverhältnisse stellt nach wie vor die zentrale regelnde Kraft der philippinischen Gesellschaft dar.

Die Macht der Mutter wurzelt im tiefen Gefühl der Verpflichtung gegenüber den Eltern. Hinzu kommt jenes Gefühl, das häufig die Beziehungen zwischen Filipinos prägt, das Gefühl, jemandem zu gehören bzw. jemanden zu besitzen. In ihrer Studie zur Psychopathologie stellt Lapuz fest: „In der filipina Kultur wächst ein Mensch mit einer grundlegenden Annahme auf: daß er zu jemandem gehört. Wenn er sich anderen vorstellt, wird er mit seiner Familie identifiziert. Er gehört zur Familie als Ganzem wie auch zu ihren einzelnen Mitgliedern ... Bei den Eltern gibt es weiter die Wahl, zu welchem Teil man gehört. Dies ist fast immer die Mutter. Die Loyalität, die Verbundenheit und das Gefühl der Verpflichtung sind stärker ihr als dem Vater gegenüber. Man darf sie niemals verletzen oder ihr Unannehmlichkeiten bereiten. Die engere Beziehung zur Mutter ist nicht nur aus biologischen Umständen unausweichlich, sondern auch wegen der andauernden intensiven emotionalen Betreuung durch sie. Hier erhält das Zugehörigkeitsgefühl die Bedeutung, geliebt, umsorgt und beschützt zu sein."

Diese besitzähnliche Beziehung verschafft der Mutter gewisse Rechte über das Kind. So meint sie einen Anspruch darauf zu haben, seine innersten Gedanken zu kennen, und ermuntert es, ihr seine Probleme und Geheimnisse anzuvertrauen. Während sie dies mit dem Ziel unternimmt, seine Gedanken zu leiten und ihm Rat zu geben, mag es wohl doch einen unbewußten oder unterbewußten Wunsch geben, sich das Kind gefühlsmäßig abhängig zu machen, um so mehr Einfluß ausüben zu können. Eine Mutter hat auch das Recht, ihre Kinder anzuweisen, die umgekehrt nachgiebig ihren Rat, der ja im Interesse der Kinder gegeben wurde, annehmen müssen.

Guthrie und Jacobs, die in ihrer interkulturellen Studie über Kindererziehung und Persönlichkeitsentwicklung auf den Philippinen ihre Ergebnisse auch mit denen anderer Forschungen über die Kindererziehung amerikanischer Mütter verglichen, stellten als offensichtlichste und wichtigste Unterschiede fest: Filipina Mütter sind großzügiger und liberaler, was Stillzeit, Entwöhnung und Reinlichkeitstraining angeht, als die amerikanischen Mütter. Amerikanische Mütter benutzen die Verweigerung von Rechten, die Androhung von Liebesentzug und körperliche Strafen, um Gehorsam zu erzwingen, während filipina Mütter eher schlagen, schimpfen oder die Kinder zu bestechen versuchen. Amerikanische Mütter teilen die Pflichten der Kindererziehung in der Regel nicht mit Verwandten, während filipino Kinder von vielen Erwachsenen umgeben sind, die alle auch Erziehungsaufgaben übernehmen.

Einige dieser Unterschiede wurden der Umwelt zugeschrieben, die meisten jedoch scheinen kulturell bestimmt zu sein. So sind zum Beispiel die Erziehungspraktiken der filipina Mutter von dem hohen Stellenwert der Familie und der zwischenmenschlichen Beziehungen geleitet. Die unterschiedlichen Werte der westlichen und filipina Kultur fassen Guthrie und Jacobs wie folgt zusammen: „Das filipina Ideal ist nicht Selbstzufriedenheit und Unabhängigkeit, sonder eher Familienzufriedenheit und ein ausgeprägter Sinn für Gegenseitigkeit." Und weiter: „Es ist nicht die Hoffnung der Eltern, daß die Kinder ehrgeizig oder besonders erfolgreich werden mögen ... Im Gegenteil betonen sie die Hoffnung, ihr Kind möge zu den Werten der Familie stehen."

Obwohl sich mehrere Familienmitglieder mit der Erziehung des Kindes befassen, liegt die Hauptverantwortung doch bei der Mutter. Während andere mit dem Kind spielen oder ihm beim Anziehen helfen, sorgt die Mutter für Ordnung und Disziplin. Dies ist ihre gesellschaftlich anerkannte Rolle, und es ist demnach ihr Verdienst, wenn das Kind zu einem angesehenen Mitglied der Gemeinschaft heranwächst. Umgekehrt hat sie versagt, wenn es den Erwartungen nicht entspricht. Filipinos gehen davon aus, daß das Benehmen des Kindes die Einstellung der Eltern widerspiegelt. Deshalb legt die Mutter großen Wert darauf, dem Kind die kulturellen Werte von Familienwohl und pakikisama (die Fähigkeit, mit anderen auszukommen) zu vermitteln und mit auf den Weg zu geben.

Auch nach der Heirat des Kindes spielt die Mutter, wenn auch weniger als zuvor, weiterhin eine bedeutende Rolle in seinem Leben. Sie kann wichtige Entscheidungen beeinflussen und sich sogar in die alltäglichsten Dinge einmischen, wie die Auswahl

von Gardinen für Küche oder Kinderzimmer. Ist sie endlich stolze Großmutter, so hat sie unweigerlich bei der Taufzeremonie ein Wörtchen mitzureden oder muß wenigstens über alles, was das Enkelkind betrifft, unterrichtet werden. Dies führt oft zu Konflikten zwischen der Ehefrau und ihrer Schwiegermutter, wobei der Ehemann stets zwischen den Stühlen sitzt. Er darf nie offen gegen seine Mutter Stellung beziehen, denn es ist seine erste und heiligste Pflicht, ein guter Sohn zu sein. Andererseits kann er nicht über die Beschwerden seiner Frau hinweggehen und teilt häufig ihre Meinung. Gleichwohl bleibt er handlungsunfähig, und seine Frau weiß genau, auch wenn sie sich bei ihm beschwert und ihn zum Eingreifen auffordert, daß er nichts unternehmen kann und es auch niemals tun würde. Und auch sie wird niemals offen ihre Schwiegermutter herausfordern oder mit ihr streiten.
Gewöhnlich bemühen Ehefrauen sich sehr um ein gutes Verhältnis zur Schwiegermutter und sind in gewisser Weise stets von ihrer Liebe abhängig. Denn nach wie vor übt die Schwiegermacht Macht auf ihren Sohn aus. Eine gute Beziehung zur Schwiegermutter gewährleistet ihre materielle und emotionale Unterstützung, was der Ehefrau und Schwiegertochter natürlich das Leben erleichtert.

„Matandang dalaga": Die alte Jungfer

Eine unverheiratete Frau auf den Philippinen ist keineswegs frei von Abhängigkeiten und Verantwortung. Zwar hat sie weder Ehemann noch Kinder (auch keine Schwiegermutter), aber die Bindung an ihre Familie, Eltern, Geschwister, Onkel, Tanten usw., besteht fort, und sie hat diesen gegenüber Aufgaben und Pflichten zu erfüllen. Oft lebt sie bei einem Bruder oder einer Schwester und unterstützt sie im Haushalt oder wohnt weiter bei den Eltern und versorgt sie im hohen Alter. Oft übernimmt sie auch Gemeindearbeiten der örtlichen Kirche. So hat auch sie ihren festen Platz und ihre Aufgabe in Familie und Gesellschaft und fühlt sich jemandem zugehörig. Ihre Familie sorgt dafür, daß sie sich nie einsam fühlt.
Und doch sind ältere unverheiratete Frauen mit einem sozialen Stigma belegt. Weil Ehe und Kinder so hoch geschätzt werden, können die meisten Filipinos im Alter von 30 oder 35 Jahren noch ledige Frauen nicht verstehen und erklären sich dies im allgemeinen damit, daß ihnen kein Heiratsantrag gemacht wurde. Also ist für sie die matandang dalaga eine Frau, die „keinen abgekriegt hat".

* * *

Oftmals spielt die Filipina mehrere der beschriebenen Rollen gleichzeitig, und man kann die Leichtigkeit, mit der sie von einer Rolle in die andere schlüpft, nur bewundern. Der Schlüssel dazu ist der immerwährende Gedanke „die Familie kommt zuerst". Eine weitere Rolle ist die der Wahrerin der Familienehre. Ältere Filipinas sehen es als ihre Pflicht an, den guten Ruf der Familie zu erhalten. Sie zögern deshalb nicht, ihre Meinung von Recht und Unrecht bezüglich Benehmen, Ansichten, Streitigkeiten und Konflikten, die die Familie direkt oder indirekt betreffen, kundzutun. Sie kontrollieren

und maßregeln abweichendes Verhalten durch direkte Konfrontationen und/oder Vermittler.
Last not least verfügen Filipinas über beachtliche unternehmerische Fähigkeiten. Fast jede Ehefrau geht nebenher noch irgendeiner geschäftlichen Tätigkeit nach, sei es ein eigener kleiner Laden, ein Kiosk für Getränke und Snacks, der Verkauf von Bildern oder seidener Unterwäsche über die Vertriebsschiene von Freundinnen und Bekannten, ein Verkaufsstand für Gebäck oder etliches mehr. Und dabei ist sie in der Regel sehr tüchtig und erfolgreich.
Viele große Firmen werden von Frauen geführt. Eine Frau gründete die Frauenuniversität, die bis heute von Frauen verwaltet wird. Eine Frau besitzt und verwaltet eines der größten und bekanntesten Warenhäuser in Makati. Das Kulturzentrum der Philippinen wird von Frauen geleitet ebenso wie die Bayanihan Tanztruppe. Die zwei größten Buchhandelsketten wurden aufgebaut und sind im Besitz von zwei Schwestern.
Zudem ziehen die Filipinas geschickt und erfolgreich die Fäden hinter den Kulissen und bestätigen so das Sprichwort: „Hinter jedem großen Mann steht eine Frau." So manche Männerkarriere wurde durch gesellschaftliche Kanäle gefördert. Die Filipinas bewegen sich sicher und geschäftstüchtig auf dem gesellschaftlichen Parkett, und dieser Bereich ist für das philippinische Geschäftsleben von nicht zu unterschätzender Bedeutung. Auf den Philippinen ist es weniger wichtig, wie gut man mit seiner Arbeit, sondern wie man mit den anderen zurechtkommt. Wer in der Geschäftswelt vorankommen will, muß auch gesellig und umgänglich sein, und genau auf diesem Gebiet erweist sich die filipina Ehefrau und/oder Mutter als überaus hilfreich und effektiv.

Männer

Lapuz schreibt über den Filipino, daß „dem Idealbild der Mann entspricht, der gelassen, behutsam, zurückhaltend, angenehm im Umgang und entspannt ist, bis zu dem Punkt, an dem man ihn oberflächlich nennen könnte, zu Wutausbrüchen unfähig, es sei denn, man fordert sein a m o r - p r o p i o heraus. Seine Männlichkeit wird unbestritten und nachdrücklich als wesentlicher Teil seiner Selbstachtung angesehen. Dieser Männlichkeit ist er sich durchaus bewußt und ist stolz auf sie. Und er wird sie auf feinsinnige und weniger feinsinnige Weise immer wieder herausstellen. Im Gegensatz zu diesem selbsterhobenen Ideal mag der Filipino manchen jedoch, vor allem Ausländern, als nicht männlich genug erscheinen. Er neigt dazu, großen Wert auf sein Äußeres, insbesondere Frisur und Kleidung, zu legen und sich weich und anmutig zu bewegen. In Gegenwart von Fremden und in ungewohnten Situationen mag er sehr wenig sagen und noch weniger tun, was das genaue Gegenstück darstellt zum Hang des amerikanischen Mannes, der seine Identität und eigene Meinung möglichst schnell verkündet. Ein Filipino wird still und zurückhaltend sein in Situationen, in denen sich ein Amerikaner zu lauter Stellungnahme aufgefordert fühlen würde."

Diese Beschreibung beschränkt sich auf die äußeren oder oberflächlichen Unterschiede zwischen Filipinos und westlichen Männern, die auf den ersten Blick ins Auge springen. Psychologische und Persönlichkeitsunterschiede sind schwerer faßbar. Auch die Persönlichkeit des Filipino zeigt sich in den verschiedenen Rollen, die er spielt, denn vieles in seinem Verhalten und seinen Einstellungen wird durch die mit diesen Rollen verbundenen Pflichten bedingt.

Der Sohn

Die Rolle des Sohnes oder, genauer gesagt, die Rolle des „guten Sohnes" überragt alle anderen männlichen Rollen. Es ist wichtiger, ein guter Sohn zu sein als ein guter Vater oder Ehemann. Filipinos vergessen nie, sich an ihre Vergangenheit zu erinnern, an ihre Herkunft und die Unterstützung von seiten der Eltern.

Der Bauernsohn, aus dem ein reicher und namhafter Arzt geworden ist, wird seinen Eltern ein schönes Haus in der Stadt kaufen oder, wenn sie nicht umziehen wollen, sie einmal in der Woche besuchen und materiell unterstützen. Wenn seine Eltern sein Medizinstudium finanziert haben, schuldet er ihnen noch weit mehr. Als Arzt muß er sich auch persönlich jederzeit um seine Eltern kümmern, wenn sie medizinische Hilfe benötigen. Und er wird zum Chefarzt der ganzen restlichen Familie, ein Dienst im eigentlichen Sinne des Wortes, für den er nie etwas berechnet und der ihm viele persönliche Unbequemlichkeiten einbringen wird. Seine Erfolge als Mediziner verblassen, wenn er nicht auch seine Sohnespflichten erfüllt. Er muß vor allem ein guter Sohn sein, und erst dann, aber auch nur dann, zählt sein Erfolg.

Anders als in westlichen Kulturkreisen, wo Söhne schon früh zur Eigenständigkeit erzogen werden, legen Filipinos wenig, mitunter gar keinen Wert auf Unabhängigkeit. Niemand erwartet von den Söhnen, daß sie den Schoß der Familie verlassen, sich allein durchschlagen und selbst ihren Platz im Leben finden. Wenn sie alt genug sind, sollen sie den Eltern in der Landwirtschaft oder im Geschäft helfen, während sie weiter von und bei ihnen leben.

Es stiftet nur Verwirrung, wenn ein Sohn frei und unabhängig werden will. Denn die Eltern würden meinen, es gefalle ihm bei ihnen nicht. Und sie würden unweigerlich die Was-haben-wir-bloß-falsch-gemacht-daß-du-uns-nicht-mehr-liebst-Haltung einnehmen und fürchten, die Nachbarn könnten glauben, sie seien nicht mehr in der Lage, ihre Kinder zu unterstützen, was als Versagen der Eltern ausgelegt würde. Die meisten Söhne wohnen bis zur Heirat bei den Eltern. In zwingenden Fällen, etwa wenn der Vater gestorben oder aus gesundheitlichen Gründen die Familie nicht mehr ernähren kann oder sein Lohn zu knapp ist, verläßt der Sohn frühzeitig die Schule, um zu arbeiten. Gewöhnlich muß der älteste Sohn diese Pflicht übernehmen.

Hier zeigt sich ein grundlegender kultureller Unterschied: der westliche junge Mann verläßt das Elternhaus, um selbst für sich sorgen und so die finanzielle Bürde des Vaters zu erleichtern; der Filipino verläßt das Elternhaus, um etwa in der Stadt eine Stelle zu suchen und damit nicht allein die Eltern, sondern möglichst auch die Geschwister zu unterstützen. Viele Fahrer, Hausangestellte, Verkäuferinnen usw. arbeiten in Manila,

um ihren jüngeren Geschwistern den Schulbesuch zu ermöglichen.
Lapuz verdeutlicht den unterschiedlichen Stellenwert von Autonomie und Abhängigkeit in der filipina und der westlichen Kultur: „In der amerikanischen Kultur drängen Eltern ihre Kinder schon früh zur Selbständigkeit und lösen die Bindungen der Abhängigkeit. Es ist zum Beispiel nicht ungewöhnlich, daß Kinder wohlhabender Eltern arbeiten, um selbst Geld zu verdienen. Auf den Philippinen wird es einem Jungen, dessen Eltern reich sind, kaum einfallen zu arbeiten. Man erwartet von Söhnen, daß sie loyal zu ihren Eltern stehen, für sie sorgen, jüngeren Geschwistern helfen und allgemein gesagt nicht selbstsüchtig sind."

Der Jugendliche

Die Jugendzeit eines Filipino währt länger als die der meisten westlichen Jugendlichen. Filipinos genießen eine längere Phase der „Immunität", d.h. eine Zeit, in der man ihnen kindisches, unverantwortliches Verhalten nachsieht, weil sie noch nicht als erwachsene Personen gelten und daher nicht erwartet, daß sie sich entsprechend benehmen. Wie gesagt, bleiben die meisten Filipinos bis zur Heirat von den Eltern abhängig oder zumindest bis zum Schulabschluß, der häufig auch vier bis fünf Jahre Hochschulausbildung einschließt.
Da die meisten (jedenfalls die Söhne gutgestellter Familien) während der Collegezeit nicht arbeiten müssen, verbringen sie viel Zeit mit Freunden. Die Altersgenossen spielen in dieser Phase eine große Rolle. Fast jeder gehört zu einer barkada. Diese Cliquen halten eng zusammen. Sie unternehmen viel gemeinsam, entwickeln ihren eigenen Slang und ihre eigenen Witze. Auch bei ihnen kontrolliert Necken und Spötteln das Verhalten der Mitglieder. Gewöhnlich haben sie keinen ernannten Führer, mitunter aber eine oder zwei besonders respektierte Mitglieder.
Eine barkada kann großen Einfluß ausüben. Disziplinierungen erfolgen nach dem Prinzip von Gruppendruck und Konformität. Es kommt zum Beispiel vor, daß die Gruppe mit der Freundin eines Mitglieds nicht einverstanden ist, weil sie den Freund der Gruppe entzieht, und ihn vor die Entscheidung stellt, zwischen Freundin und barkada zu wählen. Barkadas vermitteln das für Filipinos so wichtige Gefühl der Zugehörigkeit. Wer keiner Gruppe angehört, fühlt sich ausgestoßen. Filipinos betrachten Einzelgänger und Individualisten als Sonderlinge. Die Gesellschaft übt einen unglaublichen Anpassungsdruck aus. Zählt man jedoch einmal zu einer barkada, dann kann man sich ihrer Unterstützung gewiß sein.
Filipinos sind nicht gern allein, vielleicht aufgrund der hohen Bevölkerungsdichte und weil sie von Geburt an ständig von Menschen umgeben sind. Sie essen nicht gern allein, gehen nicht allein ins Kino, sondern wünschen stets die Gesellschaft eines anderen, eines Freundes oder Verwandten. Erlebnisse bereiten ihnen keine Freude, wenn sie sie nicht mit jemandem teilen können. Sie fühlen sich nicht wohl dabei, neben jemandem zu essen, der nicht auch ißt, deshalb werden sie immer zum Mitessen einladen oder ihren Begleiter drängen, doch wenigstens zu kosten. Sie stürzen sich nicht allein in neue Erfahrungen, wohl aber mit der Rückendeckung einer barkada.

Auch weibliche Jugendliche haben ihre barkadas. Oft gehen barkadas unterschiedlicher Geschlechter gemeinsam aus, und auf diesem Wege lernen sich junge Frauen und Männer meistens kennen.

Der Ehemann

Ein filipino Ehemann hat in erster Linie das tägliche Brot zu verdienen. Was auch immer geschieht, er muß dieser Pflicht nachkommen, und sein Erfolg auf diesem Gebiet entscheidet über seinen Erfolg oder Mißerfolg als Ehemann und Vater. Die Gesellschaft akzeptiert und toleriert auch eine Geliebte oder querida, solange er beide, Ehefrau und Geliebte, versorgen kann. Sie wird den Mann, der zwei oder mehr Familien unterstützt, nicht verabscheuen, sondern sogar bewundern - und er kann sich in seinem Ruf als Macho sonnen. Ein Bruder Leichtfuß jedoch, der seinen Liebschaften Kummer und andere Umstände bereitet, um sie dann im Stich zu lassen, wird nicht als umschwärmter Frauenheld, sondern lediglich als feige und verantwortungslos gelten.
Lapuz stellt in der Studie zur Psychpathologie fest, daß die Männlichkeit des Filipino erstens an seiner sexuellen und Zeugungsfähigkeit gemessen wird und zweitens daran, ob es ihm gelingt, sich von der Kontrolle durch die Ehefrau freizumachen. Zur Beurteilung des ersten Kriteriums dient die Anzahl seiner Kinder. Viele Kinder gelten als Beweis der Manneskraft. Dies erklärt auch, weshalb ein Mann sich von seiner Geliebten Kinder wünscht.
Alle filipino Ehemänner bemühen sich nach Kräften, auch den zweiten Männlichkeitsbeweis zu erbringen - aus Angst, sonst als Pantoffelheld, „unter dem saya", dazustehen. Und diese Angst ist durchaus real, da Filipinas in der Ehe sehr dominant sind. Auch wenn sie nach außen hin still und unterwürfig erscheinen mögen, so haben sie doch eine sehr geschickte Hand, wenn es darum geht, den Ehemännern ihren Willen aufzuzwingen. Der Mann ist Teil ihres Territoriums, da sie den Haushalt führt, und dabei hat er nichts zu sagen, es sei denn, sie fragt ihn um seine Meinung - was aber noch lange nicht bedeutet, daß sie auf seinen Rat hört. Also fügt er sich in sein Schicksal und konzentriert sich auf seine Rolle als Brötchenverdiener.

Der Vater

Die Hauptaufgabe des Vaters bleibt die Versorgung der Familie, und derjenige ist ein stolzer Vater, der all seinen Kindern den Schulbesuch oder einigen gar den Collegebesuch ermöglichen konnte. Ausbildung gilt als das Wichtigste, was Eltern ihren Kindern mit auf den Weg geben.
Viele Väter versuchen, ein Geschäft aufzubauen und so ihren Kindern einen Platz im Leben zu sichern, wenn sie herangewachsen sind und ins Arbeitsleben eintreten. Ein Geschäft zählt als wertvolles Erbe. Alle hoffen, ihren Kindern etwas hinterlassen zu können; es gibt ihnen das Gefühl, auch dann noch für die Kinder zu sorgen, wenn diese längst eigenständig sind. Man betrachtet es als Pflicht, den Kindern ein besseres

Leben zu ermöglichen. Auf diese Weise entstanden die großen Familiendynastien von heute, als Familienbetrieb, der von Generation zu Generation weitergegeben , verbessert und erweitert wurde. Wer seinen Kindern mehr gibt, als er selbst empfangen hat, fühlt sich als guter Vater.

Der Vater ist auch das zeremonielle Oberhaupt. Er ist der Kopf der Familie – in vielen Fällen allerdings nur dem Namen nach. Zu Hause wird er wie ein König behandelt: die Kinder müssen still sein, wenn er schläft, sie bringen ihm die Hausschuhe, wenn er heimkommt, richten sich nach seinen Launen und Wünschen und achten darauf, ihm nicht zur Last zu fallen oder ihn zu verärgern, da er nach harter Arbeit Entspannung und Erholung verdient. Also belästigen sie ihn gewöhnlich auch nicht mit ihren Problemen, so daß er nicht viel mit ihrer Erziehung zu tun hat. Diese Verantwortung liegt bei der Mutter.

Der Vater ist Autoritätsperson und wird als solche von der Mutter häufig als Drohmittel eingesetzt. („Hör auf, deine Schwester zu ärgern, sonst setzt es eine Tracht Prügel, wenn Vater heimkommt.") Das führt natürlich oft dazu, daß die Kinder in Angst vor dem Vater aufwachsen und in ihm nie eine Vetrauensperson sehen. Der Vater greift meist erst dann in die Erziehung ein, wenn die Kinder ins Teenager-Alter kommen, und zwar vorwiegend als Bestrafer. Bei der Erhaltung der Disziplin scheint die Mutter, je älter die Kinder werden, an Durchsetzungsvermögen zu verlieren. Offenbar greifen ihre Methoden, Drohungen und Bestechungsversuche, bei älteren Kindern weniger.

„Lolo": Der Großvater

Alte Menschen werden respektiert und geschätzt. Der Großvater steht an der Spitze der Familienhierarchie, einem alten Stammesfürsten vergleichbar. Jüngere Familienmitglieder suchen in vielen Angelegenheiten seinen Rat und seine Meinung. Er nimmt lebhaften Anteil am Leben seiner Enkelkinder, gelegentlich finanziert er seinem Lieblingsenkel den Hochschulbesuch in Manila oder gar im Ausland. Er setzt die Rolle des Vaters als Familienoberhaupt fort, in diesem Alter jedoch über ein noch größeres Lehen.

„Bakla": Der Homosexuelle

Die philippinische Gesellschaft akzeptiert und toleriert Homosexuelle. Und auch sie haben ihre Funktionen und Rollen zu erfüllen, sowohl männliche Homosexuelle wie Lesben. Dem b a k l a oder männlichen Homosexuellen, der sich feminin gibt, begegnet man mitunter in komischen Film- und Fernsehrollen. Sie sind es, die in der Gesellschaft in Sachen Mode und Geschmack den Ton angeben. Viele sind als Modedesigner, Innenausstatter, Architekten, Friseure und Visagisten tätig. Die Frauen folgen den von ihnen gesetzten Trends in Mode und Design und vertrauen ihrem Urteil oft mehr als dem eigenen.

Homosexuelle sind also Teil der philippinischen Gesellschaft und überall anzutreffen.

Alte Menschen werden sehr respektvoll behandelt. Sie sind die Bewahrer der Tradition, die lebenden Verbindungsglieder zu den Wurzeln der Familie. Bei den Ifugao bieten die Alten, wie dieser Mann, Hilfe und Rat an und dienen als Vermittler beim Schlichten von Streitigkeiten.

Sie haben ihre eigene Sprache, swardspeak, ihre eigene Sprechweise und eigenen Verhaltensweisen. Sie lieben Spaß und Unterhaltung und sind häufig die besten und vertrautesten Freunde von Frauen. Auch die Männer scherzen gern mit ihnen, necken sie und nehmen sie auf den Arm, jedoch nie auf herabsetzende oder übelwollende Art.

9
»Typisch filipino«:
Ein Mini-Führer

„Pila": Schlange stehen

Filipinos stehen nicht gern Schlange. Während des Zweiten Weltkrieges haben die Japaner ihnen beizubringen versucht, sich bei der Austeilung der dürftigen, dringend benötigten Reisrationen anzustellen. Im Nachkriegs-Manila mußten die Menschen in dichtbesiedelten Gebieten in langen Schlangen für das knappe Wasser anstehen. Noch heute verbinden die Filipinos das Schlange stehen (pila) mit den Schreckenszeiten des Krieges und versuchen, es möglichst zu vermeiden.
Ein ausländischer Freund von uns wurde von einem Filipino in die Methode eingewiesen, mit der ein Filipino sich seinen Weg zwar nicht durch eine Schlange, aber durch eine Menschenmenge bahnt:

Er schiebt sich, Ellenbogen voran, in eine Öffnung, wobei er darauf achtet, der Person, die er gerade zur Seite schiebt, nicht ins Gesicht zu sehen, macht eine halbe Körperdrehung und boxt den anderen Ellenbogen voran, diesmal in die andere Richtung blickend, und so weiter und so fort durch die ganze Menge. Sie können es ja einmal selbst versuchen, es soll funktionieren. Natürlich halten die Personen, die Sie so nacheinander mehr oder minder grob anrempeln, Ausschau nach dem Übeltäter – doch niemand fühlt sich beleidigt, da Sie Ihrem Opfer ja nie in die Augen, sondern stets in die entgegengesetzte Richtung schauen.

„Ningas kugon": Schnelle Sprinter, aber keine Dauerläufer

Viele Projekte starten mit der Geschwindigkeit eines Formel I Rennwagens, um nach wenigen Kilometern festzustellen, daß das Tanken vergessen wurde. Die Tendenz der Filipinos, ihren anfänglichen Enthusiasmus auf halber Wegstrecke zu verlieren, hat man mit einem rasch erlöschenden Strohfeuer (ningas kugon) verglichen. Es fehlen Ausdauer und Stehvermögen, wenn nach dem Startschuß Hindernisse den Schwung abbremsen. Ein möglicher Grund liegt vielleicht darin, daß die so wichtigen harmonischen zwischenmenschlichen Beziehungen Widersprüche, Kritik oder gar Ablehnung eines Projekts nicht dulden. Filipinos stimmen einem Vorschlag lieber zu, sehen nur seine positiven Seiten und ordnen ihre Einwände dem Enthusiasmus des Anführers unter. Wenn Schwierigkeiten auftreten und also aufrichtiges Engagement bewiesen werden müßte, dann stellt sich heraus, daß die meisten nur eine symbolische Zustimmung gegeben haben. Filipinos verlassen sich sehr stark auf die Persönlichkeit eines Führers, und so gewinnt eine Unternehmung geradezu zwangsläufig und ohne Zutun die sofortige Unterstützung seiner Freunde und Verwandten, was zu unangenehmen Überraschungen führen kann, wenn das Vorhaben schließlich der Allgemeinheit vorgestellt wird. Wenn kein anderer das Feuer schürt, erlischt der Funken und stirbt das Projekt.

„Napasubo": Es gibt kein Zurück

Hiya und amor-propio führen gelegentlich zu Situationen, aus denen es ohne Gesichtsverlust kein Zurück gibt, weil man sich öffentlich auf eine Position festgelegt hat. Ein Filipino wird dies dann eisern durchstehen, denn er ist napasubo – gebunden und kann es sich nicht leisten, Gesicht zu verlieren.

Motel: „Hier können wir uns nicht mehr treffen!"

Es handelt sich hier nicht um ein Hotel für müde Autofahrer, sondern um ein Gebäude von einer einzigartigen, eigens für sehr vertrauliche Verabredungen entworfenen Architektur. Hohe Mauern erlauben diskrete Ein- und Ausfahrt. Man parkt in einer Einzelgarage, von der eine Treppe direkt ins Zimmer führt. Motels werden hauptsächlich für Schäferstündchen benutzt. Die Zimmer werden stundenweise vermietet. Die weiblichen Besucher scheinen besonders belesen zu sein, denn beim Verlassen des Motels tragen sie alle dunkle Brillen und halten große Zeitungen vor ihrem Gesicht.

Amok und „juramentado"

Angeblich handelt es sich um ein ursprünglich malaiisches Phänomen. Psychologen behaupten, Filipinos liefen Amok, um angestaute Aggressionen abzulassen, weil die Gesellschaft keine offenen Feindseligkeiten zuläßt. Die Ansammlung von so viel innerem Groll (nagtatanim ng galit, wörtlich „Säen von Ärger") erreicht irgendwann ihren Explosionspunkt, und der Amoklauf befreit die aufgestauten Emotionen, die sich (häufig mit einem bolo oder Messer) gegen jeden zufällig Anwesenden wenden, oft die eigenen Verwandten. Nach dem Vorfall ist der Amokläufer sich seiner Tat nicht bewußt, was bei einem westlichen Tobsüchtigen meist nicht der Fall ist.
Auf den Philippinen durchlief der Amok bei den Moslems ein religiöses Ritual, bei dem die Zustimmung des Imam (Priesters) eingeholt wurde. Der Moslem verabschiedete sich von seiner Familie, durchlief die volle Totenzeremonie, bei der seine Augenbrauen abrasiert, sein Körper gewaschen und er in weiße Gewänder gekleidet wurde. Der muslimische Amokläufer trat zur Zeit des bewaffneten Widerstandes gegen die spanischen und amerikanischen Kolonisatoren häufig auf. Neben den psychologischen Gründen gab es auch religiöse Motivationen, da im islamischen Glauben der selbstmörderische Angriff auf „böse" Feinde einen unschuldigen „guten" Tod verhieß. Das spanische Wort juramentado bezeichnet jemanden, der einen heiligen Eid geschworen hat, bis zu seinem Tode gewaltsam zu kämpfen. Die Moslems nennen dies parrang sabbil, was „Krieg auf Allahs Weg" bedeutet.

„Tampo": Der große, leise Seufzer

Da Filipinos Ärger oder Verstimmung nicht offen ausdrücken dürfen, äußert sich unterdrückte Feindseligkeit in der Form von stiller Mißbilligung und dem Vermeiden der sonst üblichen Fröhlichkeit in Anwesenheit jener Person, über die man sich ärgert. Solche Signale sollten genügen, um den Übeltäter zu veranlassen, die Harmonie wiederherzustellen, nicht notwendigerweise durch ein Gespräch über das Problem, sondern indem er sich über das Wohlergehen der verletzten Person besorgt zeigt. Bleiben das Schweigen oder die Verweigerung der Kommunikation unbeachtet, so wird nachgesetzt, etwa durch einige nörgelnde Bemerkungen, eine zugeschlagene Tür, einen „versehentlichen" Tritt auf den großen Zeh oder kaum hörbares Gemurmel, also deutlichere Offenbarungen übler Laune (nagdadabog). Es ist wichtig, auf diese Zeichen mit freundlichen Angeboten zu reagieren, andernfalls werden die Beziehungen sich weiter verschlechtern. Filipinos lassen sich meist einige Zeit zum „Abkühlen" und antworten dann mit freundschaftlichen Annäherungsversuchen.

„Tao”

Das Wort für Mensch heißt tao. Es wird in verschiedenen Versionen verwandt, die aber alle die menschliche Würde oder Zerbrechlichkeit betonen. Menschliche Schwächen werden mit dem Satz „Wir sind alle nur tao” (Sapagkat kami ay tao lamang) entschuldigt. Der Ausdruck tao bezeichnet auch den einfachen Menschen, den Bauern und Arbeiter. Wer seine Anwesenheit im Haus eines anderen ankündigen will, klopft an und sagt: „Tao po”, was bedeutet „Ein Mensch ist hier!”

Aberglaube und Mythologie

„Kulam”

Plötzliche Übelkeit wird allgemein kulam, einer Form der Zauberei, zugeschrieben. Man glaubt, mit übernatürlichen Kräften begabte Menschen könnten durch den bösen Blick physische Krankheiten übertragen. Diese mangkukulam treiben solches Unwesen offensichtlich wegen einer belanglosen Beleidigung, sei sie real oder eingebildet, oder lediglich aus einer Laune heraus.

„Aswang”

Aswang ist eine böse Kreatur der Unterwelt, die bisweilen die Gestalt eines Schweines oder Hundes annimmt, manchmal auch die eines Nachtvogels namens tik-tik. Aswang vermag jeder Person zu schaden, doch bevorzugt dieses Wesen schwangere Frauen, da menschliche Fötusse seine Lieblingsspeise sind.

„Manananggal”

Ein weiblicher Vampir, der sich schlafende Männer als Opfer sucht. Der Vampir kann seinen Oberleib abtrennen und nachts zu den Betten nichtsahnender Männer fliegen. Sollten Sie an der fehlenden Hälfte feststellen, daß Ihre Frau eine manananggal und gerade in dieser Funktion unterwegs ist, dann streuen Sie Salz auf ihren zurückgeblieben Torso, um sie zu vernichten.

„Nuno sa punso”

Ein winziger alter Mann, der auf einem Ameisenhaufen lebt. Er hockt auf diesem Erdhügel und verfügt über magische Kräfte, die Glück oder Unglück bringen können. Wenn Sie an einem Ameisenhaufen vorbeigehen wollen, sollten Sie ihn immer um seine Erlaubnis bitten.

„Anting-anting": Amulette und Talismänner

Der Glaube an anting-anting reicht in die Vorgeschichte zurück und wurde schon von frühen spanischen Chronisten beschrieben. Er ist auch heute noch weit verbreitet. Christliche Filipinos haben ihr anting-anting mit abgewandelten christlichen Symbolen und lateinischen Namen versehen. Anting-antings können ihren Besitzer unbesiegbar oder unsichtbar machen und auch Glück, Wohlstand oder Fruchtbarkeit bringen. Gewöhnlich sind sie geheime Waffen von Kriegern; von vielen namhaften Banditen heißt es, sie hätten besonders wirksame anting-antings besessen. Und der Biograph von Ex-Präsident Marcos, Hartzell Spence, behauptet, Bischof Aglipay hätte Marcos ein anting-anting in den Rücken operiert. (Ob es seine Wirkung verloren hat?)

„Gayuma"

Filipinos geben sich gern der Vorstellung hin, heißblütige Liebhaber zu sein. Liebeszauber werden angewandt, um die Zuneigung des Objekts der Begierde zu gewinnen. Eine liebeskranke Person, deren Liebe nicht erwidert wird, steht angeblich unter einem Liebesbann (nagayuma).

Wie man Regenfälle beendet

Wenn Sie ein Gartenfest geben wollen und es sieht nach Regen aus, so sollten Sie der Heiligen Klara einige Eier schicken. Die Schwestern der Heiligen Klara werden die frischen Eier zwar gern annehmen, für den Sonnenschein aber keine Garantie übernehmen.

Zahlen

Einige Filipinos gehen vorsichtig mit der Zahl 13 um und werden bei Einladungen zum Beispiel darauf achten, daß nicht 13 Personen am Tische versammelt sind, da dies Unglück bringen würde. Die Anzahl der Stufen zum Haupteingang des Hauses sollte nicht durch 3 teilbar sein. Zählen Sie oro, plata, mata (Gold, Silber, Tod), während Sie die Stufen hinabgehen; Ihr letzter Schritt sollte nicht mit mata enden.

Fastentabus

Die Fastenzeit steckt voller Omen. Abergläubische Leute reisen niemals am Gründonnerstag oder Karfreitag. Auf keinen Fall sollten Sie an diesen Tagen ein Bad nehmen. Anting-antings werden am Karfreitag getestet. Am Karsamstag springen die Kinder während der Opferung bei der Messe in die Höhe, damit sie möglichst groß werden.

„Pasalubong": Wenn einer eine Reise tut

Es ist Brauch, Freunden und Verwandten von einer Reise Geschenke mitzubringen, auch wenn die Reise nur in die Nachbarstadt führte. Gewöhnlich sind dies Delikatessen, für die das Reiseziel bekannt ist: Erdbeeren aus Baguio, Ananas aus Tagaytay, Ojaldres-Plätzchen von den Visayas, Pastillas aus Bulacan, Turron (Klebreis-Kekse) aus Pampanga. Reisen ins Ausland arten oft in einen Kaufrausch aus, um eine ganze Liste von pasalubong (Mitbringseln) für Freunde und Verwandte zu besorgen.

„Balato"

Jeder, der eine Glückssträhne gezogen hat, sei es ein Gewinn beim Hahnenkampf, beim Rennen oder ein sonstiger unerwarteter Geldsegen, muß sein Glück mit Freunden und Verwandten teilen (balato). Eine andere Form, ein glückliches Ereignis zu feiern, ist eine Einladung ins Restaurant oder ein großes Fest zu Hause („blow-out").

„Despedida"

Wenn ein Freund oder Verwandter für längere Zeit wegfährt, so gibt man für ihn ein besonderes Fest mit dem Namen despedida (das spanische Wort für Abschied). Gewöhnlich werden enge Freunde eingeladen, und der abreisende Ehrengast kann einige Namen von Freunden nennen, auf deren Einladung er Wert legt.

Das „querida"-System

Dem Filipino wird ein lockereres Eheverhalten zugestanden, und oft legt er sich eine Geliebte zu, mit der er eine zweite Familie gründet. Dies ist weit verbreitet in allen sozialen Schichten, von den Wohlhabenden bis zum Jeepney-Fahrer. Manche meinen, erst damit ihre Männlichkeit zu beweisen. Alle Ehefrauen leben in der Angst, ihren potenten Gatten mit heimlichen Rivalinnen teilen zu müssen. Das Gesetz würdigt die Rechte einer Geliebten, die mehr als sieben Jahre mit einem Mann zusammengelebt hat. Uneheliche Kinder, die den Namen des Vaters tragen, sind erbberechtigt. So erhält sich, auch nachdem der Hahn im Korb verstorben ist, die Rivalität zwischen den beiden Frauen weiter. Auseinandersetzungen über Beerdigungszeremonien, Besitztümer etc. sind die Folge.

Wie bereits erwähnt, spricht man nicht in der Öffentlichkeit, sondern nur hinter vorgehaltener Hand über die querida. Man toleriert zwar ein solches Verhältnis, aber es unterliegt der sozialen Zensur. Ein Freund oder Verwandter mag die eigene „Nummer Zwei" im Gespräch aufbringen, aber niemand erwähnt die Geliebte eines anderen in dessen Beisein.

Filipinos schreiben es nur allzugern dem Versagen der Ehefrau zu, wenn ein Mann sich auf diese Weise herumtreibt. Entweder ist sie zu nett zu ihm oder nicht nett genug, hat zuwenig Wert auf ihre körperlichen Reize gelegt oder allzuviel Zeit für Schönheitspflege verschwendet, statt sich um den Haushalt zu kümmern. Immerhin machen solche filipino Machos einiges wett, indem sie pflichtbewußt ihren familiären Aufgaben nachkommen, auch gegenüber ihrer „Nummer Zwei", „Nummer Drei" usw.
Natürlich klagen die Ehefrauen über diesen Zustand und runzeln Feministinnen mit Recht die Stirn. Andererseits erhalten aber gerade jene vielen, zahlenmäßig die Macho-Ehemänner weit übertreffenden Frauen das querida-System am Leben, die glücklich sind, die „Nummer Zwei" oder „Nummer Drei" zu sein. Allerdings sollten Sie nun nicht meinen, dies sei gang und gäbe, und glauben, daß jede Frau, der Sie begegnen, sich danach sehnt, eine querida zu werden. Geliebte führen ein Untergrunddasein. Man begegnet ihnen zwar höflich, aber sie werden gesellschaftlich nicht anerkannt, so mächtig ihr Geliebter auch sein mag und so stolz sie auf ihren Status sein mögen. In einer Gesellschaft, die amor-propio, hiya und öffentliches Ansehen derart hoch schätzt, existiert die Geliebte nicht als Person. Man hat ihr die verschiedensten Namen gegeben: querida ist das spanische Wort für Geliebte, oft abgekürzt zu kiri; man hat sie auch kulasi genannt, nach einem kleinen grünen Papagei, den die Leute sich zu ihrem Vergnügen halten, oder auch kalapating mababang lipad, so heißt eine tieffliegende Taube.
„Eine beschäftigte linke Hand, von der die rechte nicht weiß, was sie tut", so lautet die Metapher für eheliche Untreue (nangangaliwa), und während „linkshändige" Ehemänner toleriert werden, ist die Gesellschaft schonungslos gegenüber weiblichen „Linksabweichlern".

„Bakla"

Homosexuellen begegnet man auf den Philippinen mit viel Toleranz. Viele von ihnen sind als Modeschöpfer, Innenarchitekten, Friseure, Kosmetiker und Unterhalter tätig und machen sich hier einen Namen. Häufig scherzt man über sie, aber immer gutmütig und ohne homosexuelles Verhalten zu verurteilen. Wie im querida-System findet die tatsächliche Homosexualität unter der Oberfläche statt, offene Bezeugungen, wie etwa Transvestismus, stoßen auf Lachen. Bedenken Sie, daß ein männlicher Arm auf der Schulter eines anderen Mannes und Händchenhalten bei Männern nichts mit Homosexualität zu tun haben.

„Mukha": Das Gesicht

Filipinos legen großen Wert auf die Fassade. Die äußere Erscheinung ist von höchster Bedeutung. Sie unterscheiden klar zwischen äußerlichem Anschein und innerem Selbst. Ehemänner werden niemals mit anderen über Auseinandersetzungen mit der Ehefrau sprechen, denn dies würde auch ihre Schwächen beleuchten. Ein Mann kann sein

Leben lang ständig Kontakt zu einem Kollegen haben, der mehrere Geliebte unterhält, ohne daß das Thema jemals erörtert wurde. Viele unglückliche Ehen bestehen, „bis daß der Tod sie scheidet", so sehr beide darunter leiden mögen - nur um in der Öffentlichkeit den Schein zu wahren.

Für manche Filipinos zählen gar ausschließlich Äußerlichkeiten, so daß sie versuchen, ihre Illusionen anderen als Realität zu verkaufen. Filipinos haben ein überaus feinsinniges Gespür für derartige Oberflächlichkeiten und bezeichnen solches Gaukelwerk als balatkayo (Heuchlerei), pabalatbunga (Obstschale) oder pakitangtao (öffentliche Show). Konsequenterweise beurteilen Filipinos eine Person nach ihrem inneren Selbst (loob), das den Charakter bestimmt.

„Bahala na": Fatalismus oder Resignation?

Manche halten diesen Wesenszug für Fatalismus. Wörtlich bedeutet der Ausdruck, die Dinge Bathala (Gott) anzuvertrauen oder einfach sich selbst zu überlassen. Da Filipinos auf das Wohlwollen anderer Leute bauen, zum Beispiel ihrer Vorgesetzten, und ihnen möglichst alles recht machen wollen und auch weil sich wegen der engen Verwandtschaftsbeziehungen der einzelne so vielen Interessen und Meinungen beugen und anpassen muß, kann man bahala na auch als einen Weg verstehen, hoffnungslos langwierige und verzwickte Entscheidungsprozesse zu vermeiden. Mit anderen Worten ist bahala na die Schublade, in der alles verschwindet, was „zu schwierig" ist, weil letztendlich alles doch von so vielen anderen Menschen, ihren Wünschen, Meinungen und Launen abhängt.

„Bayanihan"

So heißt die traditionelle Methode der Zusammenarbeit in ländlichen Gebieten bei Tätigkeiten, die die Hilfe vieler Hände verlangen, wie etwa Pflanzen und Ernten.

Ein Umzug in ländlichen Gebieten bedeutet, daß das ganze Haus zu einem anderen Standort getragen wird. Alle Verwandten, Nachbarn und Freunde helfen dabei. Bayanihan nennt man diesen Geist gegenseitiger Hilfe.

Wenn jemand im Dorf mit seinem Haus (im wahrsten Sinne des Wortes, denn man trägt die ganze Hütte mit den Hauptpfeilern davon) umzieht, kommen die Mitglieder der Gemeinschaft zur Hilfe. Der Hausbesitzer bietet ihnen nur einige kleine Erfrischungen an, denn selbstverständlich würde er beim Umzug eines anderen ebenso zupacken. Der Begriff bayanihan ist zum Symbol für die Fähigkeit der Filipinos geworden, für ein gemeinsames Ziel zusammenzuarbeiten.

„Bangungot"

Eine seltene Krankheit, die angeblich nur bei männlichen Filipinos auftritt, meist Junggesellen zwischen 25 und 40 Jahren. Junge Männer werden morgens tot im Bett aufgefunden, nachdem sie offensichtlich einen schweren Alptraum durchlitten haben. Filipinos schreiben dies zu schwerem Essen vor dem Schlafengehen zu oder auch einem Dämon, der sich einem auf die Brust setzt. Forscher versuchten diesen plötzlichen Tod auf Speisen wie bagoong oder patis zurückzuführen, aber noch hat man keine einleuchtende Erklärung oder einen Virus gefunden. Auch bei auf Hawaii lebenden Filipinos hat man diese Krankheit festgestellt; der Pathologe von Honolulu sprach von 84 Todesfällen in der Zeit von 1937 bis 1948.

„Tingi": Mini - Einkauf

Waren gehen auch in den kleinsten Mengen über den Tisch: als einzelne Zigarette, Knoblauchknolle oder einzelnes Kaugummi, eine kleine Tasse Essig oder ein Klacks Fett. Und der Jeepney-Fahrer, der eine Zigarette ersteht, läßt sich diese auch gern noch anzünden. Während große Supermärkte den Einkauf großer Mengen zu fördern versuchen, scheint der Verbraucher auf den Philippinen eher geneigt zu sein, stets die minimale Menge zu erwerben.

„Balagtasan": Debatten

Die traditionelle Debatte legt Wert auf die Form, nicht auf den Inhalt, auf den Vortrag und blumige Bildersprache, nicht auf Logik und Themen. Auf den Philippinen zählt weniger, was man sagt, als wie man es sagt. Dichterwettbewerbe erfreuten sich in der Vergangenheit großer Beliebtheit, heute sind sie nur noch in kleinen alten Städten zu finden. Weil gute zwischenmenschliche Beziehungen das Klingenkreuzen harter Wortgefechte verbieten, scheint der Streit der Ideen Filipinos im allgemeinen nicht besonders anzusprechen. Vielmehr ziehen sie die richtige Formulierung vor, um Freunde zu gewinnen, eine gewandtes Wortspiel, um ein Lächeln auf die Lippen zu zaubern, die perfekte Strategie, Ärger zu zerstreuen.
Ernsthafte Diskussionen und Auseinandersetzungen über Ideen werden auf Konferenzen und Gesprächsrunden kaum aufblühen. Ein Seminarleiter wird sich eher bemühen,

direkte Konfrontationen herabzuspielen und unter den Tisch zu kehren, als die Dinge auf den Punkt zu bringen. Debattenteilnehmer übergießen ihre Argumente eifrig mit Zuckerguß oder verwässern sie, um Streit und Erregung zu vermeiden, mit dem Ergebnis, daß eigentlich nichts ausgesagt wird.

Wunderheiler

Selbst Patienten aus Europa und Amerika haben sich in die Hände von filipino Wunderheilern begeben, denen man übernatürliche Heilkräfte nachsagt. Angeblich können sie ohne Instrumente Operationen durchführen, Wunden verschließen, ohne Narben zu hinterlassen, und mit göttlicher Hilfe heilen. Zeigt ihre Behandlung keinen Erfolg, so liegt dies, wie man sagt, am Verlust ihrer Fähigkeiten, was damit erklärt wird, daß sie der Gewinnsucht anheimfielen oder ihre Energien erschöpft haben. Ein berühmter Wunderheiler zögerte nicht, sich im Krankenhaus am Blinddarm operieren zu lassen, und das mag – oder auch nicht – etwas über Wunderheilung aussagen. Auf jeden Fall besteht die Tradition schon seit mehreren Jahrhunderten.

„Pabaon"

Es ist alter filipino Brauch, den Gästen beim Abschied ein kleines Eßpäckchen mit Kostproben vom Festschmaus mitzugeben, eine sogar bei auswandernden Verwandten übliche Geste. Archäologen bezeichnen die Lebensmittelopfer auf Ton- oder Porzellanplatten in alten Gräbern als p a b a o n.

Essen

Essen ist ungemein wichtig für die Gemütsverfassung eines Filipino. Es scheint, als sitze ihm stets die Angst im Nacken, Hunger leiden zu müssen. Wohin er auch geht, sorgt er für ausreichenden Wegproviant. Die Unmenge von Freßpäckchen, die unweigerlich jeden Strandausflug begleiten, vermag das unruhige Gefühl in der Magengegend nicht zu besänftigen; auf dem Wege muß noch an einigen Obstständen für Nachschub gesorgt werden. Und selbst ein kurzer Kinobesuch ist ohne Freßpaket unvorstellbar.

Es gibt kein Treffen von Filipinos, an dem nicht Essen aufgetragen wird. Es gehört zur üblichen Gastfreundschaft, Besuchern nicht nur Getränke, sondern auch Speisen anzubieten, seien es nur Süßigkeiten oder Reiskuchen. Die übliche filipina Begrüßung lautet: „Haben Sie schon gegessen?" („K u m a i n k a n a b a ?") Es gehört sich nicht, vor den Augen eines anderen zu essen, ohne ihm davon anzubieten. Wundern Sie sich nicht, wenn Ihr Fahrer urplötzlich wie ein Berserker den Wagen lenkt – vermutlich konnte er seine Mahlzeit nicht pünktlich einnehmen. Geben Sie sich nicht der Hoffnung hin, die Aufmerksamkeit einer Büroangestellten erwecken zu können, die soeben ihr verfrühtes Mittagessen am Schreibtisch einnimmt, oder eines Beamten, der gerade seine nachmittägliche Kaffepause (merienda) genießt. Eßlokale aller Art schossen und schießen noch immer wie Pilze aus Metro Manilas Boden: vornehme Restaurants, philippinische Spezialitätenlokale, Imbiß- und Hamburgerbuden, Straßengrills und Garküchen, Sie haben die Wahl.

„Lista sa tubig": Teilen und Schnorren

Es ist Regel, mit der Verwandtschaft zu teilen. Und man mißt eine Beziehung an der Bereitschaft, alles mit dem anderen zu teilen. Es ist selbstverständlich, einem befreundeten oder verwandten Autor, Maler oder Ladenbesitzer nichts für ein erhaltenes Buch, Bild oder eine Tafel Schokolade zu zahlen. Dies würde nämlich bedeuten, mit anderen Sterblichen auf eine Stufe gestellt und nicht als ein besonderer Vertrauter behandelt zu werden. Filipinos neigen dazu, sich selbst zu bedienen, in der Annahme, daß man sie nicht zur Rede stellt oder etwas dagegen einwendet, wenn der andere mit ihnen befreundet oder verwandt ist. Einige Ausdrücke, die dieses Verhalten bezeichnen, sind: „T.Y." (thank you/danke), „Hinterhalt", „lista na tubig" („auf dem Wasser anschreiben lassen") und „dilihensiya" (Hilfeleistung).

„Suki"

Auch in eigentlich rein geschäftlichen Angelegenheiten zählen die persönlichen Beziehungen. Beim täglichen Einkauf zieht der Käufer Läden vor, wo man ihn freundlich behandelt, bevorzugt bedient, ihm nur Waren bester Qualität anbietet, besondere Preise macht und der Stammkundschaft sogar Kredit einräumt. Diese zwischen Hausfrauen und Marktverkäufern weitverbreitete Beziehung wird suki genannt.

Unter der „saya"

Der filipino Macho-Kult wird in Schach gehalten – mitunter auch matt gesetzt – von eigenwilligen Ehefrauen, die ihren Männern die Zügel anlegen. Solche Pantoffelhelden werden mit dem Spruch bedacht, sie lebten „unter den Röcken" (saya) ihrer Frau.

„Palakasan"

Politische Winkelzüge bestimmen oft die Dynamik der Macht, indem Einfluß und Macht eines Amtes mißbraucht werden, um sämtliche Hindernisse, die sich in den Weg stellen mögen, beiseite zu schieben. Der Begriff malakas (stark) umschreibt eine mächtige Person, die nicht zögert, ihre Macht zum eigenen Vorteil einzusetzen. Er bezeichnet zugleich eine Person, die einem Mächtigen oder einer Institution nahesteht oder Einfluß auf diese ausübt. Die erbarmungslose und willkürliche Ausnutzung des politischen Amtes oder der Macht bringt der traurige, doch vielzitierte Kommentar eines Politikers auf den Punkt: „Wozu sind wir denn sonst an der Macht?" Demgegenüber nennt man den, der am Gesetz festhält oder seine Macht nicht dazu benutzt, andere einzuschüchtern, mahina (schwach). Palakasan ist das System, mit Hilfe von politischem Einfluß oder politischer Beziehungen zu überleben.

„Eins, zwei, drei": Sesam öffne dich

Verschiedenerlei Bereicherungsspiele, im Volksmund „eins, zwei, drei" genannt, haben vor allem in den Städten ihre Anhänger. Sehr beliebt ist eine Maschine zum Duplizieren von Peso-Noten. Einbrecher verschaffen sich häufig bei Abwesenheit des Eigentümers Zugang zu Häusern, indem sie den Hausangestellten zum Beispiel erzählen, sie müßten den Fernseher oder ein anderes Gerät zur Reparatur abholen. Bei einer anderen Variante des Spiels erhält das Personal oder ein Verwandter im Hause des Opfers einen Anruf und erfährt, der Hausherr sei mit dem Wagen verunglückt und benötige nun dringend Geld für eine Bluttransfusion oder eine andere Lebensrettungsmaßnahme. Die Angerufenen kratzen nun in wilder Suche aus Safes und verschlossenen Schubladen die notwendigen Mittel zusammen und übergeben sie dem lebensrettenden Anrufer schnellstens an einer vereinbarten Stelle.

10
Kultur-Spiel

Mit diesem Spiel können Sie testen, ob Sie fähig sind, Situationen, in die Sie auf den Philippinen geraten können, richtig einzuschätzen und richtig auf sie zu reagieren. Dabei sollten Sie natürlich nicht nach einem Schwarz-Weiß-Schema vorgehen; es zählt weniger eine korrekt formulierte Antwort als angemessene Wahrnehmung und angemessenes Verhalten nach den Spielregeln der philippinischen Gesellschaft. (Manchmal sind mehrere Lösungen möglich, und mitunter mag keine vollständig befriedigen.)

Situation 1

Ein bewaffneter Soldat, der einen über den Durst getrunken hat, nimmt in einem Jeepney Ihnen gegenüber Platz und starrt Sie an.
Wie reagieren Sie?

- ☐ A Sie starren, Ihre Mißbilligung ausdrückend, zurück.
- ☐ B Sie sehen weg und ignorieren ihn.
- ☐ C Sie lächeln und fangen einen Plausch mit ihm an.

Kommentar:
Am besten schauen Sie weg (B). Zurückstarren (A) könnte ihn provozieren und zu einem kleinen Streit herausfordern, bei dem Sie den kürzeren ziehen könnten. Lächeln (C) mag eine freundliche Geste sein, könnte aber auch als Spott interpretiert werden; auf jeden Fall kann man den Ausgang eines Gesprächs mit einem bewaffneten Betrunkenen nicht voraussagen.

Situation 2

Sie betreten das Haus eines Ihrer Angestellten, als dieser gerade zu Mittag ißt. Er lädt sie ein: „Bitte essen Sie doch etwas mit."
Was antworten Sie?

- ☐ A Ja, vielen Dank, ich verhungere schon.
- ☐ B Nein danke, ich habe gerade gegessen.
- ☐ C Danke nein, aber ich würde etwas trinken.

Kommentar:
Die Einladung unverzüglich anzunehmen (A), dies könnte ihn vor den Kopf stoßen – womöglich kann er nicht genug anbieten. Seine Einladung war nämlich eine reine Höflichkeitsfloskel und beileibe nicht wörtlich zu verstehen. Sie würden ihn in eine peinliche Lage versetzen, wenn Sie sein Angebot sofort annähmen, besonders wenn er meint, die Speisen seien nicht gut genug für Sie. Filipinos bereiten für Gäste immer besondere Mahlzeiten zu. Nur wenn er weiter darauf besteht und die Einladung nachdrücklich wiederholt, wäre es angemessen, seine Bitte nicht abzuschlagen. Doch die meisten Filipinos lehnen sogar die erste Einladung zu einer Tasse Kaffee oder einer Zigarette ab und erwarten, daß man das Angebot wiederholt, ehe sie annehmen. „Nein danke" (B) wäre daher die richtige und erwartete Antwort. Die Möglichkeit C ist in den meisten Situationen jedoch auch akzeptabel.

Situation 3

Ein Hausangestellter kommt zu Ihnen, erzählt von einem kranken Verwandten und bittet Sie, ihm eine größere Summe zu leihen. Er hat schon früher einmal Geld von Ihnen geliehen und schuldet Ihnen noch drei Monatslöhne.
Was tun Sie?

- ☐ A Sie leihen ihm das Geld, um dem armen Mann zu helfen.
- ☐ B Sie leihen ihm nur einen Teil der Summe.
- ☐ C Sie verweigern ihm das Geld, weil Sie Ihre Grundsätze haben und Summen, die drei Monatslöhne überschreiten, nicht verleihen.

Kommentar:
Ihre Chancen, eine Schuld von beispielsweise sechs Monatslöhnen zurückzuerhalten, stehen in der Tat denkbar schlecht. Zudem steigt die Wahrscheinlichkeit, daß der nun hoch verschuldete Hausangestellte das Interesse an der Arbeit verliert, da die Rückzahlung seiner Schulden den größten Teil des Lohns verschlingen wird. Nur einen Teilbetrag zu verleihen, dies löst sein Problem vermutlich nicht, da notleidende Verwandte bei ihm offenbar ein Dauerzustand sind. Wenn Sie ihm aber sehr vertrauen und seine Arbeit sehr schätzen, können Sie es riskieren, ihm einen Teilbetrag zu leihen. Damit schaffen Sie jedoch einen Präzedenzfall. Am besten halten Sie sich an Ihre eigenen Vorsätze und sagen, Sie könnten kein Geld mehr leihen, da dies von ihm auch verstanden würde.

Situation 4

Sie sind in das Haus einer angesehenen Person zum Essen eingeladen. Beim Abschied möchten Sie der Gastgeberin ein Kompliment machen.
Was werden Sie loben?

- ☐ A Das hervorragende Essen
- ☐ B Ihre gute Wahl des Kochs
- ☐ C Ihr schönes Haus und den netten Abend

Kommentar:
Wohlhabende Frauen stellen Köche ein; ein Kompliment über das Essen (A) wäre also an die „falsche" Person gerichtet, es sei denn, sie hätte Ihnen erzählt, das Essen oder zumindest einen Gang persönlich zubereitet zu haben. Sie zur Auswahl Ihres Koches oder der Köchin zu beglückwünschen (B), dies wäre ein etwas linkisches Kompliment, das Ihnen nicht viele Punkte einbrächte. Einige anerkennende Worte zur Einrichtung des Hauses und der allgemeinen Gestaltung des Abends und Essens (C) sind passend und werden sicher gern gehört.

Situation 5

All Ihre Freunde reden über die Affäre eines filipino Freundes mit einer Geliebten. Kurz darauf begegnen Sie ihm.
Was tun Sie?

- ☐ A Sie fragen ihn, wie es seiner Freundin geht.
- ☐ B Sie informieren ihn über all die Gerüchte, die Ihnen zu Ohren gekommen sind.
- ☐ C Sie vermeiden jede Erwähnung seines privaten Liebeslebens.

Kommentar:
Ehemänner auf Seitenpfaden sind in den Augen ihrer Freunde erfolgreiche Machos. Dennoch sind solche „Kavaliersdelikte" öffentlich nicht akzeptiert. Deshalb können Sie eine derart delikate Angelegenheit mit Ihrem Freund einzig und allein nur dann diskutieren, wenn er selbst dieses Thema anspricht. Er wird Sie für neugierig und klatschsüchtig halten, wenn Sie sich nach dem Befinden seiner Geliebten erkundigen (A), und es wäre ihm peinlich, von Gerüchten und Tratsch über ihn zu hören (B). Er sähe dies sicher nicht als einen Gefallen, den Sie ihm erweisen wollen, sondern wird denken, daß Ihre offensichtliche Kenntnis seiner Affaire Ihren Respekt mindert und die Freundschaft beeinträchtigt. Sie sollten das Thema auf jeden Fall umgehen (C).

Haussuche

Nachstehend in ungeordneter Reihenfolge einige wichtige Kriterien, die Sie bei der Wahl eines Hauses oder einer Wohnung beachten sollten. Wägen Sie sie gegeneinander ab und bringen Sie die zehn Kriterien in eine ihrer Bedeutung entsprechende Reihenfolge.

☐ 1. Ein weiter Blick über die Bucht von Manila
☐ 2. Innenstadtlage
☐ 3. Sicherheit
☐ 4. Teppiche und gute Ausstattung
☐ 5. Moderne Küche mit Waschmaschine
☐ 6. Schutz vor Überflutung von Haus, Garten und Straße bei heftigen Regenfällen
☐ 7. Telefonanschluß
☐ 8. Verkehrsgünstige Verbindung zum Arbeitsplatz und zur Schule der Kinder
☐ 9. Offener Garten und freie Fenster für eine gute Durchlüftung
☐ 10. Abgelegene, ungestörte Lage

Kommentar:
Eine hübsche Aussicht ist zwar ein erfreulicher Vorzug, muß aber hinter wichtigeren Dingen zurückstehen. Eine Innenstadtlage ist günstig, aber Sie müssen sich dann auf ständiges Verkehrschaos gefaßt machen. Sicherheit ist unabdingbare Voraussetzung, denn Einbrecher treiben ihr Unwesen. Teppiche und andere moderne Einrichtungen sind nur in klimatisierten Räumen sinnvoll, die sich aber angesichts der häufigen Stromausfälle und in die Höhe schnellenden Stromkosten letzten Endes als weniger wichtig herausstellen können. Eine moderne Küche und eine Waschmaschine sind nur von Belang, wenn Sie sie selbst benutzen wollen; haben Sie Haushilfen (sie sind einer der größten Vorteile des Lebens auf den Philippinen), sollten Sie weniger Wert auf technische Geräte legen. Die Gefahr von Überflutung dürfen Sie auf keinen Fall unterschätzen; überprüfen Sie das Grundstück so eingehend, als läge es auf einer einsamen, flachen Klippe am Meer, die bei der nächsten Flut überspült werden könnte.

Ein Telefonanschluß ist ein Muß. Das Verlegen einer neuen Leitung kann eine Ewigkeit dauern. Es ist nicht zu empfehlen, einen Anschluß mit anderen zu teilen. Können Sie sich zwei Anschlüsse leisten, so machen Sie davon Gebrauch. Die Berücksichtigung der Verkehrslage ist wichtig, denn der Stoßverkehr zur Rush-hour kann Sie einen großen Teil Ihrer Freizeit kosten. Wenn Sie Kinder haben, die zur Schule gehen, sollten Sie dabei auch den Schulweg beherzigen. Ein offener Garten und freie Fenster sehen sicherlich sehr hübsch aus und sind angenehm, locken jedoch Einbrecher an. Aus Sicherheitsgründen sollten Sie unbedingt hohe Mauern, Tore, vergitterte Fenster und Türschlösser vorziehen. Aus dem gleichen Grunde lädt ein abgelegener, ungestörter Ort Einbrecher und andere Kriminelle zu einem unerwünschten Besuch ein.

Die Reihenfolge sollte nach abnehmender Wichtigkeit deshalb lauten:
3 – 6 – 7 – 8 – 1 – 2 – 4 – 5 – 9 – 10

Das filipino „Ja"

Welche der folgenden Bedeutungen kann das „Ja" eines Filipino haben?

☐ **1.** Ich weiß nicht.
☐ **2.** Vielleicht.
☐ **3.** Wenn Sie es sagen!
☐ **4.** Du solltest deinen Kopf im Pfandhaus abgeben!
☐ **5.** Ja natürlich.
☐ **6.** Laß mich hier bloß 'raus!
☐ **7.** Wo ist denn die Toilette?
☐ **8.** Nein, aber ich werde Ihnen nicht offen widersprechen.
☐ **9.** Ist Ihnen klar, wie spät es schon ist?!
☐ **10.** Ihr Europäer seid alle gleich.

Kommentar:
Ein „Ja" kann je nach begleitendem Gesichtsausdruck und Betonung vieles bedeuten. Es läßt sich nicht auf eine einzige Definition festlegen. Sie müssen Ihre Antennen ausfahren und sich in die Antwort hineinfühlen. Ein „Ja" kann zum Beispiel herausplatzen, weil die Haushilfe verwirrt ist und es nicht zugeben mag. Ein „Ja" kann auch Unverständnis signalisieren und die peinliche Situation, dies nicht eingestehen zu können oder zu wollen. Ein „Ja" mag ausgesprochen werden, nur um Ihnen in dieser Situation zu schmeicheln. Die Antworten 4, 6, 7, 9 und 10 jedoch überschreiten selbst die Grenzen eines filipino „Ja".

Richtig oder falsch?

Testen Sie Ihr Wissen und Verständnis und kreuzen Sie die folgenden Aussagen als richtig oder falsch an:

☐ R ☐ F 1. Am Totengedenktag Allerseelen gehört es sich auf keinen Fall, sich für den Friedhofsbesuch mit Proviant einzudecken und diesen an den Gräbern zu verschmausen.

☐ R ☐ F 2. Die Warenpreise in Einzelhandelsgeschäften und auf öffentlichen Märkten sind fest, und Sie sollten niemals zu handeln versuchen.

☐ R ☐ F 3. Männer und Frauen berühren sich nie in der Öffentlichkeit, Menschen gleichen Geschlechts jedoch tun es sehr häufig.

☐ R ☐ F 4. Man beurteilt Sie nach Ihrer äußeren Erscheinung.

☐ R ☐ F 5. Christen sind auf den Philippinen eine Minderheit.

☐ R ☐ F 6. Filipino Bauern essen mit den Händen.

☐ R ☐ F 7. Die Universität des Hl. Tomas in Manila ist älter als die amerikanische Harvard Universität.

☐ R ☐ F 8. Ein Junge und ein Mädchen sollten sich bei ihrer ersten Verabredung nicht küssen.

☐ R ☐ F 9. Büroangestellte sehen in einer nachmittäglichen Kaffeepause eine Einrichtung, die dem Arbeitsklima und der Arbeit förderlich ist.

☐ R ☐ F 10. Sie können ohne Sorge Gegenstände im Garten oder unverschlossenen Auto zurücklassen.

Antworten:

1 Falsch
2 Falsch
3 Richtig
4 Richtig
5 Falsch
6 Richtig
7 Richtig
8 Richtig
9 Richtig
10 Falsch

Prioritäten

Wenn Sie mit Filipinos umgehen, mit ihnen leben oder zusammenarbeiten, ist es wichtig, ihre Prioritäten zu kennen und zu berücksichtigen. Sie sollten nicht westliche, sondern filipino Werte in den Vordergrund stellen. Ordnen Sie aus der folgenden Liste zehn Tugenden der filipina, fünf der westlichen Kultur zu.

☐ **F**	☐ **W**	1. Offenheit, verbal und von Angesicht zu Angesicht
☐ **F**	☐ **W**	2. Ausgeprägter Individualismus
☐ **F**	☐ **W**	3. Familienbindung
☐ **F**	☐ **W**	4. Ein guter Sohn sein
☐ **F**	☐ **W**	5. Schönheit und Eleganz
☐ **F**	☐ **W**	6. Konsens und Gruppeneinklang
☐ **F**	☐ **W**	7. Öffentliches Ansehen und die Meinung der anderen
☐ **F**	☐ **W**	8. Dankbarkeit für einen Gefallen, seine Vergeltung ist Ehrensache
☐ **F**	☐ **W**	9. Schnelles, sachlich begründetes Handeln, unabhängig von beteiligten Personen
☐ **F**	☐ **W**	10. Persönlicher Standpunkt
☐ **F**	☐ **W**	11. Freundlichkeit und Gemeinschaftssinn
☐ **F**	☐ **W**	12. Diplomatie
☐ **F**	☐ **W**	13. Ehre
☐ **F**	☐ **W**	14. Effizienz
☐ **F**	☐ **W**	15. Galante Manieren

Filipino: 3, 4, 5, 6, 7, 8, 11, 12, 13, 15
Westlich: 1, 2, 9, 10, 14

Was finden Filipinos nicht erstrebenswert?

Finden Sie aus der folgenden Liste jene fünf Verhaltensweisen heraus, die Filipinos als ungehörig und nicht erstrebenswert betrachten.

☐ **1.** Undankbarkeit
☐ **2.** Unpünktlichkeit
☐ **3.** Ausweichendes Verhalten
☐ **4.** Öffentliche Streitsucht
☐ **5.** Mangel an Schamgefühl
☐ **6.** Unfähigkeit, mit anderen zurechtzukommen
☐ **7.** Vetternwirtschaft
☐ **8.** Genauigkeit
☐ **9.** Unehrlichkeit
☐ **10.** Playboyverhalten

Antwort:
1, 4, 5, 6, 8. Unehrlichkeit (9) würde zwar auf Stirnrunzeln stoßen, die anderen Züge würde man jedoch achselzuckend als menschliche Schwächen hinnehmen.

Das Haushaltslabyrinth: Ein Wegweiser

Eine Haushaltshilfe entdeckt eines Ihrer Kleider auf dem Boden Ihres Schlafzimmers. Sie glaubt, es solle gewaschen werden, und gibt es mit anderen Sachen in die Wäsche. Unglücklicherweise darf das Kleid aber nur gereinigt werden und ist nun durch das Waschen ruiniert. Es war ein teures Stück und eines Ihrer Lieblingskleider. Sie hatten es absichtlich nicht zur anderen Wäsche gelegt, um eine solche Katastrophe zu verhindern. Nachdem Sie nun den Schaden haben, wie verhalten Sie sich der Haushaltshilfe gegenüber?

1. Sie weisen sie laut und vor den anderen Angestellten zurecht, damit es allen eine Lehre sein möge. Sie sagen, sie hätte sich niemals die Freiheit herausnehmen dürfen, herumliegende Kleidung einfach in die Wäsche zu geben. Zumindest hätte sie die Pflegehinweise auf dem Etikett lesen und beachten sollen. Wenn Sie so vorgehen würden, dann lesen Sie weiter bei **A.**

2. Sie sprechen mit ihr unter vier Augen, erklären, was sie falsch gemacht hat, und sagen ihr, Sie beim nächsten Mal zuerst zu fragen, ehe sie Kleider, die sie in einem Zimmer findet, in die Wäsche gibt. Dann zeigen Sie ihr, wie man die Waschanleitung auf dem Etikett liest, und weisen sie auf die Bedeutung des Hinweises „nur reinigen" hin. Würden Sie sich so verhalten, lesen Sie weiter bei **B.**
3. Sie weisen sie unter vier Augen zurecht und ziehen ihr als Strafe den Preis des Kleides vom Lohn ab. Lesen Sie weiter bei **C.**

A

Die öffentliche Zurechtweisung hat Ihre Hausangestellte Gesicht verlieren lassen. Deshalb droht sie mit der Kündigung. Was tun Sie?

1. Sie werfen sie auf der Stelle hinaus, weil sie unfähig ist. Dies bringt Sie zu **D.**
2. Sie nehmen sie beiseite und überreden sie, doch zu bleiben, indem Sie nach dem Grund fragen und erklären, Sie seien einfach spontan verärgert gewesen, und sie unterweisen, wie sie es beim nächsten Male besser machen könnte. Lesen Sie weiter bei **E.**
3. Sie suchen einen Vermittler, etwa eine andere Angestellte, die sie zum Bleiben überreden soll. Lesen Sie nach bei E.

B

Herzlichen Glückwunsch! Ihre Geduld wird belohnt werden. Dies ist die richtigste und wirkungsvollste Herangehensweise. Die Ermahnung unter vier Augen läßt ihre Selbstachtung vor den Kolleginnen unangetastet. Durch ruhige Erklärungen, welchen Fehler sie begangen hat und wie sie es fortan richtig machen kann, vermeiden Sie weitere Unfälle dieser Art. Daß auf den Kleidungsetiketten Pflegehinweise stehen, weiß sie womöglich gar nicht. Herzlich willkommen auf den Philippinen!

C

Es ist ganz richtig, sie unter vier Augen zu ermahnen. Da Sie sie aber für das Mißgeschick bezahlen lassen, verliert sie nun das Interesse an ihrer Arbeit, weil sie nur noch einen niedrigen Lohn erhält. Und das Verhältnis zwischen ihrer schlechten Bezahlung und dem Preis Ihrer extravanganten Kleider wird ihr als zutiefst ungerecht erscheinen. Sie werden feststellen, daß sie in ihrer Arbeit immer mehr nachläßt und immer mehr nörgelt. Deshalb entschließen Sie sich, sie zu entlassen. Wie gehen Sie dabei vor?

1. Sie nehmen sie zur Seite, geben ihr einen Monatslohn und sagen ruhig: „Offensichtlich sind Sie hier nicht glücklich. Also lasse ich Sie gehen." Dies bringt Sie zu **F.**
2. Sie machen ihr eine große Szene und feuern sie in aller Öffentlichkeit, wobei Sie sämtliche Fehler aufzählen, die sie in den vergangenen zwei Wochen gemacht hat. Lesen Sie weiter bei **D.**

D

Diese Vorgehensweise ist nicht ratsam. Machen Sie sich auf die folgenden Reaktionen gefaßt:

1. Die Köchin, die eine Kusine von ihr ist oder aus dem gleichen Dorf stammt, wird aus Sympathie ebenfalls ihren Abschied nehmen.
2. Sie zerstört aus Wut einige Ihrer Besitztümer, ehe sie Ihr Haus verläßt. Was hat sie schließlich zu verlieren?
3. Sie tratscht und verbreitet Gerüchte über Sie bei den anderen Angestellten und in der Nachbarschaft.

Gehen Sie also zurück zu **A** oder **C**, je nachdem, wo Sie sich geirrt haben, und wählen Sie eine andere Vorgehensweise.

E

Gut! Sie korrigieren Ihren Fehler der öffentlichen Rüge. Auch die Zuhilfenahme einer Vermittlerin ist eine sinnvolle Methode, den Konflikt zu bewältigen. Die Vermittlerin wird sie vermutlich zum Bleiben bewegen können, auf jeden Fall aber den tatsächlichen Grund des Ärgers und ihre Gefühle herausfinden und Ihnen berichten. Sie handeln auf filipina Art.

F

Dies ist der richtige Weg, ihr zu kündigen. Wenn Sie die Angelegenheit mit Gefühl und Takt lösen, werden Sie sich in Freundschaft trennen, ohne Streit und ohne Risiko, ihre Rache für die angetane Beleidigung zu spüren bekommen. Bedenken Sie, daß offene oder öffentliche Konflikte nur mit Mühe beizulegen sind und leicht andere Verwandte in die Angelegenheit verwickeln können. Vermeiden Sie ein bitteres, gefühlsbeladenes Ende.

* * *

Apropos Ende:
Das bittere Ende bei allzu schlechtem Ergebnis: Vielleicht fahren Sie doch lieber in eine menschenleere Wüste oder verleben den Urlaub in vertrauter Umgebung – oder lesen Sie noch einmal von vorn.
Wer gut abschneidet, kann abheben zum Flug in die Philippinen – er wird sich dort wohlfühlen.

Glossar

abuloy	Spende (auch üblich als Beitrag für die Beerdigung einer mittellosen Person)
adobo	beliebtes filipino Gericht aus Hühner- und Schweinefleisch, mit Knoblauch, Sojasauce und Essig gekocht
alkalde	(span. alcalde) Bürgermeister
ambus	(umgangssprachl. Engl. „ambush") etwas schnorren
amor-propio	Selbstrespekt, Selbstachtung
anting-anting	Amulett
arte	(Span.) Künstlichkeit; einstudiertes, künstliches Benehmen einer eitlen, selbstbezogenen Person
aswang	böse Gestalt der Folklore, ernährt sich vom Fötus im Leib schwangerer Frauen
ate	ältere Schwester
Ati-Atihan	Festival in Kalibo, Aklan, nach der Überlieferung aus Anlaß eines Friedensvertrages zwischen den Ati und den Malaiien
atsay	Hausmädchen (Slang, unhöflich)
babang luksa	die Zeit, wenn die Trauerkleidung abgelegt wird (traditionell ein Jahr nach dem Todestag)
baduy	Person mit schlechtem Geschmack (Slang)
bagoong	Krabbenpaste
bahala na	(Redensart) „etwas Gott überlassen" oder „das wird sich schon von selbst regeln"
bakla	männlicher Homosexueller
bakya	(umgangssprachl.) Appell an die Massen; das Wort bakya bezeichnet hölzerne Schuhe, die früher von den einfachen Leuten getragen wurden
balagtasan	Dichterwettstreit
balatkayo	1. falsche Fassade; (Adj.) heuchlerisch; 2. Verkleidung
balato	bei einem unverhofften Glücksfall oder Gewinn einen Teil an Freunde abgeben
balintawak	Nationalkleidung der Frauen, ein enger Überhang mit Schmetterlingsärmeln
balut	gekochtes, halb ausgebrütetes Entenei
bangungot	seltene, bei männl. Filipinos auftretende Krankheit, der Mann wird morgens tot im Bett aufgefunden, offenbar nach einem schrecklichen Alptraum
barangay	traditionell eine soziale Einheit, die den Kern eines Dorfes oder barrio bildete; wurde als politische Einheit von Ex-Präsident Marcos vereinnahmt

barkada	eng verbundene Gruppe von gleichaltrigen Freunden
barong-barong	Hütte in einem Slum
barong tagalog	Nationalkleidung der Männer, ein weites, besticktes, seitlich geschlitztes Hemd, getragen über der Hose
barrio	Vorortbezirk einer Stadt
batalan	Plattform hinter einem barrio-Haus (Nipahütte) zum Waschen und für Wasservorräte
bayan	1. Stadt, Stadtbezirk, 2. Land, Nation
bayanihan	1. Zusammenarbeit zum gegenseitigen Nutzen, Gemeinschaftskooperation, 2. Tanzgruppe, von der Phil. Frauenuniversität bekannt gemacht
bienvenida	Heimkehrparty
binata	Junggeselle
bisperas	der Tag vor einem Fest, Festvorbereitungen
blue lady	Mitglied des Küchenkabinetts von Frau Marcos; der Begriff stammt von den blauen Kleidern, die die prominenten Unterstützerinnen von Marcos trugen
boss	(Slang) umgängliche Anrede für Polizisten oder höhergestellte Personen, oft als Schmeichelei gedacht
brownout	Stromabschaltung in einem Teil der Stadt
carroza	Staffage, auf der eine Heiligenfigur während einer Prozession getragen wird
casador	Buchhalter und Wettannehmer bei Hahnenkämpfen
CCP	Kulturzentrum der Philippinen
comadre, compadre	soziale Bindung, hergestellt durch Patenschaft bei Taufen, Firmungen und Hochzeiten; Bezeichnung der weibl. und männl. Paten
dalaga	unverheiratete Frau
dato	Stammeshäuptling
despedida	Abschiedsparty
despedida de soltera	Party der Freundinnen einer Braut vor der Hochzeit
ewan	„Ich weiß nicht", Ausdruck zum Vermeiden von Konfrontationen
fiesta	jährliches Stadtfest, normalerweise am Ehrentag des Schutzheiligen der Stadt
fix	(Engl., umgangssprachl.) „etwas erledigen", ein juristisches Problem auch mit weniger legalen Mitteln lösen
Flores de Mayo	Fiesta im Mai
gayuma	Liebeszauber oder -trank
gigantes	riesenhafte Figuren aus Pappmaché bei Fiestas
hacienda	große landwirtschaftliche Farm
hermano mayor	jemandem verliehene Ehrenposition zur Organisation und Finanzierung von Veranstaltungen, besonders bei

	Fiestas
hiya	Gefühl für Scham und Schande
inaanak	Patenkind
inay	Mutter
itay	Vater
jeepney	beliebtes Transportmittel, entwickelt aus dem Jeep der US-Armee
jota	(Span.) ländlicher, auf spanische Tradition zurückgehender Volkstanz mit Bambuskastagnetten
juego de anillo	(Span.) auf span. Tradition zurückgehendes Spiel bei Fiestas, wobei eine Person vom Pferd (heute Fahrrad) aus versucht, mit einem Stock einen herabhängenden Ring aufzuspießen
kamayan	mit den Fingern essen
kami	„wir", schließt die angesprochene Person nicht ein, vgl. tayo
kano	(Slang) ein Amerikaner
KKB	(kanya-kanyang bayad) jeder bezahlt für sich
kapal	(Slang) einer, der sich in den Vordergrund drängt oder kein Gefühl für angemessenes Verhalten besitzt
katulong	1. Helfer, 2. Hausmädchen
kiping	Fiesta-Schmuck aus farbigen Reiswaffeln in der Provinz Quezon
kiri	(Slang, vulgär) Geliebte
kulam	Zauberei
kulasisi	(Slang, vulgär) Geliebte
kuya	Bruder
labendera	Wäscherin
lagay	Bestechungsgeld
lechon	geröstetes Spanferkel
lihi	unerklärliche Gelüste schwangerer Frauen
lista sa tubig	(Redensart) „etwas auf Wasser anschreiben lassen", für etwas nicht bezahlen
lola, lolo	Großmutter, Großvater
loob	das innere Selbst, Gegenteil der äußeren Fassade
lumbanog	Kokosnußschnaps
maganda	schön
magpapaalam	höfliche, formelle Verabschiedung der Gäste
mahina	schwach, Unfähigkeit, seine Ziele durch politische Einflußnahme durchzusetzen, vgl. malakas
Malacanang Palast	offizielle Residenz des phil. Staatsoberhauptes
malakas	stark, politischen Einfluß ausnutzend, vgl. mahina
manananggal	weiblicher Vampir
mangkukulam	Wunderheiler, Zauberer, eine Person, die über den

	„bösen Blick" verfügt
mano po	traditionelle Form, Ältere zu begrüßen: man nimmt die Hand des Älteren, führt sie an die eigene Stirn und sagt dabei zum Zeichen des Respekts „m a n o p o"
masama	schlecht
mata	span. Begriff für etwas, das Tod verursacht, nicht zu verwechseln mit dem Tagalog Wort m a t a für Auge
mayordoma	oberste Haushälterin
Meralco	Elektrizitätsgesellschaft Manilas
merienda	Nachmittags-Imbiß, um etwa 16.00 Uhr eingenommen
merienda-cena	Nachmittags-Party mit reichhaltigeren Snacks, einer informellen Dinner-Party ähnlich
Moriones	Festival auf der Insel Marinduque während der Fastenzeit
moro-moro	Volkstheater über den Kampf zwischen Christen und Mauren
mukha	Gesicht
NAWASA	Nationale Wassergesellschaft
nazareno	Christus der Nazarener, Schutzheiliger des Quiapo-Distrikts in Manila
ninang, ninong	Patentante, Patenonkel
ningas kugon	umgangssprachl. Ausdruck für den anfänglichen Enthusiasmus für ein Projekt, der bald aber erlischt
nuno sa punso	Fabelgestalt: auf Ameisenhaufen wohnender kleiner, alter Mann, der Glück oder Unglück bringen kann
okay lang	(umgangssprachl.) untertrieben für „mir geht's gut"
oro	(Span.) Gold
pabalatbunga	äußere Fassade, Heuchelei
pabalot	Freßpäckchen, gibt man Gästen mit auf den Heimweg
pabaon	Geldgeschenk, so für jemanden, der ins Ausland reist
pabitin	herabhängende Körbe mit Bonbons, Süßigkeiten und Spielzeug, die Kinder bei einer Fiesta springend zu erreichen versuchen
pabongga	blendend, protzig; selbstbewußte Anstrengung, sich in Szene zu setzen
Pahiyas	Fiesta in Sariaya zu Ehren des Hl. Isidro Labrador, dem Schutzheiligen der Bauern
pakikisama	die Fähigkeit, mit anderen zurechtkommen zu können
pakitang tao	heuchlerisch; ein Bild für die Öffentlichkeit zurechtstutzen
pakulo	Trick, jemanden lächerlich zu machen, um selbst Eindruck zu schinden

palabas	Unterhaltungsprogramm
palakasan	sich mit Hilfe des Einflusses von hochgestellten Freunden um eine finanziell oder politisch vorteilhafte Position bewerben, vgl. m a h i n a und m a l a k a s
palay	1. ungedroschenes Getreide (normalerweise bei Reis, aber auch anderem Getreide mit Hülse, z.B. Weizen, verwandt), 2. Reispflanze
palengke	Markt
palo sebo	Fiesta-Spiel, bei dem es gilt, einen an der Spitze eines eingefetteten Mastes befestigten Preis durch Hinaufklettern mit bloßen Händen und Füßen zu erreichen
panata	Schwur, religiöses Gelübde
pansit	beliebtes Nudelgericht
papel	1. Papier, 2. Reputation, Einfluß, b a s a n g p a p e l: schlechtes oder unerwünschtes Zeugnis, 3. Rolle in einem Theaterstück, 4. (Slang) vor jemandem „kriechen", um etwas bei ihm zu erreichen
pare	(umgangssprachl.) Kumpel, Anrede für männl. Bekannte
parol	Weihnachtslaterne
pasalubong	Mitbringsel von einer Reise, meist ein Souvenir aus dem Reiseort
pasiklab	vgl. p a b o n g g a
pastillas	Süßigkeit aus Wasserbüffelmilch und Zucker
pasyon	religiöse Lesung aus der Passionsgeschichte
patawarin po	„Entschuldigung, mein Herr/meine Dame", häufige Antwort an Bettler
PCVs (Peace Corps Volunteers)	Freiwillige des amerikan. Friedensdienstes
peacetime	Zeit zwischen amerikan. Kolonisierung und Zweitem Weltkrieg
pinoy	(Slang) Filipino
pipilitin ko	(Redensart) „Ich werde mich sehr bemühen", wörtl.: „Ich werde es erzwingen"
plata	(Span.) Silber
po, (ho)	respektvolle Anrede für Ältere oder Höherstehende
porma	gekünstelte Formalität in Kleidung und Benehmen
postura	attraktiv gekleidet
PX-Waren	Waren von US-Militärbasen auf dem Schwarzmarkt
querida	(Span.) Geliebte
reina	Königin
rigodon	Quadrille-Tanz
sabog	das Werfen von Münzen bei Feiern
sagala	festlich gekleidete Mädchen bei der Fastenprozession

sala	Wohnzimmer
salo-salo	informelles Treffen mit kleinem Imbiß
salubong	1. Empfang, 2. Person oder eine Gruppe von Personen, die jemanden empfängt oder verabschiedet, 3. Fastenzeremonie am Ostersonntag
santakruzan	quasi-religiöse Zeremonie im Mai
Santo Nino	Abbild des Jesuskindes
saya	langer Rock
senakulo	religiöses Bauern- oder Volksstück
senorita, senorito	Anrede von Haushaltshilfen für ihre weiblichen und männlichen Arbeitgeber
sige	„Fangen Sie an", „Machen Sie weiter"
siguro	vielleicht
sinkil	muslimischer Tanz mit Bambusstäben
sisikapin ko	„Ich werde es versuchen"
stateside	etwas aus den USA
suki	gute Beziehung zwischen Verkäufer und Stammkunde
talunan	spezielle Mahlzeit aus einem Hahn, der bei einem Hahnenkampf sein Leben lassen mußte
tampo	schmollen; Adj. matampuhin: schmollend, leicht zu verärgern
tao	menschliches Wesen, Menschheit
tayo	„wir", schließt die angesprochene Person ein, eine dritte Person kann, muß aber nicht eingeschlossen sein, vgl. kami
tingi	Einkauf in der jeweils kleinstmöglichen Menge, z.B. eine einzelne Zigarette
tinikling	bäuerlicher Volkstanz mit Bambusstäben
tita, tito	Tante, Onkel
titignan natin	„Wir werden sehen. . . ", vage, kann auch „nein" bedeuten
tong	Bestechungsgeld; ursprüngl. prozentuale Abgabe bei einem Gewinn an den Veranstalter einer Lotterie
trepang	Seegurke
tukayo	wer denselben Vornamen hat wie Sie, ist Ihr tukayo
turrumba	Stadtfiesta in Pakil, Laguna
T.Y.	(Slang) „thank you", sich in Selbstbedienung etwas „ausleihen"
utang na loob	in jemandes Schuld stehen
village	(Engl. „Dorf"), privat entwickelte Wohngegend in Manilas Vorstädten (z.B. Magallanes Village, Dasmarines Village, Forbes Park)
walang-hiya	(Slang, vulgär) ohne Schamgefühl, schamlos
yaya	Kindermädchen

Bibliographie

Von den Autoren benutzte englischsprachige Literatur:

- Agoncillo, T. & Alfonso, O. **History of the Filipino People.** Quezon City: Malaya Books, 1967.
- Andres, T. D. **Understanding Filipino Values. A Management Approach.** Quezon City: New Day Publishers, 1981.
- Arce, W. F. & Poblador, N. S. 'Formal Organizations in the Philippines: Motivation, Behavior, Structure and Change'. In M. R. Hollnsteiner (Ed.), **Society, Culture and the Filipino.** Quezon City: Institute of Philippine Culture, Ateneo de Manila University, 1979.
- Blair, E. H. & Robertson, J. A. The Philippine Islands, 1493– 1898, 55 volumes. Cleveland, Ohio: Arthur H. Clark, 1903– 09.
- Bulatao, J., S. J. **Split-level Christianity.** Manila: U. S. T. Press, 1966.
- Coates, A. **Rizal: Philippine Nationalist and Martyr.** Hongkong: Oxford University Press, 1968.
- Daigler, G. M. **Living in the Philippines.** Makati: The American Chamber of Commerce of the Philippines, 1980
- Doherty, J. F., S. J. 'Who Controls the Economy: Some Need not Try as Hard as Others'. In B. A. Aquino (Ed.), **Cronies and Enemies: The Current Philippine Scene.** Philippine Studies Occasional Paper No. 5, Honolulu: University of Hawaii, 1982.
- Fox, R. **Area Handbook on the Philippines,** Vol. 1, Chapters I– VIII. HRAF, The University of Chicago, 1956.
- Guthrie, G. M. (Ed.) **Six Perspectives on the Philippines.** Manila: Bookmark, 1968
- Guthrie, G. M. & Jimenez-Jacobs, P. **Child-rearing and Personality Development in the Philippines.** Manila: Bookmark, 1967.
- Hollnsteiner, M. R. **The Dynamics of Power in a Philippine Municipality.** Community Development Research Council, University of the Philippines, 1963.
- Hollnsteiner, M. R. 'Reciprocity in the Lowland Philippines'. **IPC Papers No.** 1, Quezon City: Ateneo de Manila University, 1961.
- Hollnsteiner M. R. (Ed.) **Society, Culture and the Filipino.** Quezon City: Institute of Philippine Culture, Ateneo de Manila University, 1979.
- Koehler, G. 'Personality Needs of German Wives and Satisfaction with Life in the Philippines'. Unpublished thesis, 1979.
- Lapuz, L. V. **A Study of Psychopathology.** Quezon City: University of the Philippines Press, 1973.
- Lapuz, L. V. **Filipino Marriages in Crisis.** Quezon City: New Day Publishers, 1977.
- Lynch, F., S. J. 'Philippine Values II: Social Acceptance'. **Philippine Studies,** Vol. 10, No. 1 (January 1962), 82– 99
- Lynch, F., S. J. 'Town fiesta: An Anthropologist's View'. **Philippines International,** Vol. 6, No. 6, 4 - 11, 26 - 27.
- Rizal, J. **El Filibusterismo.** Manila: Community Publishers, Inc., 1961.
- Rizal, J. **Noli me Tangere.** Manila: Community Publishers, Inc., 1961.
- Roces, A. (Ed.) **Filipino Heritage. The Making of a Nation,** Vols. 1– 10. Manila: Lahing Pilipino Publishing Inc., 1978.
- Roces, A. R. **Fiesta.** Quezon City: Vera-Reyes Inc., 1980.
- Szanton, D. L. 'Cultural Confrontation in the Philippines'. In R. B. Textor (Ed.), **Cultural Frontiers of the Peace Corps.** Cambridge: MIT Press, 1966.
- Wolff, L. **Little Brown Brother.** New York: Doubleday & Co., Inc., 1961.

Deutschsprachige Literatur zu den Philippinen:

Deutschsprachige Literatur zu den Philippinen finden Sie im Katalog der Versandbuchhandlung „Fernöstlicher Diwan" und in den jährlich erscheinenden „Fernost– Informationen", Rübenmarkt 1, D– 8860 Nördlingen (Portoersatz 1,40 DM erbeten).

Gesamtprogramm

Reihe KULTUR – KNIGGE

Indonesien (3-88676-062-6) 24,80
Roces: **Philippinen** (3-88676-061-8) 24,80
Cooper: **Thailand** (3-88676-060-X) 24,80

BILDBÄNDE

Kisch: **China Geheim** (3-88676-029-4) 39,80
Thiemann: **China – Photographische Aufzeichnungen** (3-88676-010-3) 9,80
Renckhoff: **Japan – Harmonie und Widersprüche** (3-88676-012-X) 24,00
Kim: **Papierpuppen Frauenleben** (3-88676-027-X) 29,80

BELLETRISTIK / LYRIK

Zhang Jie: **Erzählungen** (3-88676-030-8) ca. 22,00
Aarau (Hg.): **Fernöstlicher Diwan** (3-88676-026-X) 24,80
Malee: **Tigerkralle und Samtpfote** (3-88676-019-7) 24,80
Rytcheu: **Wenn die Wale fortziehen** (3-88676-022-7) 19,00
Shu Ting: **Zwischen Wänden** (3-88676-015-4) 14,60
Tien Huu (Hg.): **Augen lachen, Lippen blühen** (3-88676-020-0) 19,80
Hossenfelder: **Auch dein Schatten ist dir nicht treu** (3-88676-023-5) 7,80
Zühlsdorff (Hg.): **Wenn vom Tau der Reis erwacht** (3-88676-018-9) 15,80
Werkmeister: **Der goldene Phönix** (3-88676-024-3) 9,80

KOCHBÜCHER

Tien Huu: **Liebe im Reisfeld** (3-88676-028-6) 24,80
Tien Huu: **Vom Reich der Sinne** (3-88676-017-0)

KINDERBÜCHER

Simon: **Banya aus Thailand** (3-88676-000-6) 9,60
Wernicke-Rothmayer: **Wanda in Nepal** (3-88676-025-1) ca. 15,80

SACHBÜCHER

Claussen (Hg.): **Fremde Heimat Korea** (3-88676-013-8) 9,80
Sauer/Geisler: **Südkorea – Land der Morgenstille** (3-88676-007-3) 12,60
Luther: **Südkorea – (K)ein Modell für die 3. Welt?** (3-88676-002-2) 9,60
Menzel: **Fernost geht die Sonne auf** (3-88676-021-9) ca. 16,00
Christiansen u.a.: **Demokratische Bewegung in China** (3-88676-001-4) 9,80
Summers u.a.: **Kampuchea – Ende des linken Traums?** (3-88676-003-0) 5,90
Herres: **ASEAN – Ein Weg aus der Unterentwicklung?** (3-88676-004-9) 8,40
Löhrke u.a.: **Die stille Kraft des Bambus** (3-88676-005-7) 9,80

Reihe FERNOST – STUDIEN

Menzel: **In der Nachfolge Europas** (3-88676-101-0) 69,00
Simon: **Das zerbrochene Ei des Kolumbus** (3-88676-016-2) ca. 39,80

Reihe EAST ASIAN CIVILIZATIONS (EAC)

No. 1: **Ethnic Identity and National Characteristics** (3-88676-040-5) 23,00
No. 2: **Nation and Mythology** (3-88676-041-3) 23,00
No. 3/4: **Peasantry and Patterns of Behaviour** (3-88676-042-1) 46,00

AKTUELLE
HANDBÜCHER
FÜR
TROPENREISEN
PHILIPPINEN
REISE-HANDBUCH
Jens Peters
11. Auflage. Überarbeitet und erweitert. Mit vielen neuen Tips und Trips. Dazu 98 Stadt-, Insel- und Detailkarten.
480 S. 98 Ktn. 42 Abb. 29,80 DM
Philippinen
Abenteuer-Handbuch
EXTRA!
Ein Buch für Leute, die mehr wollen als einfach nur herumreisen.
Roland Hanewald
336 S. 70 Ktn. 45 Abb. 95 Ill. 29,80 DM
ROLAND HANEWALD
DAS TROPEN BUCH
VOM LEBEN UND ÜBERLEBEN IN TROPISCHEN UND SUBTROPISCHEN LÄNDERN
EIN HANDBUCH FÜR WEGFAHRER
350 S. 100 Ill. 24,80 DM
Jens Peters
SÜD OST-ASIEN
MIT ÖFFENTLICHEN VERKEHRSMITTELN
Hong Kong ● Indonesien ● Malaysia
Philippinen ● Singapore ● Taiwan ● Thailand
224 S. 40 Ktn. 19,80 DM
REISEN IN DEN PHILIPPINEN
F. JAGOR
228 S. 4 Ktn. 70 Ill. 19,80 DM
JENS PETERS
PUBLIKATIONEN
Gotenstr. 65
1000 Berlin 62
West-Germany
INFORMATIONEN
AUS ERSTER HAND
Prospekt anfordern: